【제2판】

사례관리론

이준상 · 박애선

KNOWLEDGE COMMUNITY 공동체

머리말

초기의 사회복지는 빈곤, 질병과 같은 생리적이고 신체적인 욕구를 충족하는 데 초점을 두었다. 즉, 배고픔의 욕구를 가진 사람들에게 사회는 식량을 제공해 주고 그들이 문제를 해결하기 위해서 수행해야 할 과업들을 요구하지는 않았다. 단지 서비스를 받아들이는 사람으로서의 역할만 요구하였다. 이러한 서비스는 사회가 발전함에 따라 증가하는 사람들의 다양한 욕구를 충족시키고 사회에서 요구하는 인간으로서 변화시키기 위해서는 한계가 있다. 클라이언트가 사회에서 스스로 살아갈 수 있는 역량을 갖추도록 하기 위해서는 새로운 사회복지방법이 필요하게 되었다. 이를 위해서 나타난 것이 사례관리라고 할 수 있다.

1950년대 이후부터 지역사회중심서비스에 대한 강조와 사회복지에 대한 정부의 재정압박이 강하게 대두되기 시작했다. 이는 사회복지서비스에 있어서 인권을 존중하고 예산을 절감할 수 있는 탈시설화운동을 강하게 불러일으켰으며 이러한 사회적 추세를 바탕으로 1970년대까지 지역사회중심의 서비스와 시설중심의 서비스에 대한 비교평가가 여러 측면에서 연구되기 시작하였다. 이러한 연구 중에 주류를 차지하고 있었던 것은 서비스의 질적 측면과 경제적 측면에 대해서였다. 이러한 연구결과는 지역사회중심의 서비스가 서비스의 질적 측면과 경제적 측면에서 효과가 보다 높은 것으로 나타났다. 즉, 지역사회중심의 서비스는 심각하고 복합적인 욕구를 충족시키기에 어려움이 있는 클라이언트들에게 인간적인 서비스를 실시하여 줄 수 있고 정부의 재정부담을 감소시켜 준다는 것이었다. 이러한 사회적 분위기에서 서비스의 방향성은 지역사회중심서비스로 변화되기 시작하였고 이를 효과적으로 전개하기 위해서 기존의 사회복지서비스체계에 대한 수정이 불가피하게 되었다.

1960년대 미국의 사회복지기본정책은 공적인 자원은 서비스대상에 따라 분류되어 실시되었다. 그러나 이는 결과적으로 복잡하고 파편화된 서비스와 이중적이고 조정되지 않은 서비스를 실시하는 결과를 초래하였다. 따라서 이를 예방하기 위해서 서비스대상층을 극히 좁게 책정하였고 전문적인 서비스를 점차 강화해 나갔으며, 1970년대에 들어서 연방정부 중심의 복지정책을 주정부 중심의 복지정책으로 전환하면서 서비스대상자에 대한 관리적 보호가 등장하게 되었다. 그러나 의도와는 달리 복잡한 문제나 욕구를 지닌 사람들은 적절한 서비스를 받을 수 없게 되었고, 서비스의 비용절감정책도 실효를 거두지 못하였다. 따라서 서비스정책방향의 전면적인 수정이 불가피하게 되었다.

따라서 1970년대 초 미국의 보건 · 교육 · 복지국은 주와 지방수준의 연방서비스 프로그램의 조정을 위한 다양한 '서비스통합프로젝트'를 시도하였다. 이때 서비스를 조정해 줄 수 있는 조정기관에 대한 필요성이 인식되었고 이러한 기관에서 수행해야 할 새로운 실천방법이 요구되었으며, 그 결과 사례관리라는 새로운 실천방법이 등장하게 되었다.

사회복지실천이 학문으로서, 사회문제에 대한 적극적인 해결자로서 위치를 형성하게 된 1920년 이후 끊임없이 방법론, 접근방법, 모형, 기법, 기술들이 개발되어 왔다. 그러나 개인에 대한 복지를 달성하는 주요방법론인 개별사회복지실천은 사회복지의 일차적 대상인 빈곤을 비롯한 소외계층에 대한 물질적이고 정신적인 서비스를 동시에 제공하여 클라이언트의 성장을 도와주는 것이었다. 개별사회복지실천은 전문화의 속도와 함께 소외계층에 대한 서비스가 아니라 모든 국민들에 대한 정신적인 서비스로 치중하고 발전하였으며, 물질적 서비스와 정신적 서비스가 이원화되는 현상이 급격하게 나타났다. 그 결과 본질적인 사회복지의 원칙이 퇴색하기 시작했다. 따라서 이를 해결하기 위한 수단으로 초기 개별사회복지실천의 본질적 목적에 대한 관심이 대두되기 시작하였다.

현대 사회복지실천의 초점이 기관 중심의 서비스제공이 아니라 클라이언트 중심의 서비스제공으로 변화되어 가고 있다. 클라이언트 중심의 서비스제공이 성공하기 위해서 서비스체계 간의 조정은 물론 제공자와 클라이언트의 관계, 그리고 사례관리자와 클라이언트의 관계에 초점을 두고 클라이언트의 문제나 욕구를 관리해야 한다. 특히 클라이언트에 대한 서비스의 책임성을 강화하기 위해서는 사례관리에 대한 적절한 수준의 지도감독과 행정적 지지를 통한 서비스의 관리가 필요하며, 관리적 보호를 할 수 있는 사례관리가 필요하다.

본서는 사례관리의 개념을 정리하고, 사례관리의 발달을 고찰한 뒤, 사례관리의 실천과정으로서 초기과정, 사정과정(Ⅰ), (Ⅱ), 계획과정, 개입과정(Ⅰ), (Ⅱ), 점검과 평가, 종결의 여섯 단계로 구분하여 편성하였다.

저자들은 아직까지 사례관리의 실천과 연구들이 부족한 현실에서 본서를 집필하면서 보다 충실한 내용이나 체제를 갖추는 데 많은 어려움을 느끼지 않을 수 없었다. 이것은 본 저자를 포함한 사례관리에 관심 있는 분들이 앞으로 해결해야 할 과제라 생각한다. 저자들은 사회복지학을 전공하는 학생들이나 사회복지실천 분야에 종사하는 사회복지사들의 사례관리실무나 사례관리를 연구하는 분들에게 보다 나은 이해와 실천에 도움이 되는 유용한 안내서가 되기를 기대하면서 본서를 출판하게 되었다.

끝으로 사례관리에 관한 보다 많은 연구와 문헌이 출판되어 어려운 여건에서 고통받고 있는 클라이언트의 삶의 질 향상에 끊임없는 노력이 앞으로 지속되길 바란다.

2025년 6월

저자 이준상 · 박애선

차 례

CHAPTER 01

사례관리의 개념과 이해

1. 사례관리의 정의
2. 사례관리의 특성
3. 전통적인 사회복지실천과 사례관리
4. 사례관리에 필요한 지식과 기술 및 지침

CHAPTER 01

사례관리의 개념과 이해

사례관리는 클라이언트의 전체적 상황을 사정하고, 사정에서 발견된 욕구와 문제를 해결해 나가는 과정이다. 일반적으로 사회복지사나 사회복지기관이 클라이언트나 가족이 필요로 하는 모든 서비스를 제공할 수 없다. 클라이언트에게 서비스를 효과적으로 제공하기 위해서는 많은 원조자와 서비스기관들의 참여가 필요하며, 사례관리자는 이러한 자원들과 함께 사례관리를 진행하게 된다.

1. 사례관리의 정의

사례관리의 일차적인 목적은 클라이언트의 삶의 질을 향상시키는 것이다.

초기의 사회복지는 빈곤, 질병과 같은 생리적이고 신체적인 욕구를 충족하는 데 초점을 두었다. 즉, 배고픔의 욕구를 가진 사람들에게 사회는 식량을 제공해 주는 데 그쳤다. 그들이 자신의 문제를 스스로 해결하기 위해 필요한 역량을 강화해 주지는 않았다. 단지 서비스를 받는 사람으로서의 역할만 요구하였다. 이러한 단편적인 서비스는 인간의 다양한 욕구를 충족시킬 수 없으며, 사회에서 요구하는 인간으로서 변화시키는 데 한계점을 가지고 있다. 급속하게 변화하는 사회 환경 속에서 나타나는 문제들을 해결하고 욕구를 충족할 수 있는 역량을 강화하기 위해서는 새로운 사회복지방법이 필요하게 되었다. 이를 위해서 나타난 것이 사례관리라고 할 수 있다(전재일 · 이준상, 2008).

1970년대 후반에 미국의 주요 사회복지프로그램과 정책을 개혁하는 과정에서 전통적인 사회복지실천방법이 새롭게 디자인되어야 할 필요성이 제기되면서 사례관리라는 용어가 등장하게 되었다. 하지만 사례관리는 사회복지실천현장에서 활용된 가장 오래된 사회복지실천방법이었다(Raiff & Shore, 1993). 우리나라에서는 사례관리를 도입하던 초기에는 캐어 매니지먼트와 혼용하여 사용하기도 하였다. 미국에서도 캐어 매니지먼트(care management), 보호 지원(care assistance), 사례 조정(case coordination), 서비스 조정(service coordination), 서비스 관리(service management), 서비스 점검(service monitoring), 보호조정(care coordination) 등과 유사한 개념으로 사용하였다(Quinn, 1993). 또한 급증하는 건강보호 비용을 절감하기 위해 미국의 사설 의료보험기관이나 공공의료기관에서 많이 사용되는 관리 보호(managed care)는 사례관리와는 그 차이가 있다(Summers, 2001).

사례관리(case management)의 기본 개념은 클라이언트의 욕구에 맞는 적절한 서비스를 제공하여 지역사회 차원에서 독립적인 생활을 할 수 있도록 도움을 제공하여 주는 사회복지실천방법 중의 하나이다. 이를 위해서 직접서비스 형태인 임상적인 실천기술과 간접서비스 형태인 간접적인 실천기술을 동시에 필요로 한다는 점에서는 보호에 초점을 두고 있는 캐어 매니지먼트나 보호조정 등과는 구별된다.

Quinn(1993)은 이러한 용어들과 사례관리를 구별하기 위하여 사례관리의 특징을 다음과 같이 설명하고 있다.

첫째, 사례관리는 클라이언트에 대한 전인적인 접근(holistic approach)이다.

둘째, 사례관리는 클라이언트에 대한 문제해결 전략(problem-solving strategy)이다.

셋째, 사례관리는 클라이언트, 사례관리자, 그리고 보호제공자들의 역동적 상호작용 과정(dynamic process of interaction)이다.

사례관리는 학자들의 관점이나 사례관리를 제공하고 있는 전문가들의 관점에 따라 그 정의도 매우 다양하다. 그 이유는 사례관리를 적용하는 장면이나 사례관리 이용자들이 가지고 있는 문제나 욕구, 그리고 사례관리자들의 교육이나 훈련의 정도에 따라 사례관리실천과정이나 방법 등에 차이가 있기 때문이다.

사례관리에 대한 정의를 살펴보면 다음과 같다.

첫째, 사회적 기능회복에 초점을 둔 정의이다. 한국사례관리학회(2016)는 사례관리란 복합적이고 다양한 욕구가 있는 클라이언트와 그 가족의 사회적 기능회복을 돕는 통합적 실천방법이며, 이를 위해 운영체계를 확립하고, 클라이언트와 함께 강점관점의 체계적인 사정을 해야 하며, 클라이언트의 내적 자원 및 지역사회 자원을 개발하고 활용하여 삶의 질 향상을 위해 노력하는 것으로 정의하고 있다.

둘째, 클라이언트의 능력 강화에 초점을 둔 정의이다. Moore(1992)는 사례관리란 심리치료자의 임상적 기술과 지역사회조직가의 옹호기술이 요구되는 사회복지의 새로운 실천방법으로서, 클라이언트가 자신의 잠재력을 최대한 발휘하여 그들이 사회와 효과적인 상호작용을 할 수 있도록 능력을 강화하는 것에 초점을 두고 있다. 즉, 클라이언트가 자원과 효과적으로 협상할 수 있는 능력을 갖도록 원조해 주는 것이 중요하다.

셋째, 지역사회자원의 활용에 초점을 둔 정의이다. 이에 대한 대표적인 정의로서 Halley, Kopp와 Austin(1992)의 정의를 들 수 있다. 사례관리는 복잡한 문제를 가지고 있는 클라이언트에게 다양한 자원을 활용하여 서비스를 제공하는 사회복지 실천방법의 하나로 설명하고 있다. 이를 위하여 사례관리자는 지역사회의 광범위한 자원에 관한 정보를 가지고 있어야 하고, 많은 서비스제공자들과 친밀한 관계를 유지해야 하며, 클라이언트들이 지역사회자원으로부터 서비스를 제공받을 수 있도록 끊임없는 노력을 해야 하고, 서비스가 클라이언트의 욕구를 충족시키고 있는지를 항상 확인하고 이에 대한 책임성을 가지고 있어야 한다. 이는 사례관리에서 자원의 개발 및 관리와 서비스의 책임성을 강조하고 있는 정의라고 할 수 있다.

넷째, 서비스 비용효과성에 초점을 둔 정의이다. Weil과 Karls(1985)는 만성적인 사례관리 이용자들에 대한 서비스의 비용효과성을 강조하고 있다. 사례관리는 지속적인 보호를 요구하는 취약집단에게 서비스 조정을 통하여 서비스의 질적 보장과 비용의 효과성을 확보하는 서비스 전달방법으로 정의하고 있다. Weil과 Karls(1985)의 정의에서 사례관리에 대한 주요 개념을 살펴보면, 서비스 조정, 서비스의 질적 보장, 비용효과성, 서비스의 지속성을 강조하고 있음을 알 수 있다.

다섯째, 상담 및 치료와 자원망에 초점을 둔 정의이다. Rothman(1991)은 사례관리의 두 가지 핵심적 기능을 강조하고 있다. 하나의 기능은 지역사회에 있는 클라이언트에 대해 개별화된 조언, 상담, 치료서비스를 제공해 주는 것이고, 다른 하나의 기능은 클라이언트와 공식적 · 비공식적 자원을 조직해서 클라이언트와 연결시키는 기능을 하는 것이라고 설명하고 있다. 이는 사례관리가 자원망의 개발 및 유지, 관리, 조정뿐만 아니라 클라이언트의 내적인 문제까지도 해결해야 한다는 것을 알 수 있다.

여섯째, 원조체계 사이의 상호작용에 초점을 두고 있는 정의이다. Johnson(1983) 등 많은 학자들은 사례관리란 복잡한 문제들을 가지고 있는 클라이언트에게 그들의 문제를 적절히 해결하여 줄 수 있는 원조체계들을 연결시켜 지속적으로 효과적인 접촉을 유지할 수 있도록 도와주는 것이라고 설명하고 있다.

일곱째, 가장 광범위한 정의는 미국의 사회사업백과사전(1987)에서 정의한 것으로서 사례관리란 복잡한 여러 가지 문제와 장애를 가지고 있는 클라이언트가 적합한 형태로, 적절한 시기에, 그들이 필요로 하는 모든 서비스를 받을 수 있도록 보장하는 것으로 설명하고 있다. 즉, 사례관리는 포괄적 서비스를 제공하기 위한 하나의 방법으로서 정의되고 있다.

지금까지 제시된 사례관리에 대한 학자들의 정의에 근거해 보면 사례관리는 클라이언트의 문제와 욕구를 효과적으로 개입하는 실천방법이라 볼 수 있다. 사례관리는 복합적인 욕구와 해결하기 어려운 문제를 가진 클라이언트들에게 단편적인 서비스의 한계를 극복하고 클라이언트에게 적절한 시기에 종합적인 서비스를 제공하여 줄 수 있는 사회복지실천방법이라고 할 수 있다.

보통 한 사람의 사례관리자나 특정기관은 클라이언트나 가족이 필요로 하는 모든 서비스를 제공할 수 없다. 따라서 서비스를 효과적으로 제공하기 위해서는 많은 기관들이 관여하여야 한다. 예를 들면, 기본적인 소득이 없는 빈곤가족은 첫 번째 기관에서는 비상식량을, 두 번째 기관에서는 주택을, 세 번째 기관에서는 재정적 지원을, 네 번째 기관에서는 의류와 가구를, 다섯 번째 기관에서는 영어교실을, 여섯 번째 기관에서는 가족의 사회적 · 오락적 욕구 충족을, 그리고 일곱 번째 기관에서는 고용을 요구할 수 있을 것이다. 이 가족에게 이러한 모든 자원을 설명하고, 의뢰가 이루어졌는가를 확인하고, 서비스들을 조정하고, 그리고 가족의 욕구가 충족되었는가를 확인하기 위해 사후지도를 하는 것이 사례관리자가 해야 할 업무이다. 이러한 기능을 강조하기 위해서 사례관리자는 기관과 기관, 클라이언트와 기관 등 서로 관련 있는 기관들과 클라이언트 사이에서 서비스를 조정할 수 있는 능력을 가지고 있어야 한다.

사례관리에서 사용되고 있는 기술들은 기존의 전통적인 접근방법에서도 사회복지사들에 의해 자주 사용되는 기술들이다. 그러나 차이점은 사례관리는 상담과 같은 직접서비스를 제공하면서, 이와 동시에 조정이나 옹호와 같은 간접서비스에도 초점을 두어야 한다는 것이다. 따라서 사례관리자는 필요한 서비스를 제공하여 줄 수 있는 여러 자원들을 확보하고, 클라이언트의 욕구를 사정하며 그들의 삶을 변화할 수 있도록 지원해 주어야 할 책임을 가지고 있다. 마치 사례관리자의 역할은 심포니 지휘자의 역할과 같다. 왜냐하면 상이한 기관들로부터 다양한 서비스의 전달을 조직하고 조정하며 움직이도록 만드는 것이기 때문이다.

이러한 정의를 종합적으로 살펴볼 때, 사례관리는 두 가지 측면을 강조하고 있다는 것을 파악할 수 있다. 첫째는 자원망을 개발하고 강화하며, 자원을 연결하는 데 초점을 두고 있다는 것이고, 둘째는 자원을 획득하거나 자원망을 활용하려는 클라이언트의 능력을 강화하는 데 초점을 두고 있다는 것이다. 이것은 불가분의 관계로, 복합적인 문제를 가진 클라이언트에 의해 요구되는 서비스제공을 위한 관계망 구성원 사이의 상호작용을 강조하고 있다는 것을 의미하는 것이다. 즉, 클라이언트의 기능을 증진시키고 그들의 복지를 위해 공식적 지지망, 비공식적 자원망을 조직하고, 조정하며, 유지하는 것에 의하여 클라이언트에 대한 서비스의 효과성을 증진시키고, 서비스의 질을 향상시키는 일련의 활동과정이 사례관리라 할 수 있다(전재일 · 이준상, 2008).

앞서 살펴본 바와 같이 사례관리에 대한 정의는 서비스의 초점을 어디에 두느냐에 따라 달라지는 것이기 때문에 학자들마다 달리 내려지고 있으며, 이는 사례관리의 방향성을 설정할 때 중요한 기준이 된다.

이상을 종합하면, 사례관리는 장기간 동안 서비스를 제공받아야 하는 복잡한 문제와 다양한 욕구를 가지고 있는 클라이언트에게 필요한 자원을 개발하고, 연결하는 것과 동시에 그들이 자원을 활용할 수 있도록 능력을 강화시켜 주는 사회복지실천방법이라고 할 수 있다.

2. 사례관리의 특성

사례관리는 사회복지분야에 광범위하게 적용할 수 있는 실천방법으로서 장기간 동안 보호가 필요한 클라이언트들에게 포괄적인 서비스를 지속적으로 제공하여 주는 것이라고 할 수 있다. 이에 대해 Test(1979)는 지속적인 보호를 필요로 하는 클라이언트들의 문제를 해결하기 위해서 두 가지 측면에서 서비스가 동시에 전개되어야 할 것을 제안하고 있다. 즉, 하나는 장기적이고 만성적인 문제와 욕구를 해결 가능한 문제와 욕구로 변화하여 주는 것이고, 다른 하나는 시간이 지남에 따라 시시각각으로 변화하는 클라이언트의 욕구와 문제를 즉각적으로 해결해 주기 위해 서비스 자원을 연결하고 조정하여 주는 것이다.

사례관리는 자신의 문제를 해결하기 위하여 필요한 원조를 얻거나 활용하는 데 어려움을 가진 개인이나 가족을 대상으로 서비스를 제공하기 위한 실천방법이라고 할 수 있다. 사례관리는 아동과 성인, 개인이나 집단, 지적장애나 약물중독 등 대상자의 특성이나 문제 및 욕구의 특성에 따라 각각 다른 접근방법이나 기술들을 적용한다. 즉, 심리사회적 기능을 강화하고자 할 때와 클라이언트에게 필요한 자원을 조직하고 연결하고자 할 때 사용하는 방법이나 기술은 다른 것이다.

그러나 사례관리는 이 두 가지 기술을 모두 사용한다. 사례관리는 복잡한 문제를 가진 클라이언트에게 필요한 자원망을 구축하여 주고, 그 망을 구성하는 체계 사이의 상호작용을 촉진시켜서 클라이언트가 자신의 문제를 스스로 해결할 수 있는 능력을 향상하도록 도와준다. 이를 위해서 활용되는 사례관리의 기술과 전략은 클라이언트, 사례관리자 및 사례관리기관의 특성에 따라 달라진다.

사례관리 서비스의 초점은 자원망에 대해 개발하고, 자원망과 클라이언트의 효과적이고 생산적인 상호작용을 촉진하여 주며, 자원망 내에 있는 서비스제공자들 사이의 상호작용이 활발히 이루어질 수 있도록 해주어야 한다.

사례관리의 특성은 공식적 · 비공식적 지지체계의 강화와 클라이언트의 선택권을 확보하는 데 있다. 따라서 가정과 지역사회에 기반을 두고 있는 사례관리의 주요 기능은 사정, 계획, 조정, 점검을 강조하고 있다. 클라이언트에 대한 종합적인 서비스 계획의 수립과 이행을 위해서는 공적 기관과 사적 기관의 협력체계가 강화되어야 하며, 이를 기초로 여러 가지 서비스에 대한 적절한 조정, 서비스들의 전달과정 및 결과에 대한 점검, 클라이언트에 대한 개별화된 사정이 이루어져야만 한다(Mahoney, 1992).

사례관리는 정보수집에 기초한 자원망의 구성과 자원망을 활용할 수 있는 클라이언트의 능력을 강화하여 주는 것이며, 자원망을 클라이언트가 활용하기 쉽도록 자원과 자원, 클라이언트와 자원 사이의 관계를 중재하고, 한편으로는 클라이언트의 권리를 옹호하는 것이라고 할 수 있다. 또한 클라이언트에게 그들의 욕구에 맞는 적절한 서비스를 제공하고 또 이를 조장해줌으로써 지역사회 차원에서 자립생활을 할 수 있도록 도와주는 데 있다. 이러한 사례관리는 클라이언트 집단의 다양한 문제와 욕구를 해결해 주는 적절한 실천적 모형으로서, 체계 내에서의 클라이언트에 대한 서비스 전략을 구체화하고 실현하는 과정을 중요시한다는 데 그 특징이 있다.

사례관리의 특징에 대해 장인협(1995)은 다음과 같이 설명하고 있다.

① 지역사회를 기반으로 보호서비스 및 지지를 활용하는 하나의 체계적인 지원방법

② 각종 사회자원의 동원과 원조관계망의 효율적인 연계와 조정에 관심을 두는 활동

③ 서비스보다는 욕구 중심적, 다시 말해 클라이언트를 융통성 없는 기관의 서비스에 끼워 맞추기보다는 그들의 욕구에 서비스를 융통성 있게 배치하는 것에 강조점을 두는 활동

④ 복합적인 욕구를 가진 클라이언트에 대한 지속적인 책임과 비용효과성을 강조하는 활동

⑤ 연속적인 기능들을 시간 순서적으로 수행하는 문제해결과정
⑥ 클라이언트에 대한 포괄적, 총체적, 장기적 보호서비스를 제공하는 전문적인 활동

이근홍(2001)은 사례관리의 특징을 다음과 같이 열거하고 있다.

① 다양하고 복합적인 욕구를 가진 클라이언트를 대상으로 한다.
② 클라이언트의 문제해결과 치료보다는 욕구충족과 보호에 더 중점을 둔다.
③ 클라이언트의 사회적 기능과 독립을 극대화하기 위해서 보호의 연속성과 책임성을 보장한다.
④ 서비스의 효과성과 효율성(efficiency)을 높이기 위해 포괄적인 서비스를 제공하고 서비스의 조정과 점검을 실시한다.
⑤ 클라이언트와 그들의 사회 환경과의 상호작용에 관심을 집중시키며, 다양한 지원체계의 광범위한 서비스를 활용한다.
⑥ 출장원조, 안내와 의뢰 등과 같은 적극적인 클라이언트와의 접근을 강조한다.
⑦ 클라이언트 수준에서 클라이언트 각자의 욕구를 개별화하며, 개입과정에서 클라이언트의 참여와 자기결정을 촉진시킨다.
⑧ 서비스에 대한 조정과 협력을 촉진하기 위해 경계확장(boundary spanning) 접근방법을 활용한다.
⑨ 개별적인 실천기술과 지역사회실천기술을 통합한 형태이다.

사례관리가 비록 다른 사회복지실천 분야와 전혀 다른 특성을 가지고 있을지라도, 개입과정에서 전통적인 사회복지실천의 가치, 지식 및 기술의 많은 부분이 공통적으로 활용되고 있다.

결국 사례관리란 복합적이고 다양한 욕구와 문제를 가진 클라이언트를 대상으로 그들의 욕구와 문제를 해결하고 사회적 기능을 증진하기 위하여 그들이 필요로 하는 보호와 서비스를 효과적으로 제공받을 수 있도록 공식적 보호체계와 비공식적 보호체계를 통합 · 조정 · 관리하는 과정으로 그 특징을 요약할 수 있다.

3. 전통적인 사회복지실천과 사례관리

사례관리는 새로운 것이 아니며 이것은 전통적인 사회복지실천에 그 뿌리를 두고 있는 것이다. 그러므로 사례관리에서 소개되고 사용하고 있는 여러 가지 기법이나 전략은 새로운 것이 아니다. 하지만 사례관리는 클라이언트의 욕구에 기초를 두고 그들이 가지고 있는 여러 가지 문제를 동시적으로 해결한다는 데 의의를 둘 수 있다. 또한 사례관리가 전통적인 사회복지실천방법인 개인수준에서의 사회복지실천, 지역사회조직, 사회복지행정을 넘나들며 각 접근방법들의 고유한 특성들을 결합한 새로운 사회복지실천방법으로서 목적, 과업, 서비스 전달방식에 있어서 전통적인 사회복지실천과는 다른 독특한 성질을 가지고 있다. 요즈음 미국의 NASW에서는 '사회복지실천 사례관리(Social Work Case Management)'라는 용어를 사용하고 있다. 이는 사례관리가 사회복지분야에서만이 아니라 간호학 분야 등 여러 분야에서 보편적으로 활용되고 있기 때문에 사회복지실천현장에서의 사례관리를 구별하기 위해서이다.

전통적인 사회복지실천이 지역사회에 있는 클라이언트에게 개별화된 상담과 치료를 제공하는 것이었다면, 사례관리는 지역사회에 있는 공식적 · 비공식적 자원망의 지지를 확보하는 데 초점을 두고 있다. 즉, 기존의 개인수준에서의 사회복지실천과 지역사회조직을 동시에 적용하고 있다고 볼 수 있다. 그럼에도 불구하고 기존의 방법론과 다른 점은 기존의 전통적인 접근방법의 관점이 심리사회적이고 생태학적이며, 심리치료 중심의 접근방법에 초점을 두고 있다면, 사례관리는 전통적인 접근방법에 더하여 자원망의 역할과 활용을 강조하고 있다. 또한 지역사회자원에 대한 연결기능과 정보제공 및 서비스에 대한 평가기능이 강조되었다. 점검과 평가기능의 강조는 클라이언트에 대한 질적 서비스와 지역사회에 대한 서비스기관의 책임성을 동시에 충족시키려는 목적을 가지고 있다. 그리고 지역사회실천기술이 더욱 강화되었으며, 지역사회중심에서의 보호와 관리의 기능에 초점을 두고 있다.

사례관리자는 처음부터 끝까지 지역사회조직이나 사회복지시설 및 기관, 사회

행동집단들과 함께 지속적인 활동을 할 것을 강조하고 있다. 이러한 기능을 중심으로 전개되는 사례관리와 기존의 전통적인 사회복지실천방법론과의 차이점을 구체적으로 살펴보면 다음과 같다.

첫째, 대부분의 사례관리모형들은 전통적인 사회복지실천방법보다 사정의 기능을 강조하고 있다. 특히 사정은 기존의 방법론이 심리사회적인 것, 즉 개인이 환경에 적응할 수 있는 태도변화에 초점을 두고 있다면 사례관리는 생심리사회적(Bio · Psycho · Social)인 것에 초점을 두고 있다. 즉, 개인과 개인을 둘러싸고 있는 체계는 끊임없이 변화한다. 개인의 문제 및 욕구도 시간이 지남에 따라 변화하고 서비스 환경도 변화한다. 따라서 개인의 문제와 욕구를 해결하기 위해 생물학적이고, 심리적이고, 사회적인 측면을 고려해서 사정할 것을 강조하고 있다.

둘째, 서비스에 대한 점검과 평가의 기능을 강조하고 있다. 이것은 서비스의 질을 한층 더 발전시킬 뿐만 아니라 전문가나 기관의 서비스에 대한 책임성을 강화하기 위한 것이다.

셋째, 자원의 연결과 조정에 대한 기능이 강화되었다. 이것은 기존의 방법론이 '상황 속에 있는 개인'에 초점을 두고 일방적으로 전개된 것이라면 사례관리는 개인의 축과 자원의 축을 분리되어 있는 것으로 파악하고, 양자를 결합시키는 쌍방적인 측면을 강조하고 있다. 사례관리는 클라이언트의 문제해결을 위하여 지역사회자원을 확보하고 연결하는 것을 중요한 것으로 보고 있다.

넷째, 기존의 사회복지실천방법들은 클라이언트의 특성에 관계없이 일정한 형식을 유지한 채 전개된 것이라면 사례관리는 비정형성을 상당히 내포하고 있다. 그러므로 클라이언트의 특성에 상관없이 보편적으로 적용할 수 있다. 즉, 기존의 사회복지실천이 보편성을 띤 획일적인 서비스제공방식을 채택하고 있었다면 사례관리는 대상, 장면, 사례관리자의 능력, 환경 등에 따라 그 적용방법이 달라지는 융통성을 가지고 있다.

다섯째, 사회복지실천방법을 포함한 여러 가지 측면에서 상당한 차이를 보이고 있다. 개인수준에서의 사회복지실천은 주로 클라이언트의 문제에 초점을 두고 성격의 발달을 통하여 그러한 문제를 해결하고 사회에 적응시키는 데 역점을 두고 있는 반면에 사례관리는 클라이언트의 복합적인 욕구에 초점을 두고 클라이언트와 사회자원과의 연결과 조정을 통하여 그들의 욕구를 충족시키고 사회적 기능을 향상시키는 데 역점을 두고 있다. 즉, 개인수준에서의 사회복지실천이 개인을 대상으로 한 개별적인 접근이라면 사례관리는 지역사회의 자원을 활용하여 개인과 환경에 동시에 개입하는 통합적인 접근이라고 할 수 있다.

여섯째, 기능적 측면에서 살펴보면 전통적인 사회복지실천은 주로 사회복지사가 직접서비스를 제공하는 기능을 수행하여 클라이언트의 성격 개발과 사회적응능력을 향상시키는 것을 목적으로 하고 있는 반면에 사례관리는 직접서비스와 간접서비스를 동시에 제공하여 보호의 연속성 보장, 비용효과성의 증대, 접근성과 책임성의 증진, 일차집단의 보호능력 향상 및 사회적 기능의 향상을 목적으로 하고 있다.

일곱째, 전통적인 사회복지실천과 사례관리는 대상에서도 차이가 있다. 사례관리는 사회적 기능상에 심각한 문제를 지닌 복합적인 욕구를 가진 사람을 대상으로 하고 있다. 즉, 개인수준에서의 사회복지실천의 대상이 주로 사회적응에 장애가 되는 심리사회적인 문제를 가진 사람이라면, 사례관리는 주로 장기보호가 필요한 복합적인 문제 및 욕구를 가진 허약한 노인, 만성장애인 및 발달장애아동이라고 할 수 있다.

여덟째, 개인수준에서의 사회복지실천이 개인, 문제, 장소 및 과정으로 구성되어 있는 반면(H. H. Perlman, 1957), 사례관리는 클라이언트, 사례관리자, 사회자원 및 과정으로 구성되어 있다. 한편 개인수준에서의 사회복지실천의 기능은 치료, 상담, 손상된 능력의 회복, 사회자원의 제공, 사회적 역기능의 예방 등이며, 사례관리의 기능은 전통적인 개인수준에서의 사회복지실천의 기능과 함께 클라이언트와 서비스의 연결, 비공식 지원체계와 클라이언트 간의 상호작용의 촉진, 사례관리 기관 상호 간의 조정, 상담, 문제해결, 옹호 등이다. 그 외에도 사회복지사의 역할, 과정, 수행 장소, 원칙 등에서 상당한 차이가 있다. 이러한 사항들을 중심으로 개인수준에서의 사회복지실천과 사례관리를 비교하면 〈표 1-1〉과 같이 나타낼 수 있다.

〈표 1-1〉 개인수준에서의 사회복지실천과 사례관리의 비교

구 분	개인수준에서의 사회복지실천	사례관리
개 념	스스로 해결하기 곤란한 문제를 가진 개인에게 성격발달과 사회적응을 도모하기 위해서 전문가가 행하는 개별적·의도적인 문제해결과정	복합적인 욕구를 가진 클라이언트의 욕구충족과 사회적 기능 향상을 위해서 사회자원과의 연결과 조정을 통하여 지속적으로 보호하는 과정
목 적	성격의 발달과 사회적응 능력의 향상	보호의 연속성, 비용효과성, 접근성과 책임성, 일차집단의 보호능력 향상, 사회적 기능의 향상
대 상	사회적응에 장애가 되는 문제를 가진 클라이언트	다양하고 복합적인 욕구를 가진 클라이언트
구 성	개인, 문제, 장소, 과정	클라이언트, 사례관리자, 사회자원, 과정
기 능	치료, 상담, 손상된 능력의 회복, 개인적·사회적 자원의 제공, 사회적 역기능의 예방	클라이언트와 서비스의 연결, 비공식 체계와의 상호작용 촉진, 기관 상호 간의 조정, 상담, 문제해결, 옹호
역 할	치료자, 상담자, 서비스제공자, 지지자, 능력부여자, 교사, 평가자, 옹호자	사정자, 계획자, 중재자, 조정자, 점검자, 평가자, 옹호자, 경계범주자, 자원동원자
과 정	접수 → 조사 → 사정 → 치료 → 종결	접수 → 사정 → 기획 → 연결 → 점검 → 평가
장 소	사회복지기관	다양한 기관과 지역사회
원 칙	개별화, 의도적 감정표현, 통제된 정서적 관여, 수용, 비심판적 태도, 클라이언트의 자기결정, 비밀보장	성장과 변화에 대한 신념, 욕구와 보호의 개별화, 장점과 잠재력의 강조와 개발, 클라이언트의 자기결정, 책임성과 보호의 연속성, 서비스 제공의 포괄성, 지역사회자원의 적극적 개발과 동원, 권리와 비밀의 보장

출처 : 이근홍(2001). 케이스 매니지먼트.

하지만 사례관리는 사회복지실천의 새로운 분야지만, 전통적인 사회복지실천과 유사한 점이 많은 것으로 보고 있다. 유사한 점은 클라이언트와 자원에 대하여 적극적으로 사정을 실시하고, 개별화, 클라이언트의 자기결정 및 비밀보장 등과 같은 많은 전통적인 사회복지실천의 원칙을 활용하고 있으며, 보호의 성공적인 전달을 위한 매개체로서 사례관리자와 클라이언트 사이의 개별적인 관계의 중요성을 강조한다는 측면에서 유사한 점을 가지고 있다(P. Huxley, 1993).

이와 같이 개인수준에서의 사회복지실천과 사례관리는 유사한 점도 많지만, 상당한 차이점이 존재한다. 이러한 사항들은 사례관리를 보다 자세히 이해하는 데 도움이 될 것이다. 따라서 사례관리는 개인수준에서의 사회복지실천을 대처하기 위해서 등장한 사회복지실천방법만은 아니며, 탈시설화, 클라이언트 욕구의 다양화·복합화, 서비스 공급주체의 다양화, 서비스의 단편성, 사회복지비용의 삭감 등과 관련된 문제들을 보다 효과적으로 해결하기 위한 시대적인 요청에 따라 새롭게 개발된 사회복지실천의 새로운 방법으로 이해해야 할 것이다.

4. 사례관리에 필요한 지식과 기술 및 지침

Summers(2001)는 성공적인 사례관리를 위해 사례관리자가 가지고 있어야 할 사례관리에 필요한 기초적인 지식과 기술, 그리고 사례관리개입 시 유의해야 할 필요사항을 제시하고 있다.

1) 사례관리에 필요한 기초지식

사례관리를 효과적으로 수행하기 위해서는 사례관리자는 최소한의 지식을 가지고 있어야 하며, 이러한 지식은 대학교육 및 재교육과정에서 지속적으로 이루어져야 한다.

① 개인과 가족의 역동성(인간발달 및 심리, 가족치료 등 개인과 가족과 관련한 지식)

② 사회, 심리, 생리, 경제적 요인들 사이의 관계력(생태학적 모형, 개인의 상황과 욕구를 파악할 수 있는 이론적 지식)

③ 사례관리자가 근무하고 있는 기관의 목표와 정책에 대한 이해

④ 기관의 서비스 전달에 영향을 끼치는 각종 법률 및 관련 규정

⑤ 지역사회의 서비스와 자원에 대한 광범위한 이해(자원수집철 작성과 활용에 대한 기술)

2) 유능한 사례관리자가 되기 위해 필요한 기술

사례관리자는 실천현장에 대한 실습과 지속적인 수퍼비전을 통해서 사례관리에 필요한 기본적인 기술을 습득하고 있어야 한다.

① 클라이언트의 성장을 위하여 다른 사람들과 함께 효과적으로 사례관리를 수행할 수 있는 기술
② 다양한 전문직, 유사(준)전문직, 공무원, 클라이언트와 가족들과 함께 사례관리를 수행할 수 있는 능력
③ 클라이언트의 욕구가 무엇인지를 정확히 파악할 수 있는 능력
④ 기록을 정확하게 하고 잘 정리하고 보관할 수 있는 능력
⑤ 서비스를 계획할 때 클라이언트가 주도적으로 참여하도록 해줄 수 있는 능력
⑥ 클라이언트의 욕구를 충족시켜 줄 수 있는 지역사회의 자원을 개발할 수 있는 능력

3) 가치갈등을 피하는 규칙

① 사례관리자와 다른 클라이언트의 삶의 태도와 양식을 존중한다.
② 장애인, 결혼이주자, 성소수자 등 사회적 소수집단에 대한 편견을 버린다.
③ 클라이언트가 사례관리자의 마음에 들지 않더라도 항상 최선의 서비스를 제공한다.
④ 사례관리자는 자신의 가치에 따라 클라이언트를 변화시키려고 시도하지 않는다.

4) 클라이언트와 사적 관계 피하기

사례관리자는 클라이언트와 개인적인 관계를 피해야 한다. 고독하고, 실망감을 가진 채 기관을 찾아오는 클라이언트들은 사례관리자를 만남으로써 편안한 느낌을 갖게 된다. 이러한 클라이언트 중 간혹 사례관리자와의 관계를 좀 더 영구적이

고 개인적으로 의미 있는 것으로 바꾸기를 원하는 경우가 있다. 그들은 사례관리자의 친절과 도움을 그들이 추구하는 사랑과 애정으로 잘못 인식하여 사례관리자를 사랑하게 된다.

이와 반대 상황도 일어날 수 있는데 개인적 삶에서 어려움을 가지고 있는 사례관리자가 기꺼이 자신의 이야기를 들어주는 매우 지지적이거나 매력적인 클라이언트를 만날 때 잘못된 선택을 할 수 있다. 이는 명백한 사회복지사 윤리강령을 위반하는 것이다. 사례관리자–클라이언트 관계가 너무 개인적일 수 있는 징후들은 다음과 같다.

① 클라이언트로부터의 징후(signs)

- 클라이언트가 사례관리자에게 행동이나 말로 과도한 성적 관심을 보인다.
- 클라이언트가 꿈에서 사례관리자가 관련된 성적 관계를 점점 더 많이 꾼다고 말한다.
- 클라이언트가 사례관리자의 사생활에 지나치게 관심을 가진다.
- 클라이언트가 사례관리자의 배우자와 아이들과의 관계에 관하여 묻는다.
- 클라이언트가 사례관리자에게 로맨틱한 선물을 주려고 시도한다(클라이언트로부터 선물을 받는 것에 주의하라. 그 선물을 받았는지 거절했는지, 그리고 그 이유와 함께 그러한 모든 시도를 기록에 남겨라).
- 클라이언트가 카페, 식당, 극장과 같은 사무실 밖에서 사례관리자를 만나기를 원한다.
- 클라이언트가 로맨틱한 시를 주거나 로맨틱한 기사나 책을 준다.
- 클라이언트가 눈길을 끄는 복장을 입는다.
- 클라이언트는 클라이언트에 대한 사례관리자의 걱정의 말을 사례관리자가 클라이언트에게 로맨틱한 관심을 가진 것으로 이해한다.
- 클라이언트가 사례관리자를 반복적으로 안고 만진다.
- 클라이언트가 사례관리자에게 특별해지고 싶다는 바람을 표시한다.

② 사례관리자로부터의 징후

- 클라이언트가 사례관리자의 꿈에 나타난다.
- 사례관리자가 다른 클라이언트보다 그 클라이언트 만나기를 기대한다.
- 사례관리자가 그의 삶에서 다른 사람들보다 클라이언트를 좀 더 이해심이 있는 것으로 보기 시작한다.
- 사례관리자가 클라이언트의 성생활과 환상에 관하여 질문한다.
- 사례관리자가 다른 클라이언트의 옷차림새보다 이 클라이언트의 옷차림새에 더욱 관심을 가진다.
- 사례관리자가 그 클라이언트를 만나는 날에 자신의 복장에 관하여 좀 더 신경을 쓴다.
- 사례관리자가 그 클라이언트를 파트너나 친구로 받아들일 수 있도록 하기 위해 그 클라이언트를 현안이나 문제가 없는 사람으로 보거나 그것들을 최소화해서 클라이언트를 보기 시작한다.
- 사례관리자가 클라이언트에게 특별한 관심을 가진 것을 의미하는 것으로 이해할 수 있는 많은 악의 없는 행동을 한다.

5) 사례관리를 실천할 때 지켜야 할 지침

사례관리를 성공적으로 수행하기 위해서 사례관리자는 다음과 같은 내용을 명심하고 있어야 한다.

① 계획은 사전에 수립되어야 한다

사정을 통해 수집된 자료에 기초해서 위기를 극복하고 예방할 수 있는 계획을 수립해야 한다.

② 사례관리자는 클라이언트와 지역사회에 대한 책임성을 가져야 한다

사례관리자가 클라이언트에게 말한 것은 반드시 지켜야 하고 가능한 한 빨리 실천해야 한다. 그리고 책임성을 다하고 있다는 것을 증명하기 위해서라도 활동

한 내용들은 자세하게 기록해서 문서화해 두어야 한다.

③ 사례관리자는 클라이언트에 대해 낙관적으로 생각해야 한다

클라이언트는 자신의 문제를 개선할 수 있고 독립적으로 생활할 수 있다는 것을 기대하고 있어야 한다. 이것은 사례관리자가 가져야 하는 중요한 태도이다. 성공에 대해 강화를 하고 긍정적 피드백을 항상 해주어야 한다. 성공할 수 있는 기회를 주고 이에 대한 즉각적인 피드백은 매우 중요하다. 복잡하고 해결하기 힘든 문제보다는 클라이언트가 비교적 쉽게 성공할 수 있는 상황들을 설정해 줄 수 있어야 한다.

④ 계획의 모든 과정에 클라이언트를 참여시켜야 한다

자신의 삶에서 나타나는 문제나 이슈에 대한 우선권을 클라이언트가 결정하도록 해야 한다. 서비스와 계획에 관해 클라이언트의 의견을 듣고 피드백을 줘야 한다.

⑤ 클라이언트가 있는 곳에는 어디든지 가야 한다

서비스의 접근성으로 찾아가는 서비스를 통하여 정보제공과 연결, 교통편의 제공 등과 같은 적극적인 방법을 활용하여 클라이언트의 접근성을 높여야 한다.

CHAPTER 02

사례관리의 발달

1. 사례관리의 등장 배경
2. 사례관리의 발달과정
3. 한국의 사례관리 발달

CHAPTER 02

사례관리의 발달

1. 사례관리의 등장 배경

1960년대는 미국의 사회복지정책에 커다란 변화가 필요한 시기였다. 베트남 전쟁으로 인한 과도한 재정지출과 더불어 서비스에 대한 개인의 권리가 강조되면서 빈곤과의 전쟁을 선언할 정도로 복지비의 지출이 증가하였다. 복지비의 지출은 국가의 재정적인 어려움과 함께 복지비 수혜자들의 인권에 중대한 위기를 가져왔다. 과도한 세금에 불만을 가진 대중들은 과도한 복지비 지출에 대한 반감을 가지고 있었고 이는 곧 사회복지대상자들에 대한 멸시로 이어졌다.

정부는 이러한 상황 속에서 사회복지대상자들에 대한 인권을 보호하고 국가의 재정부담을 줄이기 위해 민간자원을 활용하는 방안을 수립하였다. 이에 따라 그동안 국가나 공공기관에 의해서 제공되던 서비스 시장에 비영리기관뿐만 아니라 영리기관들의 참여가 늘어나게 되었다. 서비스 공급주체의 다양화는 필연적으로 서비스의 중복과 낭비를 가져왔고, 애초에 기대했던 예산절감의 효과는 기대할 수 없었다. 서비스의 중복과 낭비를 해결하기 위해서 지역사회의 서비스 제공기관들을 체계적으로 조정하고 관리할 수 있는 사례관리기관이 필요하게 되었고, 새로운 사회복지실천방법으로서 사례관리가 등장하게 되었다(Gilson & Casebolt, 1997).

1) 탈시설화로 인한 지역사회보호의 필요성

1950년대 등장한 정상화 이념은 개인의 성장과 발달에서 정상적인 발달경험, 입학, 결혼 등 인생주기에 따른 선택의 자유, 정상적인 이웃과 같이하는 정상적인 가정에서의 삶, 지역사회에 통합되어 있는 삶 등을 강조하면서 시설중심보호에 반대하여 왔다. 그 결과 기존에 시설에서 생활하여 왔던 정신장애인과 지적장애인들을 중심으로 탈시설화 운동이 일어나기 시작하였다. 탈시설화 운동은 시설에 수용되어 있던 생활자들이 시설에서의 생활에서 벗어나 지역사회에서 생활할 수 있는 계기를 마련해 주었다.

지역사회보호는 정부의 입장에서도 시설 수용으로 인한 막대한 비용을 절감할 수 있고, 클라이언트 입장에서는 인권을 존중받을 수 있다는 측면에서 정부나 클라이언트 모두 관심을 가지게 되었다. 그러나 탈시설화를 위해서는 시설에서 나온 클라이언트들이 이용할 수 있는 서비스 자원들이 지역사회에 있어야 하고 이를 연결하고 조정해 줄 전문가나 기관이 필요하다.

특히 시설중심보호는 시설생활자를 위한 의료, 교육, 직업재활 등 모든 서비스가 한 시설 내에서 제공되기 때문에 클라이언트의 복합적인 욕구를 일괄적으로 충족시킬 수 있지만 지역사회중심보호는 클라이언트의 욕구를 통합적으로 제공해 줄 수 있는 기관이 없다. 따라서 클라이언트에게 포괄적이고 통합적인 서비스를 제공해 주기 위해서는 지역사회에 산재해 있는 서비스 자원들을 서로 연결해 주고 조정해 줄 수 있는 전문가나 기관이 필요하며, 이를 위해서 사례관리가 등장하게 되었다(이근홍, 2021).

2) 복합적이고 다양한 욕구를 가진 클라이언트의 증가

현대문명이 발달함에 따라 인간의 욕구는 점점 더 복잡해지고 있다. 예를 들면, 기대수명의 연장은 인류의 오랜 꿈인 삶을 연장시키기도 하지만 한편으로는 각종 질환으로 노인들을 힘들게 한다. 복잡한 도시환경은 건강한 사람들에게는 생활터전이 되지만 지적장애인이나 노인들이 활동하기에는 어려움을 준다. 지구촌의 다양한 교류는 문명을 서로 연결하여 주지만 마약이나 성병 및 전염성 질환을 옮기는 창구가 되기도 한다. 문명의 발달은 인간 삶을 편리하게도 해주지만 한편으로는 사회복지대상자들의 증가와 그들의 욕구충족을 더욱 어렵게 만들 것이다.

만성질환 노인, 요보호아동, 발달장애인, 정신장애인, 알코올 및 마약 중독자, 노숙인, 에이즈 환자들이 가지고 있는 복합적인 욕구를 해결하기 위해서는 기존의 전통적인 사회복지실천으로는 어려움이 있었다. 전통적인 사회복지실천은 클라이언트에게 필요한 다양한 서비스를 통합적으로 제공하는 데 한계가 있다. 따라서 이들에게 효과적인 서비스를 제공하기 위해서는 새로운 사회복지실천기술이 필요하였다.

3) 사회복지비용의 효율성과 효과성 제고

사회의 발달과 함께 클라이언트의 욕구는 다양해질 수밖에 없으며, 이에 따라 국가의 사회복지비용에 대한 지출은 점차 증가되어 왔다. 따라서 국가는 제한된 자원을 가지고 클라이언트의 욕구를 충족시켜 줄 수 있는 방안들에 대한 관심을 가지게 되었다. 특히 1970년대 이후 등장한 신자유주의는 사회복지에 대한 공공지출을 억제하고 민간부문의 역할을 강조하였으며, 국가는 제한된 자원 내에서 서비스 전달의 효과를 극대화하려는 비용효율성에 지대한 관심을 가지게 되었다. 그 결과 클라이언트에게 지역사회에 있는 민간 및 공공자원을 개발하고 연결하여 통합적인 서비스를 제공하고, 서비스 자원들을 조정하여 서비스의 중복과 남용을 방지할 필요가 있었다. 즉, 사회복지비 지출을 줄이고 서비스의 질을 높이는 서비스의 효과성과 효율성을 극대화할 수 있는 사례관리가 필요하게 되었다.

4) 새로운 서비스 전달체계의 등장

클라이언트에게 서비스를 제공하는 공급주체가 다양하고 복잡할 뿐만 아니라 그들이 제공하는 서비스의 내용도 상당히 다양하기 때문에 사회적 기능상의 심각한 문제를 지닌 클라이언트가 서비스제공기관들을 스스로 파악하고 이용하기가 매우 어려웠다(이근홍, 2021). 특히 미국은 제2차 세계대전과 1960년대 빈곤과의 전쟁을 겪으면서 수많은 사회복지프로그램들을 만들기 시작하였다. 각기 다른 서비스 부서에서 각각 고유한 접근방법과 전문인력, 재정으로 프로그램을 개발하고 실시하거나 지원하였다. 예를 들어, 연령집단별(아동, 노인 등), 기능 영역별(보건, 정신보건, 고용, 주택 등), 또는 문제영역별(교정 등)로 프로그램이 따로따로 진행되었고 서로 연결하는 체계도 잘 갖추어지지 않았다(한국사례관리학회, 2020).

다양한 사회복지프로그램들이 서로 다른 전달체계에 의해 제공되면서 복합적인 욕구를 가지고 있는 클라이언트들이 필요한 서비스를 통합적으로 제공받는 것이 어려웠으며, 서비스의 중복과 낭비를 초래하는 결과를 낳았다. 이에 클라이언트의 욕구를 통합적이고 포괄적이며 지속적으로 제공하고 서비스 중복으로 인한 낭비를 최소화하기 위해서는 다양한 전달체계를 통하여 제공되는 서비스를 조정하고 연계하는 전략이 필요하였다.

5) 사회적 지원망에 대한 강조

늘어나는 사회복지서비스의 욕구에 대해 중앙정부나 지방정부는 한정된 자원으로 효율적인 서비스를 제공하기 위해 지역사회 내의 자원을 개발하고 활용하는 방안들에 대한 관심을 가졌다. 따라서 지역사회 내에 있는 공식적 · 비공식적인 사회적 지원망들의 사회적 지지와 원조는 클라이언트의 복합적인 욕구를 충족하는 데 매우 중요하였다. 특히 오랫동안 가족, 친척, 친구들로부터 고립되어 있던 클라이언트들의 문제를 해결하기 위해서는 공식적인 자원으로서는 한계가 있었으며, 이들에게는 비공식적인 사회적 지지가 절대적으로 필요하였다(Whittaker & Tracy, 1989). 따라서 비공식 지원체계를 포함한 사회적 지원망들을 개발하여 클라이언트와 사회적 지원망, 그리고 사회적 지원망을 구성하고 있는 공식적 · 비공식적 지지체계들이 서로 유기적인 상호작용을 통하여 클라이언트에게 통합적인 서비스를 제공하기 위해서 사례관리가 필요하게 되었다.

2. 사례관리의 발달과정

1) 역사적 기원

사례관리는 미국의 매사추세츠(Massachusetts)주가 1863년에 최초로 주정부 산하에 자선조직협회를 설치한 데서 그 기원을 찾을 수 있다. 이 당시 자선조직협회는 수많은 자선단체들이 제공하는 민간서비스와 정부의 공공서비스들을 조정하는 역할을 수행하였으며(Weil, et al., 1985), 또한 초기 자선조직협회는 자선단체 상호간의 협력과 구제활동을 통하여 서비스의 중복을 방지하고 자원을 효율적으로 활용하기 위하여 자선단체들의 활동을 연계하고 조정하였다.

1917년 Mary Richmond는 『사회진단』이라는 저서를 발간하면서 클라이언트의 문제를 해결하기 위해서 체계적인 정보수집, 자원봉사자들에 대한 훈련, 다학문적인 분야의 전문가들과의 협력하에서 계획 수립, 다른 서비스기관들에 대한 이해, 사례회의 등을 강조하였다(Weil, et al., 1985). 현재 사례관리에서 강조되고 있는 사례관리나 사례조정이 초기 사회복지실천(social work)에서도 강조되고 있음을 알 수 있다(전재일 · 이준상, 2008).

또한 1900년대 초에 영국에서 출발한 인보관운동에서도 사례관리의 기원을 찾아볼 수 있다. 인보관들은 이민자들에게 그들이 필요한 서비스를 이용할 수 있도록 이민자 가족의 욕구를 색인카드를 활용하여 목록화하기 시작하면서 초보적인 사례조정체계를 발전시켰다(전재일 · 이준상, 2008). 또한 인보관운동은 빈민들을 돕는 과정에서 옹호자로서의 역할을 강조하였다.

사회복지실천의 발달에 큰 영향을 끼친 자선조직협회와 인보관운동은 빈민을 중심으로 서비스를 제공하는 것에서는 차이가 없었지만 서비스를 돕는 방식이나 서비스제공자들의 역할에서는 차이가 있었다. 즉, 자선조직협회는 자발적 서비스의 중복을 방지하기 위하여 자선단체들의 활동을 조정하는 조정자의 역할에 더 많은 초점을 두었고, 인보관운동은 지역사회의 환경개선과 사회개혁 등 빈민을 위한 사회개혁활동에 초점을 두었다. 이러한 역할들은 현재 사례관리에 많은 영향을 끼치고 있다.

하지만 1915년에 Abraham Flexner는 Baltimore의 전국 자선 및 교정회의에 관한 발표에서 "사회복지실천(social work)이 문제를 가진 개인을 자원에 연결하도록 돕는 유용한 사회활동"이었음을 인정하면서도, 전문직으로서 가지고 있어야 하는 몇몇 특성들, 즉 전문직이 가지고 있어야 할 이론이나 지식, 기술, 자격 등에 대한 구체적인 기준이 없기 때문에 전문직으로 보지 않았다. 그 후 사회복지실천은 전문직 정체성을 찾아서 사례관리를 벗어나 치료중심의 임상실천으로 방향을 전환하거나 조정과 같은 기능을 이차적인 역할로 간주하였다. 사회복지사들은 조정이나 권리옹호와 같은 간접적인 서비스 기능을 지속적으로 수행하기는 하였으나 진정한 전문직으로서의 가치는 낮게 평가하였다(Netting, 1992).

1920년대에 들어오면서 정신분석학과 역동적인 정신의학의 발달은 사회복지실천의 발달에 상당한 영향을 끼쳤다. 1960년대까지 사회복지실천은 정신분석학의 영향으로 개인의 자아를 강조하고 행동의 결정요인으로서 무의식과 과거의 경험을 강조하면서 초기 사회복지실천에서 강조하였던 조정이나 권리옹호, 그리고 사회개혁과 같은 기능들은 관심에서 멀어졌다.

2) 사례관리 제도화기

서비스에 대한 비용절감과 클라이언트의 인간으로서의 권리를 확보하기 위하여 1960년대부터 정신건강 및 지적장애 분야에서 탈시설화 운동이 시작되었다. 그러나 지역사회가 서비스에 대한 준비를 하지 못한 상황에서의 탈시설화 정책은 혼자의 힘으로 서비스를 받을 수 있는 능력이 없는 사람들에게 있어서 수많은 문제를 야기하였다(Rubin, 1987). 이러한 문제를 극복하기 위한 방안들로서 사회복지서비스 전달체계의 확립과 지역사회자원체계의 확립, 클라이언트 중심 서비스 실현을 위한 제반 조건의 정비가 이루어져야 할 필요성이 제기되었다. 따라서 시설에 수용되어 보호를 받고 있던 취약계층집단을 지역사회에 복귀시킴에 따라 일어나는 제반 문제점들을 해결하기 위한 방법으로서 서비스 조정기능을 강화해야 한다는 주장들이 대두되기 시작하였다(Intagliata, 1982).

그러나 취약계층집단에 대한 기존의 서비스 지원체계는 아주 복잡하면서도 단편적이어서 복합적인 욕구와 문제들을 해결하는 데 많은 한계점들이 드러났다(Rubin, 1987). 대부분의 서비스들이 서비스대상이나 서비스내용에 따라 분화되어 있었기 때문에 노인이나 장애인과 같은 복합적인 욕구를 가진 클라이언트들이 포괄적인 서비스를 한 곳에서 받기가 힘들어졌다(장인협, 1996).

1950년대와 1960년대는 임상사회복지실천이 급속히 발전하던 시기였다. 이 시기 사회복지프로그램들은 전문적 서비스를 제공하거나, 특정 문제를 가진 대상들에게 특정 서비스를 제공하기 위하여 생겨났기 때문에, 많은 문제와 욕구를 가진 개인들은 그들의 문제를 해결하기 위하여 각각의 기관으로부터 서비스를 받아야만 했다. 이 시기 서비스제공기관들은 서로 연결되어 있지 않아서 서비스를 받는 이용자들에게 적절한 서비스를 제공하지 못할 뿐만 아니라 서비스의 효과성에도 많은 문제점을 노출하였다.

예를 들어, 노인 클라이언트는 어떤 기관으로부터 현금지원을 요구하고, 다른 기관으로부터 주거문제, 또 다른 기관으로부터 음식 서비스, 다른 기관으로부터 신체 및 정신장애에 대한 치료 및 보호, 다른 기관으로부터 사회적 상호작용과 지지 등을 요구할 수 있다. 이런 경우 서비스를 이용하기 위해서 각각의 기관에서 별도로 서비스가 계획되고 진행되기 때문에 서비스의 질이나 효율성에 있어서 상당한 문제점들이 초래될 우려가 높다.

이러한 상황에서 1971년 미국 HEW의 장관이었던 Elliot Rechardersonᅳ은 서비스 통합정책을 발표하게 되었다. 즉, 그는 '서비스 통합 : 다음단계'에서 서비스 통합 프로그램의 목적으로 ① 최대한의 급여를 위한 서비스 조정, ② 개인과 가족단위에 대한 인간중심적인 접근, ③ 지역사회가 포괄적 서비스를 제공하기 위한 최대한의 준비, ④ 지역사회 수준에서 최적의 자원할당 등을 선언하였다(Kagan & Neville, 1993). 1970년대 초에 미국의 보건 · 교육 · 복지성은 주와 지방수준의 연방 서비스 프로그램을 통합하기 위한 시범프로젝트를 실시했다. '서비스 통합' 프로젝트의 주요 내용들은 "클라이언트 추적체계, 정보 및 의뢰기제, 한 곳에서 각종 서비스를 모두 받을 수 있는 원스톱서비스 센터(one-stop service center), 전문적 관리정보체계, 기관 간의 계획과 서비스 전달에 대한 합의, 전산화된 자원조사목록, 그리고 조직관리 프로젝트"로, 이와 같은 연구를 집중적으로 수행하였다.

대부분의 프로젝트들은 또한 '체계대리인(system agent)'으로 불리는 사례관리자들이 있는 것이 특징인데, 체계대리인들은 클라이언트를 위해 자원을 조정하고, 서비스체계들이 클라이언트에게 책임성을 가지고 서비스를 제공할 수 있도록 하는 역할을 수행하였다. 이러한 국가와 사회적 노력에 의하여 1974년 사례관리라는 새로운 서비스 개입방법이 문헌을 통하여 등장하게 되었으며, 이를 계기로 사례관리에 대한 연구 및 실천은 미국을 중심으로 전 세계적으로 급속히 확산되어 갔다(장인협, 1996).

초기 사례관리에 대한 연구들은 주로 연방정부와 주 정부의 지원을 받아 서비스에 대한 포괄적인 보호방안으로서 사례관리에 대한 연구를 집중적으로 시도하였다(Rubin, 1992). 특히 사례관리(case management)가 도입되기 시작한 1970년대 이후 정신건강과 발달장애, 후천성면역결핍증(AIDS)에 걸린 사람들을 위한 서비스, 장기간 보호가 필요한 노인들을 위한 서비스, 이주민에 대한 서비스, 그리고 아동복지 등의 영역에서와 같이 휴먼서비스 영역에서 널리 보급되어 왔다.

특히 1970년대부터 노인 및 장애인 복지 분야에 사례관리가 강조된 이유는 미국의 수용시설에 대한 예산의 기획과 지출을 담당하고 있는 건강보호재정관리국(HCFA)이 주 · 군 · 지역사회기관과 협동하여 노인 및 장애인에 대한 장기보호대책 수립을 지원하면서부터이다. 시설에 있는 클라이언트들이 탈시설화하여 지역사회에서 그들이 필요한 서비스를 종합적으로 제공받을 수 있는 사례관리프로그램 개발을 지원하였다(Sullivan, W. P., 1988).

1970년대 후반 동안 미국정신건강연구소(The National Institute of Mental Health)가 지역사회 지원체계(CSS : The Community Support System)라고 불리는 서비스 통합 개념을 시험하고 개선하기 위해 19개 주에서 실시하는 시범프로젝트에 대하여 재정을 지원하였다. 이 '핵심적 CSS기관'은 지역의 만성정신질환자의 욕구를 사정하고, 모든 필요한 지지서비스를 제공하기 위한 기관 상호 간의 연계와 합의를 교섭하고, 그리고 서비스 관계망에 있어서 기존의 기관 간의 거리감을 줄이도록 연결하는 새로운 서비스 분야를 발전시켰다.

이 시기에 의회(P.L.94-103 및 P.L.95-602)는 시설에서 지역사회로 복귀한 발달장애인에게 통합적인 사례관리 서비스제공을 입법화하였고, 병원승인공동위원회(The Joint Commission on Accreditation of Hospitals)는 1979년에 지역사회 정신보건서비스에서 사례관리를 제공하는 요건을 규정하였다. 1984년에는 36개 주에서 정신보건서비스에 사례관리를 요구했고 12개 주에서 사례관리를 권고하였다(Johnson, 1984). 또한 미국사회사업가협회(NASW)는 기능적으로 손상을 입은 사람을 위한 사회복지실천 사례관리의 기준과 지침을 이 시기에 만들었다(NASW, 1984).

3) 사례관리의 확립기

1980년대는 사례관리모형들이 개발되기 시작하였으며(Weil, et al., 1985), 이러한 모형 개발은 사례관리의 발전을 가속화시켰다.

탈시설화 운동으로 지역사회중심의 서비스가 확대되기 시작하였지만 반드시 지역사회중심의 서비스가 시설중심의 서비스보다 인간적이고 자유로운 서비스라고 할 수는 없다. 특히 손상이 심한 개인은 시설에 있는 전문가에 의해 보다 많은 관심 속에 서비스를 받을 수 있었지만, 지역사회의 서비스제공기관과 실천가들의 관심을 크게 받지 못하였기 때문에 지역사회중심 서비스에 대한 한계가 노출되기 시작하였다. 대부분의 클라이언트들은 흔히 서비스를 소극적으로 제공하는 서비스제공기관과는 접촉하기를 꺼린다. 특히 지역사회중심의 기관들에게서 서비스를 제공받기가 쉽지 않았으며, 따라서 대부분의 클라이언트들은 여전히 시설중심 서비스에 의존하는 경향이 높았다.

이러한 시대적 상황 속에서 지역사회중심의 서비스를 확립하기 위하여 다음과 같은 문제들을 해결할 수 있는 사례관리기법을 개발하려는 시도가 이루어졌다.

① 어떤 시점이나 전 기간에 걸쳐 모든 서비스를 통한 보호의 지속성을 유지해주어야 한다. 예를 들어, 장기간의 보호가 필요한 개인들은 재발과 회복이 반복되기 때문에 시설과 지역사회의 적절한 서비스체계를 확립하여 장기적인 보호방법들을 강구하여야 한다.

② 인간의 욕구는 개인의 일생을 통해 변화하고 시간에 따라 변화하기 때문에 서비스는 인간욕구의 전 범위에 걸쳐 충족되어야 한다. 개인과 환경의 변화에 따라 제공되는 서비스도 변화되어야 한다.

③ 클라이언트들이 서비스에 쉽게 접근할 수 있어야 한다. 복잡한 욕구와 문제를 가진 클라이언트들은 기관의 서비스 적격성, 규칙, 정책 및 절차에 따라 서비스를 받을 수 있기 때문에 클라이언트들이 최대한 쉽게 접근할 수 있도록 기관의 서비스 적격성, 규칙, 정책 및 절차가 이루어져 있어야 한다.

④ 서비스가 중복되지 않고 효과적으로 이루어질 수 있는 서비스 조정이 필요하다. 서비스가 클라이언트의 욕구에 부합하게 제공되고, 제때에 적절한 형태로 제공되며, 중복되지 않도록 서비스기관의 기능과 역할, 서비스의 내용 및 범위 등이 조정되어야 한다.

이러한 노력을 통하여 사례관리는 1980년대 이후부터 급속히 성장해 왔다. 또한 사례관리는 시설중심의 서비스로부터 지역사회중심의 서비스에 이르기까지 국가의 사회정책과 재정지원에 많은 영향을 끼치게 되었다. 이러한 사례관리는 시설 및 지역사회 장면에서 서비스를 제공하는 수많은 기관, 예를 들면 국공립정신병원, 병원, 재가치료센터, 발달장애를 가진 사람이나 중복장애아동을 위한 입원 장면, 청소년 기관 또는 일시보호소 등에서도 보편적으로 적용되기 시작하였다.

또한 탈시설화와 실업률의 증가, 그리고 빈곤의 확대는 다른 복잡한 문제를 초래하게 되었으며, 특히 노숙자, 에이즈 환자, 장기간의 보호를 필요로 하는 노인집단의 증가는 사례관리의 활성화를 촉진시켰다. 사례관리자의 역할은 클라이언트들이 갖는 복잡하고 광범위한 욕구에 따라 변화하며, 클라이언트의 이러한 욕구들은 적절한 수입과 알맞은 주택, 문화적이고 논리적으로 접근 가능한 의료보험, 직업훈련이나 직업소개 등 자원이나 서비스를 필요로 하는 적절한 사회적 지원 등을 제공한다.

미국노인협회(NCOA : the National Council on the Aging)가 1988년 실무지침으로서 사례관리기준을 만든 것에서도 알 수 있듯이(NCOA, 1988), 1980년대는 사회복지실천 장면에 적용할 수 있는 다양한 실천적 틀이 학자들에 의하여 개발되었다.

현재까지도 사례관리의 발달을 위한 다양한 노력들이 이루어지고 있다. 서비스 내용이나 대상에 따라 구분되어 있는 서비스 전달체계의 문제, 안전하고 알맞은 주택과 지속적인 건강보호와 같은 일상생활과 관련한 영역을 해결하는 데 필요한 자원의 결핍과 같은 문제, 시설보호에서 지역사회 장면으로 서비스 환경을 전환함에 있어서 필요시되는 지역사회 차원의 자원부족과 자원개발의 한계, 급증하는 건강보호와 정신건강보호에 대한 비용을 줄일 수 있는 새로운 사례관리 프로그램들이 개발되고 있으며, 사회복지실천기관이 가지고 있는 서비스 프로그램 개발에 대한 중요성이 인식되면서 사회복지실천현장에서 효과적으로 적용할 수 있는 사례관리방법들이 각 기관들마다 개발·보급되고 있다.

3. 한국의 사례관리 발달

우리나라에서 사례관리라는 용어가 처음 등장한 것은 1992년 사회복지신문에 '사례관리 : 효과적 서비스 전달을 위한 방법'이라는 성규탁 교수의 글을 통해서였다. 특히 1990년대에 들어오면서 지역사회복지기관이 설립되고, 재가복지서비스에 대한 관심이 증가하기 시작하면서 사례관리가 급속히 발전하였다.

우리나라의 사례관리 발달과정을 간략히 살펴보면 1990년대는 사회복지관을 중심으로 한 민간기관에서 사례관리가 이루어지기 시작하였다. 1992년 복지관 부설로 재가복지봉사센터가 설치되면서 지역에 있는 노인이나 장애인, 소년소녀가장세대들에 대한 사례관리 서비스를 제공하기 시작하였다. 이 시기에는 가정을 방문하여 대상자들의 욕구를 파악하고 서비스제공계획을 수립하여 지역사회의 자원과 연결해 주거나 사례관리 대상자를 발견하고 관리하는 수준에서 사례관리가 이루어졌다. 이 시기는 지역사회자원이 부족하여 서비스를 조정하거나 연결하는 데 어려움을 가지고 있었으며, 제공자 중심의 서비스가 이루어지던 시기라 클라이언트에 대한 권리옹호도 제대로 이루어지지 않았다.

1997년 IMF로 인해 사회복지대상자가 급격히 증가하면서 국가는 민간기관에 지원하던 사회복지예산의 효율성과 사회복지서비스에 대한 책임성을 강조하였다. 그 결과 사회복지기관에 대한 정기적인 평가를 시작하였고, 사회복지기관들은 서비스의 질적 향상과 서비스 비용의 효율성을 위하여 사례관리를 적극적으로 도입하기 시작하였다.

2000년대에 들어오면서 서울시 사회복지관 평가에 처음으로 사례관리 항목이 포함되었으며, 2009년도부터 전국적으로 사회복지관을 대상으로 사례관리평가가 실시되었다. 사례관리에 대한 평가는 사례관리가 지금까지 사회복지관의 주요 기능으로 자리하게 되는 데 큰 기여를 하였다. 2012년 사회복지사업법의 시행규칙 개정에 따라 사례관리가 사회복지관의 3대 기능 가운데 하나로 명시되면서 민간영역에서의 사례관리가 보다 체계화되고 발전하는 기반을 조성하였으며, 지금까지 지속적으로 확대 발전되고 있다.

한편 공공영역에서의 사례관리는 사회복지전달체계 개편과 상당한 관련을 가지고 있다. 정부는 2006년에 시 · 군 · 구에 통합조사팀을 신설하여 자산조사, 대상자 선정, 급여 제공 등의 기능을 강화하였고, 서비스 조정 · 연계팀에 사회복지직을 집중 배치하여 자원개발과 관리기능을 수행하도록 하였다. 읍 · 면 · 동에는 주민생활지원팀을 신설해서 사회복지전담공무원을 배치하여 상담 및 사례관리업무를 수행하도록 하였다(행정자치부, 2006).

2010년에는 위기가구에 대한 사례관리를 보다 체계적으로 실시하기 위하여 전국 시 · 군 · 구에 사회복지통합관리망을 구축하였다. 사회복지통합관리망은 복지급여대상자에 대한 자격조사의 간소화를 비롯하여 행정업무를 효율화하고 기존에 자산조사 및 급여 제공 등에 소요되던 시간과 노력을 상담과 사례관리에 집중할 수 있도록 꾀하였다(한국사례관리학회, 2020). 2012년 시 · 군 · 구에 사례관리업무를 독자적으로 수행하고 통합사례관리를 강화하기 위하여 공공조직으로 희망복지지원단을 설치하였다. 희망복지지원단은 지역사회보장협의체와 협력적 관계를 강화하고 지역의 다양한 자원을 연계하는 역할이 보다 강조되었다.

2016년에는 맞춤형 복지팀(현 찾아가는 복지팀)을 신설하여 사례관리 외에도 복지사각지대 발굴, 민관협력과 자원개발 및 관리업무를 수행하고 있으며(보건복지부, 2017), 지속적으로 공공영역에서의 사례관리의 기능과 역할을 강화하고 있다.

CHAPTER 03

사례관리의 구성

1. 사례관리 대상자
2. 사례관리자
3. 자 원
4. 사례관리기관
5. 사례관리실천과정

CHAPTER 03

사례관리의 구성

1. 사례관리 대상자

사례관리 대상자의 대부분은 혼자서 해결하기 어려운 복합적이고 장기적인 문제를 가지고 있는 사람들이다. 물론 사례관리모형에 따라 단순한 욕구와 문제를 가지고 있는 사람들도 대상자가 될 수 있지만 일반적으로는 문제해결을 위하여 다학제적인 전문가들의 협업과 다양한 사회자원이 요구되며 장기간 동안 지속적인 보호가 필요한 사람들이다.

1) 사례관리 대상자의 특성

사례관리의 대상이 되는 클라이언트는 오랫동안 힘든 삶을 살아온 사람들이 대부분이다. 그들은 처음에는 자신들의 문제를 해결하려고 노력을 하였지만 오랫동안 지속되는 어려움으로 인하여 삶에 대한 의지가 약화되고 새로운 상황에 대처할 수 있는 힘이 부족한 경우가 많다. 이들은 아동, 노인, 여성, 장애인 등 문제에 쉽게 노출되는 취약집단들이며, 주로 건강, 경제, 직업, 정서, 법률, 대인관계와 같은 생활상의 욕구를 가지고 있고, 빈곤, 학대, 폭력, 약물, 질환 등으로 고통을 받고 있는 사람들이다.

이들이 가지고 있는 특성을 살펴보면 다음과 같은 특징이 있다(한국사례관리학회 편, 2008).

- 자신의 욕구를 스스로 충족할 수 있는 능력이 부족하다.
- 자신의 욕구충족을 위한 자원의 존재를 모르거나 이용방법을 모른다.
- 많은 경우 만성질환을 가지고 있다.
- 신체적 · 정신적으로 어려움을 겪었거나 겪고 있다.
- 자신을 보호할 보호자(가족 등)가 없으며 있다 하더라도 보호능력이 부족하다.

이러한 사례관리 대상자의 특징을 고려하여 이들이 가지고 있는 문제 및 욕구를 해결할 수 있는 사례관리개입이 필요하다.

2) 사례관리 대상자의 분류

사례관리 대상자들은 문제나 욕구수준에 따라 매우 다양하다. 성공적인 사례관리를 위해서는 대상자들이 가지고 있는 문제나 욕구수준을 분류하여 개입할 필요가 있다.

일반적으로 클라이언트들이 경험하는 문제와 욕구수준에 따라 '긴급', '집중', '단순'으로 사례를 분류하기도 하고(최희철, 2009), 사례관리자의 개입 범위와 전문가와의 협력 범위, 그리고 사례관리의 진행기간에 따라 위기사례, 일반사례, 통합사례로 클라이언트를 구분하기도 한다(최소연, 2022).

위기사례, 일반사례, 통합사례 대상으로 클라이언트를 구분하는 기준을 살펴보면 다음과 같다.

- **위기사례** : 위기의 안정화를 주목적으로 하며, 현재 클라이언트의 삶을 위협하는 요소를 제거 혹은 보호장치를 마련함으로써 위기를 안정화하는 것에 초점을 두는 개입 유형
- **일반사례** : 클라이언트의 욕구충족을 위한 수단이 사례관리 수행기관 내부에서 가능한 수준의 사례, 조직 내부의 협력체계나 서비스를 조정하는 것이 중요한 사례
- **통합사례** : 클라이언트의 욕구충족이 기관 내부의 자원만으로는 부족하고 지역사회의 다양한 자원의 동원을 통해서만 가능한 경우로, 사례관리의 통합형은 지역사회 연계체계를 구축하거나 네트워크 활성화를 위한 노력이 필요

사례관리의 성공적 수행을 위해서는 클라이언트의 욕구나 문제의 유형 및 심각한 정도에 따라 개입수준이 결정되기 때문에 클라이언트의 유형을 구분하여 사례관리개입을 하는 것이 중요하다.

2. 사례관리자

사례관리자는 클라이언트의 욕구충족, 문제해결 및 사회적 기능 향상을 위해 클라이언트와 필요한 서비스를 연결하고 조정과 점검을 통해 서비스의 연속성을 보장하는 전문가다(이근홍, 2021). 사례관리자는 서비스 이용자가 수동적인 서비스 대상자로서의 역할에 머무르지 않고, 자신의 문제를 해결해 나갈 수 있는 문제해결자로서의 사례관리과정에 참여하고 이를 통해 자신에게 필요한 사회적 자원을 직접 이용하고 접근할 수 있는 능력을 함양하도록 도와야 한다. 따라서 사례관리자는 사례관리를 수행하기 위한 전문적 역량을 갖추고 있어야 한다.

전미사회복지사협회(NASW, 2013)는 사회복지실천현장에서 활동하는 사례관리자들은 강점중심과 PIE(person-in-environment)관점을 가지고 사례관리를 실천해야 하며, 개인, 가족 및 지역사회의 복지를 향상시킬 수 있는 자원체계를 개발하고 개선할 수 있는 능력을 가지고 있어야 한다고 하였다. 이를 위해서 사례관리자는 사회복지교육위원회에서 인정하는 학사 또는 석사학위를 소지하고 주(state) 또는 관할 지역에서 요구하는 자격과 면허를 갖추어야 하며 사례관리를 할 수 있는 전문적인 경험과 지식을 갖추어야 한다(표준2)고 하였다. 또한 사례관리자가 갖추어야 할 지식으로는 인간행동과 발달, 정신건강, 신체건강, 가족관계, 자원체계, 전문가로서의 사회복지사의 역할(표준3), 문화 및 언어적 역량(표준4), 사정(표준5), 서비스 계획, 이행, 점검(표준6), 옹호와 리더십(표준7), 다학제적이고 조직 상호 간의 협력(표준8), 평가와 개선(표준9), 기록 보존(표준10), 서비스 질을 위한 적절한 업무량 유지(표준11), 전문성 개발과 역량강화를 위한 교육 및 훈련(표준12) 등으로, 이와 관련하여 사례관리자로서 갖추어야 할 역량들에 대하여 상세하게 설명하고 있다.

사례관리자는 클라이언트, 클라이언트의 가족이나 친구, 클라이언트와 관계있는 집단이나 조직, 그리고 전문가를 비롯한 지지체계 등 그들을 둘러싼 환경체계에 대한 이해를 하고 있어야 하며, 이를 위한 사회복지직에 대한 가치와 윤리, 전문가로서의 지식, 서비스에 대한 책임성 등과 관련한 지속적인 교육과 훈련을 해야 한다.

3. 자 원

자원이란 일반적으로 클라이언트의 욕구나 문제해결을 위해 필요한 서비스 공급체계를 의미한다. 특히 자원이란 인간이 생활을 유지하고 성장과 발달을 지속하려는 데 필요한 재화와 서비스를 제공하여 주는 사람이나 사회제도로서, 자원의 유형에 대한 학자들의 견해는 다양하다. 자원이 형성된 특성에 따라 이웃, 친구 등과 같은 비공식적 자원체계, 회원제로 운영하는 공식적 협의체나 조직체인 공식적 자원체계, 병원, 학교, 법원 등과 같은 사회적 자원체계로 분류하고 있으며, 제공주체의 성격에 따라 공식적 자원과 비공식적 자원, 자원의 유입형태에 따라 민간자원과 공공자원으로 분류하기도 한다. 또한 자원은 내용별로 인적 자원과 물적 자원, 정보자원으로 구분하기도 한다. 하지만 여기에서는 자원을 두 가지, 즉 내부자원과 외부자원으로 분류하고자 한다. 자원의 유형은 〈표 3-1〉과 같이 설명할 수 있다(Ballew & Mink, 1986).

〈표 3-1〉 **자원의 유형**

<table>
<tr><th colspan="4">자 원</th></tr>
<tr><th colspan="2">내부자원</th><th colspan="2">외부자원</th></tr>
<tr><td rowspan="2">개인적</td><td rowspan="2">가족적</td><td>공식적</td><td>비공식적</td></tr>
<tr><td>공적 · 사적</td><td>자원봉사 · 자연적</td></tr>
</table>

1) 내부자원

내부자원은 일반적으로 개인이 가지고 있는 장점을 의미한다. 주로 욕구를 충족하거나 문제를 해결하는 데 도움이 될 수 있는 개인이나 가족이 가지고 있는 장점이다.

개인적 측면에서 살펴보면, 내부자원이란 개인이 가지고 있는 전문적 지식, 능력, 태도, 기술, 돈, 학력 등을 의미한다. 가족적 측면에서 살펴보면, 내부자원이란 가족에 대한 충성심, 가족성원들이 정서적 지지를 제공할 수 있는 능력, 경제적 능력 등과 같은 가족의 장점을 의미한다. 즉, 클라이언트나 클라이언트 가족이 가지고 있는 정신적이고 물질적인 자원 모두를 의미하는 것이다.

내부자원에서 가족적 자원의 범위는 상황에 따라 내부자원이 될 수도 있고 외부자원이 될 수도 있다. 예를 들어, 확대가족이라도 같은 집에서 살고 있으면 내부자원이지만 다른 집에서 살고 있으면 외부자원이며, 그중에서도 자연적 원조자에 포함된다.

내부자원이란 욕구가 필요하면 언제나 제공될 수 있는 것을 의미한다. 예를 들어, 건축기술은 집을 고칠 필요가 있을 때까지 자원으로서 생각할 수 없다. 개인과 가족의 장점은 그들의 욕구를 충족하기 위하여 사용될 때만이 자원인 것이다. 따라서 자원은 활용 가능할 때만 자원으로서 가치를 가진다. 즉, 아무리 좋은 자격증과 기술을 가지고 있더라도 현재의 문제를 해결하는 데 도움이 되지 않는 것이라면 자원이라고 할 수 없다. 지붕을 수리하는 기술을 가지고 있는 클라이언트가 현재 이 기술이 자신의 문제를 해결하는 데 도움이 되지 않는다면 자원으로 분류할 수 없다.

그리고 사례관리자가 내부적인 자원을 파악하기 위해서는 질문이 답변하기 쉬운 것이어야 한다. 클라이언트의 내부자원을 파악할 수 있는 질문은 "어떤 문제를 해결하고 싶은가?", "어떤 노력을 시도해 보았는가?", "어떻게 하면 해결될 수 있을 것 같은가?"와 같은 유형의 질문들이 바람직하다.

자원을 어떻게 문제와 결부시킬 것인가를 생각하기 전에 내부자원을 파악하는 데 있어서 야기되는 문제 중의 하나는 클라이언트가 자신에게 문제가 있다는 사실을 인정하지 않으려는 것이다. 이는 문제를 더욱 복잡하고 해결하기 어렵게 만든다. 이러한 상황에서 사례관리자가 자원활용에 대한 적절한 계획을 수립한다는 것은 어려운 일이다. 따라서 사례관리자는 기초적인 지능, 신체능력, 건강한 체격과 같은 출생 시부터 가지고 있는 내부적(선천적) 자원부터 파악해 나가야 한다. 그리고 대부분의 자원은 일상생활의 경험을 통하여 형성되기 때문에 사례관리는 생활경험에 대한 개인이나 가족의 기억을 표현하도록 도와야 한다.

2) 외부자원

외부자원은 개인이나 가족의 생활을 향상시켜 줄 수 있는 재화나 서비스를 제공하여 주는 사람이나 조직을 의미한다. 외부자원에는 공식적 자원과 비공식적 자원이 있다. 공식적 자원과 비공식적 자원은 두 가지 특성에 의하여 구분된다. 즉, 자원의 이용범위를 제한하고 있는 규칙의 존재 유무에 따라서, 그리고 도움이 필요한 자원을 요구하는 데 어떤 조건이 있는지에 따라서 구분될 수 있다.

먼저 외부자원 중 공식적 자원의 특징은 업무규칙을 가지고 있다는 것이다. 기관의 업무규칙은 이용 가능한 서비스와 적절한 요구조건에 대한 범위를 결정하고 있다. 그러므로 자원이 어떤 유형의 도움을 제공하고 있는지 이해하고 있어야만 자원활용이 가능하다. 따라서 활용자원에 대한 규칙들을 파악하고 있어야 한다. 예를 들어, 노인복지관에서 청년에게 서비스를 제공할 수 없는 것과 마찬가지로 기관 나름대로 제공하는 서비스 유형과 이용규칙들을 가지고 있다. 또한 서비스를 이용하는 사람들에 대한 요구조건이 있을 수도 있다. 즉, 재가노인복지서비스 기관은 서비스를 이용하는 노인들에게 일정한 이용료를 요구할 수 있는 규정을 가지고 있다. 공제조합이나 우애단체, 의료기관, 그리고 협동조합 등은 일정한 요구조건을 가지고 회원을 선발한다.

또한 적절한 자원이 무엇인가에 대한 판단은 욕구에 기초해서 결정된다. 병원의 응급실은 신체검사를 하지 않으며, 지역사회복지관이 부(富)를 제공할 수는 없다. 이러한 규칙들은 자원의 이용범위를 규정하는 것이다.

그리고 외부자원 중 비공식적 자원의 특징은 자원을 재화와 서비스로 활용하는 데 있어서 필요한 요구조건을 가지고 있다는 것이다. 이런 의미에서 모든 자원은 값이 매겨져 있다고 할 수 있다. 가격은 항상 돈으로만 지불되는 것은 아니며, 심리적 보상으로 얼마든지 지불될 수 있는 것이다. 따라서 모든 교류는 항상 요구조건을 가지고 있다. 이러한 교류조건은 명확하게 제시되어 있을 때도 있고 구체적으로 설명하기 어려운 경우도 있다.

(1) 비공식적 자원

비공식적 자원으로서는 대체로 친척, 친구, 이웃, 그리고 자원봉사자를 들 수 있다. 비공식적 자원은 적절성에 대한 명확한 규칙을 가지고 있지 않다. 비공식적 자원을 필요로 하는 범위는 상당히 광범위하다. 엄격한 규칙과 제한성이 없으며 자발적이고, 또한 공식적 자원보다 개별적인 욕구를 충족하기에는 훨씬 적합하다.

클라이언트와 비공식적 자원 사이의 교류조건은 대체로 구체적이지 못하다. 비공식적 자원에 대한 대가는 대체로 정서적 만족감을 갖는 것이다. 그러나 이러한 대가가 금전적인 것보다 덜 중요하다고 생각할 수 없다. 양자의 경우에 있어서 교류조건을 만족하지 못한다면 자원은 제공되지 않는다. 예를 들어, 비공식적 자원은 클라이언트에게 고마움을 표현할 것을 요구할 수도 있다. 종교적 집단은 회개할 것을 요구하고, 부모가 자녀에게 잘못된 행동을 시인하도록 요구하는 것과 마찬가지로 원조자들은 도움을 제공하기 전에 클라이언트에게 잘못을 시인할 것을 요구하는 경우도 있다. 또한 충고나 교훈에 따를 것을 요구하기도 한다. 이러한 기대는 클라이언트와 비공식적 원조자와의 관계에 있어서 매우 중요한 것이다. 사례관리자는 자원을 이용하는 대가로서 이러한 것을 고려해서 자원을 연결해야 한다.

비공식적 원조자의 유형에는 자연적 원조자와 자원봉사자가 있다. 양자는 클라이언트와의 관계에 기초하여 구분된다. 자연적 원조자는 문제의 유무와 관계없이 클라이언트와 관계를 맺고 있으며, 이들은 친척, 친구, 이웃 등이다. 자원봉사자는 도움을 필요로 하는 문제가 있을 때까지 클라이언트와는 아무런 관련이 없다. 클라이언트의 문제로 인해 형성되는 자원봉사자와 클라이언트 사이의 관계는 클라이언트의 욕구에 기초를 두고 있으며, 욕구가 충족되면 끝난다. 자원봉사자가 해결하기 힘든 욕구 중의 하나는 정서적 지지를 제공하여 주기가 어렵다는 것이다. 모든 사람들은 정서적 지지에 대한 욕구를 가지고 있다.

비공식적 자원을 활용하지 않고 사례관리 서비스를 진행한다는 것은 어려운 일이다. 그러나 비공식적 자원을 활용한다는 것은 대단히 위험스러운 것이다. 때때로 비공식적 원조자들은 그들이 해결하는 문제만큼이나 많은 문제를 야기한다. 문제를 야기하는 원인은 그들이 자신들이 제공한 서비스에 대해 특별한 대가를 기대하기 때문에 일어난다. 만약 기대가 과도하거나 클라이언트가 지불할 수 없는 것이라면 새로운 문제들이 야기된다.

각자가 활용할 수 있는 비공식적 자원은 공식적으로 조직화되어 있지 않는 망을 의미한다. 사례관리자와 지지망은 차와 차체의 관계와 같다. 차는 차체 없이 작동될 수 없다. 또한 하나의 차체만으로 차는 작동되지 않는다. 차체는 서로 결합되어 있어야 한다. 지지망 내에 있는 사람들은 반드시 서로를 알고 있어야 할 필요는 없다. 그러나 그들은 사례관리자와 협력해서 도움을 제공해야 한다.

지지망은 다양한 비공식적 자원들로서 이루어져 있다. 이러한 망은 항상 혈족을 포함하고 있다. 친척은 자신의 핏줄에 대한 일종의 의무감이 강하게 작용하기 때문에 중요하고 또 이들은 오랫동안 지속적으로 지지를 해줄 수 있기 때문에 중요하다. 망의 또 다른 중요한 부분은 친구이다. 친구는 대체로 적극적으로 행동한다. 그러나 돕는 기간이 그리 길지 않다. 어떤 친구들의 우정은 아주 돈독하지만 어떤 친구들의 우정은 소원하다.

이웃은 특수한 형태의 친구라고 할 수 있다. 대부분의 사람들은 이웃 사람과 마주치면 인사하는 정도로 지내고 있다. 그러나 만약 급한 일이 발생하여 병원에 가려고 하는데 차가 없다면 이들의 도움이 가장 효과적일 것이다. 인적 지지망은 다양한 집단에 참여를 함으로써 알게 된 사람들로 이루어져 있다. 이러한 집단들은 지지만을 제공해 주기 위하여 존재해 있지는 않다. 대체로 그들의 주요 목적은 다른 것에 있다. 비공식적 자원으로서 활동하고 있는 전형적인 집단에 대해서는 다음과 같은 것을 들 수 있다.

- **신앙단체** : 각종 전도회, 주일학교
- **회사** : 노동조합, 신용조합
- **오락집단** : 조기축구회, 테니스회
- **사회집단** : 친구모임, 친목계

대부분의 사람들은 하나 이상의 집단에 가입을 하고 있다. 사람들의 사회적 욕구를 충족하는 것이 일차적 목적이지만, 그러나 이러한 집단들은 새로운 사람을 만날 기회를 제공하여 주고 지지망의 잠재적 성원들을 제공하여 준다.

자원봉사자들을 여타 비공식적 자원과 구분하는 것은 자원봉사자가 서비스를 제공하기 전에는 클라이언트와 아무런 관계도 없다는 것이다. 자원봉사자 프로그램은 교회나 사회단체와 같이 어느 정도 큰 조직을 기반으로 하고 있다. 그들이 제공할 수 있는 도움들은 상당한 융통성을 가지고 있다. 그러나 이것은 자원봉사자에게 너무 의존하는 경향이 있다. 이러한 서비스들은 자원봉사자들이 오랜 기간 동안 활동하기를 원하지 않기 때문에 짧은 기간 동안 이루어진다. 뇌성마비아동이나 지적장애아동을 지원하기 위한 자원봉사 부모회와 같이 일 년 동안 정기적으로 사업을 하는 경우도 있지만 이러한 경우는 드물다.

어떤 자원봉사자들은 보수를 받기도 하지만 대부분은 무료봉사이다. 원조자로서 전문적 훈련을 받은 경험이 없는 사람들도 있다. 그들은 스스로 주기를 원하기 때문에 도움을 제공한다. 그러나 이것은 그들이 어떠한 기대도 갖지 않고 있다는 것을 의미하는 것은 아니다. 그들이 긍정적인 기여를 하고 있다는 느낌을 가진다는 점에서, 그들의 기대는 자연적 원조자들의 기대와 비슷하다. 자연적 원조자들은 불만족스러운 상황에서도 클라이언트를 도와야 하지만 그들은 그렇지 않다. 그들은 불만족스러우면 클라이언트를 돕지 않는다. 이것은 클라이언트와 자원봉사자 사이에는 명확하게 표출되는 갈등이 보다 적다는 것을 의미한다. 또한 이것은 클라이언트와의 관계에 어떤 문제가 발생하면 도움을 쉽게 중단할 수도 있다는 것을 의미한다. 반면에 자연적 원조자들은 좌절이 있어도 지속적인 도움을 제공한다.

(2) 공식적 자원

공식적 자원은 각종 기관, 각종 조직체, 그리고 전문가를 의미한다. 이들의 원조는 정책이나 규정에 의해 정해져 있다. 그리고 법률이나 행정규칙의 지배를 받고 있다. 이러한 이용규칙은 문서로 되어 있다. 공식적 자원과 클라이언트 사이의 교류조건은 명확하고 재정적인 것이다. 공식적 자원은 공적인 것과 사적인 것으로 구분할 수 있다. 공적 자원은 세금에 의해 운영되고 법률에 의해 규정되어 있다. 교류조건은 절대적인 경향이 있다. 공식적 자원 중 공적 자원의 예로서는 시청과 행정복지센터와 같은 행정기관을 비롯하여 건강보험공단이나 국민연금공단과 같은 공공기관, 시립청소년회관 등과 같은 국가나 지방자치단체의 산하기관 등을 들 수 있다.

사적 자원은 서비스 이용료와 후원금에 의해 운영된다. 이것은 공식적인 정책이나 운영절차에 의해 규정되어 있다. 사적인 비영리단체나 전문가들이 이에 포함되는 것으로서 사회복지법인이나 학교법인, 종교법인 등에서 운영하는 사회복지시설이나 사회복지기관들이 여기에 포함된다. 이러한 공식적 자원을 활용하는데 있어서 문제가 되는 것은 이용규정이 너무 융통성이 없다는 점이다.

4. 사례관리기관

탈시설화 이후 지역사회 기반의 서비스 전달에 다양한 기관들이 참여함에 따라 이들 서비스 공급기관들을 조정하고 관리할 수 있는 핵심기관이 필요하게 되었다. 사례관리기관은 사례관리실천 장면이나 사례관리기관의 설립목적에 따라, 운영주체(공공과 민간)에 따라, 이용시설과 생활시설 등 운영형태에 따라, 이용하는 대상자들의 특성에 따라, 지역사회특성에 따라, 운영자금의 출처에 따라 다양한 형태로 존재할 수 있다.

특히 사례관리기관은 그 지역 내의 서비스 통합을 일차적으로 책임지기 때문에 상당한 서비스 조정 권한이 부여되어 있다. 이러한 권한에 기반을 둔 기관은 서비스 이용자의 욕구를 사정하고, 기관 간의 연계를 협상하며, 필요한 모든 서비스를 제공하기 위해 기관 간의 합의를 이끌어 낼 뿐 아니라 새로운 요소를 개발하게 된다(이준우 · 최희철, 2014).

이준우(2009)는 사례관리기관이 활성화되기 위해서 고려해야 할 사항을 다음과 같이 제시하고 있다.

첫째, 사례관리기관의 정체성을 명확히 설정하는 것이다. 가령 거주시설의 경우 해당기관의 기능과 역할에 대하여 단지 먹고 입고 자거나 기본적인 자원 제공과 같은 일차적 서비스를 제공하는 것인지, 아니면 서비스 이용자의 긍정적 변화와 치료, 재활과 자립, 사회적 지지체계들과 연계망을 구축하여 서비스를 제공할 것인지에 대한 방향이 제시되어야 한다.

둘째, 기관 내 조직 구성 및 업무 분장을 명확히 하는 것이다. 개별 서비스 이용자에 대한 사례관리를 진행하기 위해서는 사례관리자가 결정되고 업무범위가 정해져야 한다. 사례관리자는 기본적으로 서비스 이용자를 면접하고 욕구를 파악한다. 또한 사정을 통해 적절한 서비스를 찾아내어 서비스를 계획하며, 서비스 이용자와 자원을 연결하고, 목표달성이나 바람직한 결과를 위해 과정을 점검하는 책임을 진다. 사회복지기관에서의 사례관리자는 일반적으로 재가복지영역이나 지역사회복지영역에 주로 소속된 사회복지사들로 구성된다. 이들 사회복지사는 간접서비스(예 조정자, 대변자, 안내 및 협조자 등)의 기능과 직접서비스(예 상담자, 이행자, 교육자 등)의 기능을 모두 담당하게 된다. 사회복지기관 내 사례관리 담당 부서에서는 초기 접수과정에서부터 종결까지 일련의 과정을 진행할 수 있는 총괄적인 사례관리를 설정하고, 나머지 인력을 서비스 진행과정의 수행 인력으로 활용하는 것이 바람직할 것이다. 이렇게 체계적으로 업무를 진행해 가지 않으면 직원들의 정체성 혼란과 함께 업무 과중으로 인한 적절한 서비스의 계획 및 진행, 평가를 가로막는 요인으로 작용하여 사회복지기관의 비효율성을 초래할 수 있다.

셋째, 전산화를 통한 기록 업무의 부담을 경감시키는 것이다. 서비스 이용자 개

개인에 대한 사례관리를 진행하기 위해서는 엄청난 양의 기록이 생산되고 보관되어야 한다. 또한 사회복지기관에서 장기 서비스를 받고 있는 서비스 이용자의 경우, 매년 '사정–계획수립–서비스 진행–재평가' 등이 반복적으로 작성되기 때문에 시간이 지나면 서비스 이용자 개인별 파일이 포화상태에 이르게 된다. 즉, 이러한 기록 업무의 부담을 경감시키고, 사회복지사들이 사례관리체계에 따라 서비스를 진행하기 위해서는 초기과정에서부터 계획수립, 진행, 그리고 평가까지의 일련의 과정이 전산화되어 있어야 한다. 다행스럽게도 우리나라 사회복지실천현장의 전산화는 상당히 잘 구축되어 있으며, 실제로 사례관리에서 수행되는 기록 업무는 대부분 전산화되어 있다.

마지막으로 사례관리기관은 규정이나 법률을 바탕으로 기능과 역할을 결정해야 하며, 사례관리자들이 자신들의 역할을 효과적으로 수행할 수 있도록 지원해 주고, 지역사회 수준에서 기관의 권위나 책임을 인정받고 있어야 한다.

5. 사례관리실천과정

사례관리를 실천하기 위해서는 사례관리기관이나 사례관리자들은 기관이나 자신이 선호하는 사례관리과정들을 가지고 있어야 한다. 전통적인 사회복지실천이 다양한 실천모형들을 가지고 있는 것과 마찬가지로 사례관리에도 다양한 실천모형들을 가지고 있다. 이러한 실천모형들은 일련의 과정들을 가지고 있다. 사례관리실천과정은 사례관리에 대한 일련의 절차들을 설명하여 줄 뿐만 아니라, 사례관리자와 클라이언트가 그들의 목표를 위하여 서비스를 수행해 나가는 과정을 구조화시켜 주는 것이다. 즉, 각 모형에서 활용되고 있는 각각의 실천과정들은 사례관리자가 서비스를 제공하려 할 때 준거틀로서 활용할 수 있는 하나의 형태이며 도구라고 할 수 있다. 이러한 사례관리실천과정은 학자나 사회복지실천 장면에 따라 달리 제시되고 있다.

Rothman(1991)은 ① 사례발견 및 의뢰, ② 초기면접, ③ 사정 : 클라이언트의 심리적 · 사회적 · 의료적 측면에서의 사정, ④ 목표설정, ⑤ 개입계획과 자원규명 및 목록화, ⑥ 연결, ⑦ 점검 및 재사정, ⑧ 결과 평가로 구분하고 있으며, 개입 전 과정에서 기관 간의 조정, 상담, 치료, 옹호 등의 역할을 수행하도록 사례관리과정을 설명하고 있다.

지역사회 자원망을 강조하고 있는 Stumpf(1981)는 ① 사례발견 및 초기면접, ② 사정, ③ 목표설정 및 서비스 계획, ④ 계획이행, ⑤ 검토 및 평가를 사례관리과정으로서 제시하고 있으며, White(1986)는 전형적인 사례관리의 단계를 ① 사례발견, ② 사정, ③ 보호 또는 서비스 계획, ④ 조정, ⑤ 사후지도, ⑥ 재사정으로 설명하였다. 상기 학자들은 사례발견을 모두 사례관리과정에 포함시키고 있음에 그 특징을 찾아볼 수 있다. 이것은 전통적인 개인수준에서의 사회복지실천이 문제를 가지고 문제를 해결하기 위하여 기관을 찾아온 사람을 대상으로 서비스를 제공하여야 한다는 관점과는 차이가 있다. 즉, 사례관리에서는 문제를 가지고 있는 사람을 찾아내어 그들에게 서비스를 제공하는 기능을 강조하고 있음을 의미하며, 이러한 기능이 매우 중요하기 때문에 사례관리과정에 사례발견을 포함하고 있다고 할 수 있다.

Moxley(1988)는 사례관리과정을 사정, 계획, 중재, 점검, 평가의 단계를 중심으로 클라이언트의 지지망 수준과 사례관리기능 수준으로 구분하여 설명하고 있다. 그리고 사례관리실천과정은 클라이언트의 지지망 수준, 자기보호, 전문가 보호, 상호적 보호로 나누어서 각 단계들을 진행시켜 나갈 것을 주장하고 있다. Rapp와 Poertner(1980)는 아동복지분야에서의 사례관리실천 단계를 ① 사정, ② 서비스 계획, ③ 중개, ④ 지역사회 중재로서 설명하였다. Moxley의 실천과정과 Rapp와 Poertner의 실천과정의 특이한 점은 초기과정을 사정과정에 포함하고 있다는 것이다.

CHAPTER 04

사례관리의 기능과 사례관리자의 역할

1. 사례관리의 기능
2. 사례관리자의 역할

CHAPTER 04

사례관리의 기능과 사례관리자의 역할

1. 사례관리의 기능

사례관리기능이란 사례관리에 대한 목표를 수립하고 달성하기 위해서 갖추고 있어야 하는 능력을 의미한다. 역할은 기능을 수행하기 위해 해야 할 맡은 바 임무라고 할 수 있다. 기능과 역할의 관계는 서로 밀접하게 연결되어 있어서 혼란스러울 때가 있다. 하지만 기능과 역할을 분명히 구분해야 할 필요가 있다. 예를 들어, 사례관리가 상담기능을 강조하고 있다면 사례관리자는 상담자로서의 맡은 바 임무(역할)를 수행해야 한다. 역시 연결기능을 강조하고 있다면 사례관리자는 클라이언트와 자원을 연결할 수 있는 일련의 활동(역할)을 수행해야 한다. 상담기능을 수행하기 위해서는 상담자로서의 역할뿐만 아니라 지지자, 옹호자, 조정자 등의 역할이 필요하며, 연결기능을 수행하기 위해서도 이러한 역할이 필요할 것이다. 따라서 어떤 기능을 수행하기 위해서는 한 가지의 역할만 필요한 것이 아니라 다양한 역할이 필요하다는 것을 알 수 있다.

사례관리는 클라이언트의 특성, 사례관리자의 역할, 사례관리 프로그램, 사례관리자의 지위, 사례관리 장면에 따라 주요 기능이 달라질 수 있다. 그 이유는 사례관리의 목표를 달성하기 위한 구체적 과업을 중심으로 구분하기도 하고, 사례관리과정을 중심으로 구분하기도 하기 때문이다.

1) 과업중심의 기능 분류

과업을 중심으로 한 사례관리기능에 대한 분류로서 Intagliata(1982)와 Moore(1990)의 분류를 살펴볼 수 있다. Intagliata(1982)는 기본적인 사례관리의 기능을 사정, 연계, 점검으로 구분하여 살펴보고 있다. 즉, ① 클라이언트의 포괄적인 욕구를 사정하는 것, ② 클라이언트와 클라이언트의 욕구에 적절한 자원을 연결하는 것, ③ 서비스가 효과적이도록 서비스를 점검하는 것을 주요 기능으로 보고 있다.

Moore(1990)는 사례관리의 기능을 사정, 개인의 역량강화, 보호능력 강화, 협상, 보호체계 간의 상호작용 촉진으로 구분하여 살펴보고 있다. 즉, ① 개인의 능력 사정, ② 개인, 가족과 일차집단의 보호능력 사정, ③ 서비스를 제공할 수 있는 공식적 자원에 대한 사정, ④ 개인이 환경적 도전에 직면했을 때 그들이 개인적 자원을 활용할 수 있는 역량강화, ⑤ 가족과 일차집단의 보호능력 강화, ⑥ 개인과 가족 또는 일차집단과 공식적 서비스제공자들 사이에서 효과적인 협상 촉진, ⑦ 가족 또는 일차집단과 공식적 보호체계 사이의 상호교환을 강조하고 있다. 즉, 사정과 능력 강화, 협상, 상호교류 촉진을 주요 기능으로 보고 있다.

과업중심의 기능 분류는 사례관리 목표를 달성하기 위해서 필요한 과업들을 세부적으로 분류하고 있다.

2) 과정중심 기능 분류

과정중심에서 기능을 분류한 Kane(1988)은 사례관리의 주요 기능에 대해 사례발견과 스크린(서비스 적격성 심사), 포괄적이고 다중적인 사정, 보호계획, 계획의 이행, 점검, 공식적 재사정을 강조하고 있으며, DeGennaro(1987)는 사례관리기능을 ① 공식적 자원과 서비스망 사정, ② 클라이언트의 장점과 욕구에 대한 사정, ③ 클라이언트와 함께 목표 및 계획 수립, ④ 클라이언트와 기관 간에 서비스실천 내용에 대한 계약, ⑤ 클라이언트와 함께 개별화된 서비스망 개발, ⑥ 사례계획을 실행하고 클라이언트의 지지망에 대한 연계 및 조정, ⑦ 서비스 전달에 대한 점검 및 실천 계획의 수정(재사정), ⑧ 서비스에 대한 전반적인 평가, ⑨ 사례종결, ⑩ 사후관리 등으로 제시하고 있다.

이들은 사례관리과정에 따라 사례관리기능을 분류하고 있다.

3) 사례관리의 주요 기능

일반적으로 제시되고 있는 사례관리기능 중 주요 기능들을 살펴보면 다음과 같다.

(1) 상담기능

상담기능은 전통적인 사회복지실천에서와 마찬가지로 사례관리에서도 핵심적인 기능이다. 사례관리과정에서 클라이언트에게 유용한 서비스에 접근할 수 있도록 필요한 정보를 제공하고, 자신의 욕구와 문제에 대한 통찰력을 길러주며, 가족들에게는 클라이언트에 대한 이해를 촉구하고, 서비스제공기관과의 접촉을 향상하는 기능을 수행한다(강흥구, 2016). 사례관리의 궁극적인 목적인 클라이언트 스스로 문제를 해결할 수 있는 역량강화를 위해서는 상담기능이 매우 중요하다.

클라이언트의 문제해결역량을 강화하기 위해서 필요한 상담내용을 간략히 살펴보면,

- 개인의 성격 및 정서적인 문제
- 클라이언트가 겪고 있는 실직, 건강, 이혼 등과 같은 위기상황에 대한 이해
- 부부갈등, 자녀 양육 문제와 같은 가족상담 및 치료
- 일상생활에 대처할 수 있는 역량강화
- 사회서비스제공기관에 대한 정보제공
- 사회서비스제공기관을 활용할 수 있는 방법 및 기술

(2) 사정기능

사정기능은 클라이언트들이 가지고 있는 문제 및 욕구, 신체적인 능력, 대인관계능력, 정신건강상태 등을 파악하고, 클라이언트가 가지고 있는 여러 가지 서비스 지원체계, 그리고 클라이언트의 문제를 해결하는 데 장애가 되는 요소들을 사정하는 능력을 의미한다.

사정기능을 간략히 살펴보면,

- 클라이언트가 가지고 있는 문제의 배경과 현재 상황
- 클라이언트가 해결해야 할 문제 및 욕구 사정
- 클라이언트의 생활력, 신체적 기능, 인지적 기능과 정신적 문제, 심리사회적 기능 사정
- 클라이언트의 가족력과 서비스 이용 경험 및 필요한 서비스 사정
- 대인관계능력, 정신건강상태, 문제해결에 대한 클라이언트의 대처능력 사정
- 사회적 망의 구조 파악, 사회적 망의 구성원들이 클라이언트에 대하여 가지고 있는 감정에 대한 조사, 자연적 원조자들에 대한 규명, 활용 가능한 사회적 망들의 상호관계 사정
- 문제를 해결하는 데 도움이 되는 클라이언트와 환경이 가지고 있는 강점
- 클라이언트가 자원을 사용하는 데 있어서의 장애요인 사정
- 수집된 서비스 자원 목록화
- 목표수립을 위한 정보제공 등

(3) 연결기능

사례관리가 전통적인 사회복지실천과 가장 큰 차이가 나는 기능 중의 하나가 연결기능이라고 할 수 있다. 연결기능은 사례관리자들에게 있어서 가장 많은 활동을 요구한다. 즉, 사례관리자들의 업무 중 가장 중심이 되는 기능으로서 서비스의 욕구를 분명히 파악하고, 클라이언트와 서비스 자원을 연결해 주는 능력을 의미한다.

연결기능은 일정한 절차에 따라 진행되며 주요 내용을 간략히 살펴보면,

- 클라이언트와 접촉하여 클라이언트의 서비스 욕구 및 문제해결에 대한 의지 확인
- 클라이언트의 문제해결에 도움이 될 지역사회 서비스 자원 확인
- 클라이언트에게 서비스제공기관에 대한 세부적인 정보제공과 서비스를 받기 위해 필요한 서류 확인
- 서비스제공기관의 전문가에게 클라이언트의 문제 및 기본 정보에 대한 설명

- 예상되는 어려움에 대한 예행연습
- 연결에 필요한 각종 훈련이나 클라이언트 자원활용능력을 향상하기 위한 교육 및 상담 실시
- 지속적인 정서적 지지 제공

(4) 조정기능

조정기능은 서비스제공기관 상호 간의 조정을 통하여 기관들 사이의 연계협력을 촉진하고 서비스의 중복을 방지하여 사례관리의 효과성을 높이기 위한 주요 기능이다. 사례관리 제공자들 사이에서 서비스내용과 순서를 조정하고, 공식적인 정책이나 비공식적인 기관 상호 간의 협정을 통하여 기관들 사이의 연계를 촉진하는 것이다.

조정기능을 성공적으로 수행하기 위하여 검토해야 할 사항들을 살펴보면,

- 서비스제공기관의 서비스 제공 규정 및 지침에 대한 이해
- 서비스제공기관들이 함께 모여 공동의 목표수립
- 서비스제공기관들이 협조적인 관계를 유지할 수 있는 환경 조성
- 서비스제공기관들이 제공해야 할 서비스내용 및 역할 수행 결정
- 서비스제공 순서(시기) 협의
- 서비스제공기관 원조자들의 활동을 통합하고 갈등 조정
- 공식적 · 비공식적 원조자들의 활동을 촉진하고 활동에 대한 보상 수준 결정

(5) 옹호기능

옹호기능은 클라이언트가 필요한 서비스를 받지 못하거나 거절당한 경우 서비스를 받을 수 있도록 하는 정책이나 절차 또는 관례를 수정하기 위해서나 클라이언트가 필요한 서비스를 받을 수 있도록 하는 새로운 입법이나 정책을 조장하는 활동이다. 옹호기능은 그 특성상 비공식적인 서비스제공기관보다 공식적인 서비스제공기관을 대상으로 하는 경우가 많다. 대부분의 옹호활동은 클라이언트가 필요한 자원을 획득하는 데 장벽이 되는 관료적 체제의 장벽을 제거하기 위한 것이다(한국사례관리학회편, 2012).

옹호기능을 효과적으로 수행하기 위해서 필요한 내용들을 살펴보면,

- 옹호의 상황에 따라 적절한 표적을 선택(옹호를 위한 서비스제공기관 선택)
- 서비스제공기관에 협조 요청 및 협상
- 서비스제공 거부 기관에 대한 민원 및 법적 호소
- 서비스 거부를 당한 클라이언트 집단을 구성하여 서비스제공기관에 대한 압박
- 대중매체에 폭로 및 지역사회 권익 단체들과 협력하여 시민사회 호소
- 체계적인 옹호를 위해 서비스권리 확보를 위한 위원회 구성
- 지역에서 힘 있는 기관이나 정치인 접촉

(6) 평가기능

사례관리의 핵심 기능 중의 하나가 평가기능이다. 평가기능은 사례관리의 전문적 활동에 대한 서비스의 책임성을 입증하고 서비스 질을 개선하기 위해서 매우 필요한 활동이다.

평가기능은 사례관리과정을 완성할 수 있게 하며, 클라이언트에게 새로운 욕구나 문제의 발생과 같은 상황의 변화가 있을 경우 서비스계획을 새로이 수립하게 하고, 사례관리체계의 존속과 개선에 기여한다.

평가기능을 수행하면서 제기되는 내용들을 살펴보면(이근홍, 2021),

- 목표가 구체화되어 있지 못하면 평가도 정확히 내릴 수 없음
- 측정하기 어려운 목표(예 정서적 안정, 자녀와의 관계 개선 등)에 대한 평가
- 목표달성을 위한 지역사회자원이 부족할 경우
- 사례담당 건수가 많을 경우 평가수준 저하

일반적으로 사례관리에서 강조하는 주요 기능들을 살펴보았으며, 요약해 보면 다음과 같다.

첫째, 클라이언트 스스로 문제해결역량을 강화하기 위한 상담기능이다.

둘째, 목표를 성취하기 위해서는 클라이언트의 심리적 · 사회적 기능뿐만 아니라, 클라이언트를 지지할 수 있는 사회적 망과 지역사회 내에서 제공 가능한 자원

들의 능력을 파악할 수 있는 사정기능이다.

셋째, 필요한 모든 서비스제공을 위해서 클라이언트를 의뢰하고 이동시켜, 공식적 · 비공식적 모든 자원들을 연결하여 클라이언트가 계속적으로 이용할 수 있도록, 서비스 이용에 방해가 되는 요소들을 극복할 수 있도록 클라이언트를 원조해 주는 연결기능이다.

넷째, 서비스의 중복과 낭비를 막고 효율적이고 효과적인 서비스를 제공해 줄 수 있는 조정기능이다.

다섯째, 서비스기관이 클라이언트의 욕구에 부응하려고 하지 않을 경우에 클라이언트의 권리를 확보해 주는 옹호기능이다.

여섯째, 서비스의 책임성을 입증하고 서비스 질을 개선하기 위해서 필요한 평가기능이다.

이러한 기능들은 클라이언트 차원과 서비스 시스템 차원 모두에서 이루어져야 한다.

2. 사례관리자의 역할

사례관리는 여러 원조자들의 즉각적인 도움 없이는 해결할 수 없는 복잡한 문제로 인하여 어려움을 겪고 있는 사람들을 도와주는 과정이다. 이러한 측면에서 사례관리자는 두 가지 측면에서 역할을 수행해야 한다. 하나는 클라이언트의 문제해결을 위하여 필요한 자원망을 개발하고 조직하여 클라이언트가 쉽게 활용할 수 있도록 해주는 역할이다. 다른 하나는 클라이언트가 자신의 문제를 해결하기 위하여 스스로 자원을 획득하거나 자원망을 활용할 수 있는 내적 능력, 즉 지식, 기술, 태도를 가질 수 있도록 도와주는 역할이다.

사례관리자의 역할은 학자에 따라, 실천현장에 따라 강조하는 역할에도 차이가 있지만 일반적인 역할은 클라이언트를 발견하고, 욕구나 문제를 파악하고, 사회서비스 자원들을 사정하고, 서비스를 계획하며, 클라이언트에게 필요한 자원을 연결하고, 서비스제공 과정을 점검하고 결과를 평가하는 역할을 수행한다. 사례관리자는 클라이언트의 문제해결을 위해 다양한 역할들을 수행해야 한다. 사례관리자가 업무를 수행하기 위해서는 여러 가지 역할들에 대한 기본적인 사실을 파악하고 있어야 할 것이다. 사례관리자들의 주요 역할을 학자들의 견해를 중심으로 살펴보고자 한다.

DeGennaro(1987)는 사례관리자의 역할은 클라이언트가 가지고 있는 복합적이고 다양한 체계와 관련해서 발생하는 문제를 클라이언트 스스로 다루어 나갈 수 있도록 클라이언트를 지지하고 원조하는 것이라고 하였다. 이를 위하여 클라이언트에 대한 지속적인 서비스제공과 더불어 필요한 자원과의 접촉을 도와주고, 클라이언트가 문제를 해결하는 데 도움이 되는 연결자, 조정자, 협상자, 중재자로서의 역할을 강조하고 있다.

O'Connor(1988)는 사례관리를 다차원적인 체계로서 설명하고 있으며 사례관리자의 교육과 지위수준에 따라 그들의 역할을 상이하게 설명하고 있다. 그는 사례관리자로서의 역할을 전통적인 사회복지실천가로서의 역할, 즉 능력부여자, 중개자, 옹호자, 평가자, 동원자, 행동변화자로서 보고 있으며 이는 일반사회복지사의 역할과 같다고 규정하고 있다. 또한 그는 행정가들은 프로그램 관리자, 자원망 개발자(연결자, 조정자)로서의 역할을 강조하고, 지도감독자로서의 사례관리자의 역할은 사례관리자, 교사로서의 역할, 자원봉사자나 보조자로서의 사례관리자의 역할은 행정가의 명령을 수행하는 역할을 강조하고 있으며, 종합적인 역할로 옹호자로서의 역할을 강조하고 있다. Brindis, Barth와 Loomis(1987)는 십대 부모들에 대한 사례관리의 적용효과성을 연구하면서 상담자와 중개자로서의 역할을 강조하고 있다.

Ballew와 Mink(1986)는 사례관리자의 역할을 조정자, 옹호자, 상담자로서 구분하여 설명하고 있으며, Rothman(1992)은 사례관리자의 역할을 옹호자, 중개자, 진단가, 기획가, 지역사회조직가, 평가자, 상담자, 치료자로서 제시하고, 이러한 역할들을 구별하여 설명하지 않고 자신의 모형에서 제시한 각 단계별로 동시에 설명하고 있다.

Moxley(1988)는 직접적 서비스 기능에서의 사례관리자의 역할로서 실행자, 교육자, 안내자, 협력자, 진행자, 정보전문가, 지지자로서의 역할과 간접적 서비스 기능에서의 역할로 중재자, 연결자, 조정자, 옹호자, 사회망 개입자, 자문가로서 분류하고 있다. 권진숙과 박지영(2009)은 직접적 서비스의 역할과 간접적 서비스의 역할, 통합적 역할로 분류하면서 직접서비스의 역할로는 이행자, 교육자, 안내자·협조자, 진행자, 정보전문가, 지원자와 간접서비스의 역할로는 중개자, 연계자, 조정자, 옹호자, 협동자, 협의자, 그리고 통합적 역할로는 상담가·교육자, 조정자, 옹호자로서 분류하고 있다.

학자들이 주장하고 있는 사례관리자들의 역할을 과정중심과 서비스제공 형태(직접서비스와 간접서비스)에 따라 구분하여 살펴보고자 한다.

1) 과정중심의 역할

(1) 사례발견자

어려움을 가지고 있거나 상처받기 쉬운 위험에 처한 개인, 집단 및 지역사회를 확인하고 찾아내는 사회복지사는 아웃리치 사례관리자로서 일한다. 이는 농촌지역이나 서비스 사각지대에 있는 클라이언트를 발견하기 위해서 매우 중요한 역할이라고 할 수 있다. 전통적인 사회복지실천에서 클라이언트는 자신의 문제를 해결하기 위하여 기관이나 전문가를 직접 찾아온 사람을 중심으로 서비스를 제공하지만 사례관리에서는 지역사회에 거주하는 사례관리 대상자들을 직접 발견하고 이들에게 서비스를 제공해 주는 역할을 강조하고 있다.

(2) 사정자

사정자는 클라이언트의 약점, 역기능, 질병, 결함, 증상 등과 같은 부정적인 요소보다는 강점, 능력, 성장과 발전의 가능성, 건전한 기능, 자원, 잠재력 등의 긍정적인 요소에 중점을 두어 그들의 욕구, 능력 및 지원체계에 관한 자료를 수집하고 분석하며 종합하는 역할을 수행한다.

(3) 계획자

계획자는 사정된 정보를 가지고 클라이언트의 욕구와 문제를 해결하기 위한 구체적인 목표를 수립하고 우선순위를 정하며, 목표달성을 위해 구체적 활동계획을 수립하는 사람이다. 구체적 활동계획을 수립함에 있어서는 클라이언트의 문제 및 욕구를 해결해 줄 수 있는 공식적 · 비공식적 자원과 클라이언트의 능력, 서비스 제공기관, 예산 등을 고려하여야 한다.

(4) 이행자

이행자는 수립된 계획에 따라 사례관리자가 직접적으로 서비스를 제공해 주는 사람이다. 즉, 클라이언트가 무력함으로 인해 스스로 문제를 해결할 수 없을 때 매우 중요시되는 역할이다. 이행자로서의 역할을 수행하기 위해서는 임시주택, 소득, 건강보호와 같은 기본적인 것을 제공해 주고 클라이언트에게 자기 자신에 대한 긍정적 감정을 유지할 수 있도록 그들을 격려하며, 클라이언트가 처한 환경과 문제에 대해 명확히 인지할 수 있도록 그들을 도와주는 역할을 한다.

(5) 점검자

점검자는 클라이언트의 서비스 계획에 규정된 서비스와 지원이 클라이언트 지원망의 구성원들에 의해서 얼마나 잘 전달되고 이행되고 있는가를 확인하는 사람이다. 즉, 초기에 계획한 대로 적시에, 적절하게, 연속적으로 서비스가 제공되고 있는지, 사례관리자와 서비스제공기관이 서로 잘 협조하고 있는지, 이해당사자들 사이에 갈등은 없는지 등을 점검하는 역할을 수행한다.

(6) 평가자

평가자는 프로그램의 효과성, 효율성 및 비용효과성을 검토하기 위해 사례관리 과정 전반에 관한 정보와 자료를 수집하고 분석하는 사람이다. 즉, 평가자는 결과목표의 달성, 클라이언트의 변화 정도, 서비스의 만족도, 서비스의 효과성과 효율성, 계획의 적절성, 사회자원 활용의 적절성 등을 분석하고 평가한다.

2) 직접서비스제공자로서의 역할

(1) 상담자

상담자로서의 사례관리자의 역할은 클라이언트 스스로 자원망을 개발하고 유지하는 데 필요한 방법을 깨닫도록 해주는 것이다. 클라이언트는 새로운 지식과 기술을 필요로 하기도 하며 자신들에 관한 새로운 상황들을 파악해야 할 필요가 있다. 그러므로 사례관리자는 클라이언트의 역기능적인 행동을 조사하고 바람직한 새로운 행동을 촉진하게 해줌으로써, 클라이언트가 자신에 대한 이해를 할 수 있도록 상담자로서의 역할을 수행하여야 한다.

(2) 교육자

교육자로서 사례관리자의 역할은 클라이언트에게 자신들의 욕구를 충족하기 위해서 가지고 있어야 할 기본적인 기술들을 가르치는 것이다. 따라서 사례관리자는 클라이언트가 필요한 기술을 학습하도록 그들을 가르치고 도와야 한다. 이를 위해서는 Goldstein(1981)의 5단계 교육적 과정, 즉 기술에 대한 명확화, 모형화, 역할연습, 강화, 훈련의 실제적용 등을 활용할 것을 주장하고 있다.

(3) 안내자 및 협력자

안내자 및 협력자로서 사례관리자는 클라이언트와 함께 일해 나가야 하며, 그들의 욕구를 충족시켜 줄 수 있는 자원을 그들이 획득할 수 있도록 안내하는 사람이다. 이는 이행자나 교육자에 비해 소극적인 것으로서 클라이언트가 행동하는 과정에서 보조적인 역할을 취한다. 보조적인 역할을 취해야 하는 이유는 클라이언트로 하여금 문제해결기술을 스스로 개발하도록 하는 데 효과적이기 때문이다.

(4) 정보제공자

정보제공자로서의 역할은 클라이언트에게 이용 가능한 대인서비스, 급부체계들, 기회들에 관한 사례관리자의 전문화된 지식에 기초하는 것으로서, 사례관리자는 이러한 정보체계를 발전시키고, 이용하고, 유지하며, 자료의 내용을 지속적으로 추가함으로써 클라이언트가 이러한 자원을 효과적으로 활용할 기회를 제공해 주어야 한다.

(5) 보호제공자

사례관리 대상자들은 일반적으로 장기보호가 필요한 사람들이다. 따라서 이들에게 의식주를 중심으로 일상생활, 건강, 재정 등 클라이언트가 혼자서 해결하기 어려운 문제들을 직접적으로 해결하여 주고 그들의 삶을 보호해 주는 역할을 수행해야 한다. 따라서 사례관리자가 클라이언트를 보호하는 것은 사례관리자의 역할 중 기본적인 역할이라 할 수 있다.

3) 간접서비스제공자로서의 역할

(1) 동원자

동원자는 지역사회에 있는 자원을 동원하고, 새로운 자원을 개발하며, 이러한 자원들이 서비스에 적극적으로 참여할 수 있도록 자극을 주는 역할을 수행하는 자로서 사례관리자에게는 중요한 역할이다.

(2) 연결자

연결자로서 사례관리자는 서비스의 욕구를 분명히 파악하고, 클라이언트와 접촉하고, 전화를 걸고, 클라이언트에게 서비스에 관련된 여러 가지 사항을 숙지시켜 주며, 서류를 준비하고 서비스제공기관과 접촉하여 클라이언트에게 필요한 자원을 연결해 주는 사람이다. 사례관리자는 최적의 연결을 시도하고자 할 때 조직적 기술(누구와 만나고, 어떤 수준에서 토론을 할 것인가)과 지역사회기술(어떠한 서비스가 개발되고 있으며, 활용방법, 합법적으로 활용할 수 있는 기금 등을 활용할 수 있는 기술)을 가지고 있어야 한다.

(3) 중개자

중개는 클라이언트가 필요로 하는 자원을 소정의 사회기관으로부터 제공받지 못하거나, 지식이나 능력이 부족하여 다른 유용한 자원을 활용하지 못할 경우에, 사례관리자가 단순히 다른 유용한 자원과 클라이언트를 연결시키는 역할이다.

(4) 조정자

조정자로서 사례관리자의 역할은 클라이언트의 문제와 각계각층의 원조자들로부터 받아들여질 필요가 있는 여러 가지 원조의 내용을 사정하는 것이다. Ballew와 Mink(1988)는 이에 대해, 계획을 세우고 원조자와 클라이언트의 효과적인 만남이 이루어지도록 도와주며, 여러 가지 원조체계 간의 갈등을 감소시켜 주어 자원망의 효율성을 증진시켜 주고, 원조체계 사이의 의사소통을 촉진시켜 주며, 클라이언트와 원조체계 간의 관계가 지속될 수 있도록 도와주고, 그들이 효과적인 만남을 지속할 수 있도록 클라이언트의 욕구와 원조체계의 요구를 조정하여 주는 것이라고 설명하고 있다.

(5) 옹호자

옹호자로서의 사례관리자는 클라이언트가 필요한 도움을 획득하도록 하는 데 관심의 초점을 두고 있다. 서비스를 제공하기 위하여 필요한 여러 가지 자원들이 부족하거나 원조체계들이 특정 이유로 인해 클라이언트에게 원조제공을 거부할 때 이에 대처할 수 있는 여러 가지 조치들을 강구하여 주는 역할을 수행한다. 또한 원조체계가 클라이언트에게 원조를 제공하는 데 있어서 클라이언트가 수행할 수 없을 정도의 과중한 요구를 한다든가, 클라이언트를 억압하려 할 때 사례관리자는 클라이언트에 대한 원조체계의 과도한 요구나 억압을 완화하여 주는 것이다.

(6) 경계확장자

경계확장자란 사례관리자가 클라이언트의 문제해결을 위해서 자신이 소속된 조직을 벗어나서 다양한 서비스 조직들과 함께 일을 하는 사람이다. 경계확장자는 클라이언트의 정보를 수집하고 분류하기 위하여, 클라이언트에게 필요한 자원을 확보하기 위하여, 목표를 달성하기 위하여, 서비스 전달의 책임성을 완수하기 위하여, 서비스를 점검하고 평가하기 위하여 기관, 조직 또는 체계의 경계를 넘어서 활동한다.

(7) 행정가

행정가는 일반적으로 기획, 인사관리, 조정, 지도감독, 예산편성, 평가 등을 통하여 서비스 전달이 원활히 이루어질 수 있도록 하는 데 중요한 역할을 담당하고 있다. 즉, 기관, 인력, 시설, 예산, 서비스의 전반적인 지도감독의 역할을 수행하는 것이 행정가로서의 역할이라고 할 수 있다.

(8) 기록보존자

기록보존자는 서비스 과정에서 행해지는 사례관리내용들을 체계적으로 기록하는 사람이다. 즉, 초기상담에서부터 종결까지 이루어지는 클라이언트와 면담내용, 제공된 서비스, 문제해결을 위해 만난 사람들과 함께한 내용, 클라이언트의 변화, 서비스에 대한 점검 및 평가 등 모든 내용을 기록하고 관리하는 사람이다.

CHAPTER 05

사례관리모형

CHAPTER 05

사례관리모형

1. 사례관리모형의 분류 기준

사례관리모형을 개발하려는 일반적인 목표는 클라이언트의 욕구에 신속하고 효과적인 서비스를 제공하기 위해서다(Schraeder, et al., 1994). 즉, 서비스 절차 및 제공 방법을 실행하기 위한 지침이라고 할 수 있다. 이러한 사례관리실천모형은 연구자들에 의하여 다양하게 형성 개발되고 있지만 일반적으로 사례관리의 기본 구성요소인 사례관리 대상, 사회자원, 사례관리자, 사례관리과정을 중심으로 개발되고 있다. 사례관리의 모형은 실천과정에 적용할 수 있는 일련의 절차 및 서비스 제공방법을 체계적으로 실행하기 위한 지침이라고 할 수 있다.

여기서는 먼저 학자들의 모형을 분류하고 그 기준들에 대하여 살펴보고자 한다.

〈표 5-1〉 사례관리모형의 분류 기준

학자(연도)	분류기준
이근홍(2006)	사례관리 대상, 사례관리자의 역할과 지위, 사례관리기관(주체) 특성, 사례관리 목표, 활동 장면
황성철(1995)	사례관리 대상, 사례관리자의 전문성, 문제의 특수성, 서비스의 포괄성 정도(내용 및 범위)
Moore(1990)	사례관리 대상, 사례관리자의 역할과 지위, 사례관리자의 전문성, 사례관리 목표, 담당사례 스

Austin(1992)	서비스대상자, 사례관리기관(주체) 특성, 경비부담의 방식, 서비스의 포괄성 정도(내용 및 범위), 서비스의 강도, 서비스 기간
Falik(1993)	사례관리 대상, 사례관리 목표, 서비스의 포괄성 정도(내용 및 범위)
Geron & Chassler(1994)	사례관리 대상, 사례관리자의 역할과 지위, 사례관리기관(주체) 특성, 재정지원기관, 운영기금형태, 서비스의 포괄성 정도(내용 및 범위), 자원활용 정도
Ridgely(1994)	사례관리 대상, 사례관리기관(주체) 특성, 사례관리 목표
Weil& Karls(1985)	사례관리자의 역할, 사례관리자의 전문성, 사례관리기관(주체) 특성, 재정지원기관, 사례관리 목표, 자원망의 범위, 문제 및 욕구
Honnard(1985)	사례관리 대상, 사례관리자의 역할, 사례관리기관(주체) 특성, 사례관리 목표, 서비스의 포괄성 정도(내용 및 범위)

이를 종합하여 살펴보면, 복합적인 서비스 욕구를 가지고 있는 클라이언트에게 서비스를 제공하기 위해서는 대상자의 특성과 욕구에 기초하여 사례관리 목표, 사례관리 내용, 사례관리 장면, 사례관리 기간, 서비스 자원, 사례관리자의 역할 등이 결정되어야 할 것이다.

여기에서는 사례관리모형을 개발하거나 분석하고자 할 때 고려해야 할 중요 요인으로서 Netting(1992)이 제시하고 있는 사례관리 대상, 사례관리자의 역할 및 지위, 사례관리 목표, 재정지원, 사례관리 장면에 대하여 살펴보고자 한다.

1) 대상(표적집단)

사례관리는 일반적으로 복잡한 욕구를 가지고 있는 클라이언트를 대상으로 삼고 있다. 주요 사례관리 대상은 복합적인 욕구를 지니고 있는 사람, 발달장애인, 허약한 노인, 신체장애인, 만성정신질환자, 그리고 이외에 다른 위험에 처한 사람과 같은 취약집단이다. 이러한 사람들과 함께하는 사례관리자는 전문기술과 적절한 자원을 동원하기 위하여 이들의 문제와 욕구의 특수성을 이해하고 이들에게 서비스를 제공하기 위한 지식과 기술을 가지고 있어야 한다.

2) 역할 및 지위

사례관리의 모형들은 사례관리자가 수행하는 역할 및 지위, 그리고 전문성에 따라 다양하다. Weil 등(1985)은 사례관리자는 문제해결자, 옹호자, 중개자, 계획가, 지역사회조직가, 경계범주자, 서비스점검자, 기록보관자, 평가자, 자문가, 협력자, 조정자, 상담가 및 공급자와 같은 역할을 수행할 것을 제시하고 있다. 그렇지만 전형적이긴 하지만 사례관리자의 배경지식이나 관심분야, 그들의 지위 등에 따라 선택하는 사례관리자로서의 역할은 다를 것이며, 그들이 강조하는 역할에 의하여 모형이 다르게 개발될 것이다.

3) 목 표

사례관리모형은 목적이나 목표에 기초해서 개발되고 있다. 사례관리의 목표는 클라이언트가 가지고 있는 문제나 욕구, 그리고 기관의 특성에 기초해서 수립된다. 기본적으로 사례관리의 목표는 클라이언트가 가지고 있는 문제 및 욕구를 해결하는 데 필요한 서비스의 내용과 범위를 결정하여 준다. 따라서 클라이언트가 가지고 있는 문제의 특성에 따라 사례관리의 목표가 수립되며, 이러한 목표를 달성하는 데 필요한 사례관리모형을 개발하는 것이다.

4) 재정지원

사례관리자들은 여러 형태의 서비스제공기관들에 의하여 고용된다. 주요 서비스제공기관들은 지역사회복지관과 같은 전통적인 비영리 지역사회 대인서비스기관(자발적), 행정복지센터와 같은 공공기관(정부), 또는 보험회사와 같은 영리기관 등이다. 사례관리자들은 재정을 지원받는 기관으로부터 자유로울 수가 없다. 즉, 재정지원을 해주는 기관이나 단체의 성격에 따라 사례관리 목표 및 내용이 결정될 수밖에 없다. 시청이나 행정복지센터에서 실시하는 사례관리와 민간사회복지법인에서 실시하는 사례관리는 차이가 있다. 따라서 사례관리기관이 재정지원을 어디에서 받느냐에 따라 사례관리모형이 결정된다.

5) 장 면

사례관리모형은 사례관리실천 장면에 따라 다양하다. 예를 들면, 사례관리가 재가치료센터에 의하여 제공된다면, 대부분 그 센터에 있는 클라이언트를 대상으로 사례관리를 제공할 것이다. 또한 병원에서는 병원의 입원환자나 퇴원환자를 위한 사례관리를 제공한다. 사례관리는 노인시설이나 아동보호시설 등 사회복지시설, 주간보호센터나 재가노인복지센터, 병원 장면, 정신건강센터, 위탁보호 가정(foster home) 등 서비스 장면에 따라 다양한 모형이 적용될 것이다.

2. 미국의 사례관리모형

사례관리실천현장에서 적용할 수 있는 사례관리모형은 다양하게 개발되어 있다. 하지만 아직까지도 사례관리실천모형은 모형을 구성하고 있는 여러 가지 요인들에 의하여 계속 변화되어 오고 있다. 이는 서비스 환경의 변화에 따라 서비스에 대한 욕구가 변화되고, 서비스범위가 확대되면서 자연스럽게 나타나는 결과라고 할 수 있다. 따라서 사례관리자는 기존의 사례관리모형을 수정 및 개발하는 것이 필요하다.

일반적으로 사례관리모형은 어디에 초점을 두느냐에 따라 달라진다. 따라서 여기에서는 사례관리모형을 구성하는 요인들에 초점을 둔 모형들을 개괄적으로 살펴보고자 한다.

첫째, 사례관리자의 지위에 따른 대표적인 모형으로 O'Connor(1988)의 모형을 들 수 있다. 그는 사례관리자의 지위에 따라 역할과 기능, 업무영역, 기술이 다르기 때문에 지위에 기초하여 사례관리모형을 전문가모형과 일반모형으로 분류하였다. 이러한 모형의 초점은 사례관리자의 역할기대와 관련 있는 것으로서 사례관리자의 지위나 교육수준에 따라 적합한 모형이 다르다는 것을 의미하기도 한다.

둘째, 사례관리자의 전문성에 따라 Weil과 Karls(1986)은 가족모형, 지역사회주민 모형, 자원봉사자 모형으로 분류하였다. 즉, 가족모형은 가족의 성원 중에 한

명이 사례관리자로서 역할을 수행하도록 하는 모형이며, 지역사회주민 모형은 지역사회주민으로 하여금 사례관리를 수행하도록 하는 것이고, 자원봉사자 모형은 자원봉사자로 하여금 사례관리를 수행하도록 하는 것이다.

셋째, 지역사회의 자원 보유 정도와 서비스 통합 정도에 따라 Moore(1992)는 사례관리모형을 제시하고 있다. 즉, 자원의 정도와 지역사회 서비스의 통합수준에 따라 마케팅 모형(marketing model), 분배모형(rationing model), 중개모형(brokering model), 개발모형(developing model)으로 분류하고 있다. 예를 들면, 지역사회자원이 많고 서비스 통합수준이 높으면 클라이언트는 서비스를 선택할 수 있는 기회가 많을 것이다(마케팅 모형). 하지만 지역사회자원은 많지만 서비스 통합수준이 낮을 때(중개모형), 자원은 충분하지 않지만 서비스 통합수준이 높을 때(분배모형), 지역사회자원이나 서비스 통합수준이 모두 낮을 때(개발모형)로 구분하여 모형을 제시하고 있다.

넷째, 사례관리 장면에 따라 Quinn(1993)은 사례관리의 모형을 독립기관모형(freestanding agency model), 직접서비스기관모형(special unit in a direct service agency model), 종합서비스기관모형(special unit institution or multi-function agency model), 컨소시엄모형(consortium model), 보험모형(insurance case management model)으로 분류하고 있다. 우리나라의 기관을 예로 들면, 가족상담이나 발달장애인치료기관에서는 직접서비스기관모형을 활용할 수 있을 것이고, 사회복지시설이나 종합사회복지관과 같이 종합적인 서비스를 제공하는 기관에서는 종합서비스기관모형을 활용할 수 있을 것이다. 그러나 재가서비스나 치료서비스 등 구체적인 서비스는 제공하지 않고 보호계획 수립에 초점을 둔 독립기관모형이나 지역사회사례관리기관들이 컨소시엄을 이루어서 서비스를 제공하는 컨소시엄모형, 민간의료보험이 발달된 미국의 보험회사에서 사용하는 보험모형을 사용하는 사례관리기관은 아직까지 우리나라에서 찾아보기가 어렵다.

다섯째, 서비스제공 기간의 정도에 따라 Cline(1990)은 의료보호모형, 재해보호모형, 장기보호모형을 제시하고 있다. 의료보호모형은 급성 및 만성보호환자를 통합 관리하는 사례관리모형이지만 주 대상은 만성적인 질병을 가지고 병원에 입원해 있는 클라이언트에게 서비스를 제공해 주기 위한 모형이다. 장기보호모형은 의료적 문제뿐만 아니라 만성적인 질환으로 인해 치료 및 일상생활 등을 종합적이고 장기적으로 관리하는 모형이며, 재해보호모형은 재해와 같이 응급한 상황에서 단기적으로 사례관리를 적용하는 사례관리모형이다.

여섯째, 사례관리기능이나 역할에 따라 Ross(1980)의 최소모형, 조정모형, 포괄모형과 Ballew와 Mink의 조정모형(Rodgely, 1994), 그리고 Rothman(1991)의 경험적 모형을 들 수 있다. 이 모형들은 대부분 사례관리과정을 중심으로 사례관리의 기능이나 역할에 초점을 둔 모형으로서 대체로 일반적인 사례관리 장면에 많이 적용할 수 있는 모형이다. Ross(1980)는 사례관리기능에 따른 사례관리자의 역할을 제시하고 있다. 최소모형에서 사례관리자는 사례를 발견하여 아웃리치 서비스를 제공하고 서비스대상자를 사정하며, 사례계획을 수립하고 서비스대상자를 서비스제공자들에게 의뢰하는 역할을 수행한다. 조정모형에서는 최소모형에서의 역할에 더하여 서비스대상자들을 옹호하고 직접적인 개입을 하며, 자연적 지지체계를 개발하고, 재사정 등의 서비스를 제공한다. 포괄모형은 조정모형에 더하여 자원개발을 위한 옹호활동과 서비스 질을 점검하고, 공공교육과 위기개입 등의 서비스를 제공한다.

일곱째, 사례관리 대상자의 욕구나 특성에 따라 Merrill(1985)이 제시한 사회적 사례관리모형, 의료적 사례관리모형, 의료-사회적 사례관리모형이 있다. 사회적 사례관리모형은 지역사회에서 독립생활을 하는 대상자들에게 적용되고, 의료적 사례관리모형은 건강상태에 문제를 가지고 있는 대상자들에게 적용되며, 의료-사회적 사례관리모형은 복합적인 서비스 욕구를 가지고 있는 대상자들에게 적용된다.

여덟째, 사례관리 서비스에 대한 재정지원에 따라 Austin(1993)은 중개모형, 서비스 관리모형, 관리된 보호모형으로 구분하였다.

이렇게 수없이 개발된 모형들을 모두 알고 있는 것은 어려운 일이다. 그러나 이러한 모형들 중 관심이 있는 모형을 찾아내고 실천 장면에 적용을 시도해 보는 것이 필요하다.

〈표 5-2〉 미국의 사례관리모형

학 자	모 형	분류기준
O'Connor(1988)	전문가모형, 일반모형	사례관리자의 지위와 역할
Weil과 Karls(1986)	가족모형, 지역사회주민 모형, 자원봉사자 모형	사례관리 제공자의 특성
Moore(1990)	분배모형, 마케팅 모형, 중개모형, 개발모형	자원의 정도
Quinn(1993)	독립기관모형, 직접서비스기관모형, 종합서비스기관모형, 컨소시엄모형, 보험모형	서비스제공기관의 형태
Cline(1990)	의료보호모형, 재해보호모형, 장기보호모형	서비스제공 기간
Ross(1980)	최소모형, 조정모형, 포괄모형	사례관리기능
Merrill(1985)	사회적 사례관리모형, 의료적 사례관리모형, 의료-사회적 사례관리모형	클라이언트의 문제 및 욕구
Austin(1993)	중개모형, 서비스 관리모형, 관리된 보호모형	재정지원 기관

살펴보았듯이 사례관리가 시작된 미국에서는 사례관리모형이 다양하게 분류·제시되고 있다. 여기에서는 미국의 대표적인 사례관리모형을 중개모형, 판매모형, 통합된 중개판매모형, 자원개발모형, 조직의 변화모형으로 구분하여 설명하고자 한다(전재일 · 이준상, 1997).

1) 중개모형(The Broker Care Management System)

사례관리자는 노인의 보호를 위해 필요한 여러 가지 서비스를 통합·조정하는 역할을 하지만, 직접서비스를 제공하지는 않는다. 즉, 필요한 서비스를 중개만 해주는 것이다. 여러 차례에 걸쳐 노인의 상황이 평가되는데, 이 모든 평가가 노인 또는 보호자와의 계약에 의해 진행된다.

이 모형의 대표적인 것이 미국의 민간사례관리기관이다. 민간사례관리기관은 수수료를 받고 사례관리를 하는 기관을 말한다. 민간사례관리는 정부기관에서 제공하는 서비스 이외의 서비스를 찾는 노인들이나 정부자금으로 운영되는 프로그램의 혜택을 받을 자격이 없는 노인들을 위해서 주로 행해진다.

기능적 장애를 가진 노인들에게 제공되는 도움의 약 80%는 가족에 의해서 제공된다. 그래서 사례관리자는 노인의 가족이 사용할 수 있는 공식적 서비스를 파악하여 정리해 주고 조정해 주며, 가족은 서비스에 대한 정보를 수집하고 서비스에 접근하는 방법을 배움으로써 이익을 얻게 된다.

2) 판매모형(Vendor Care Management System)

중개모형에서는 사례관리자가 서비스를 정리하고 중개만 해주는 반면, 판매모형에서는 사례관리기관이 고객에게 직접서비스를 제공한다(고객에게 판매계약을 통해 자체기관의 서비스를 제공하거나 자체자금으로 다른 기관의 서비스를 구입하여 제공한다). 이 모형의 예로 미국의 민간회사와 보험회사의 사례관리자들, 그리고 사회 및 건강유지단체(SHMO : Social and Health Maintenance Organizations)와 지역사회선택프로그램(COP : Community Options Program) 등이 포함된다.

SHMO는 주로 병원에서 취급하는 급성치료 및 지역사회를 기반으로 하는 서비스들을 모두 제공한다. 현재 시범단계에 있는 SHMO는 의료보험(Medicare) 당국으로부터 매달 환자 수에 따라 자금을 받고, 건강한 노인이나 연약한 노인 모두에게 서비스를 제공하고 있다. 또한 노인들 자신도 매달 소량의 요금을 지불한다. 그리고 COP는 기관보호 대신에 지역사회를 장면으로 하는 장기보호를 하고 있다. 사례관리자들은 주로 자신이 확보하고 있는 서비스를 제공하고 일정 한도의 비용 내에서 타 기관의 서비스를 추가적으로 구입할 수 있다.

일반 보험회사가 주관하는 사례관리체계는 그들의 사례관리자들에게 질이 좋고 값이 싼 서비스를 구입하도록 자금을 제공하여 서비스를 확보해 놓는다. 이 사례관리방식은 급속도로 보급되고 있는데, 보험회사가 지불해야 하는 높은 의료비를 절감하는 데 도움이 되기 때문이다(병원에 입원해 있는 경우 의료비가 매우 많이 들지만 퇴원해서 사례관리를 받게 되면 지역사회에서 서비스를 받을 수 있어 비용이 훨씬 적게 든다). 그래서 보험회사들은 사례관리를 철저히 받지 않은 치료케이스에 대해서는 보험료를 지불하지 않겠다는 강경한 입장을 취하고 있다.

3) 통합된 중개판매모형(The Integrated Broker-Vender Model)

사례관리기관은 제한된 수의 서비스를 제공하고 나머지는 외부기관과 협력해서 조정한다. 주로 급성치료에 중점을 두며, 이 모형의 대표적 예는 병원을 기반으로 하는 사례관리이다. 미국에서는 병원들이 사례관리체계를 개발해 왔는데, 병원에서는 환자에게 급성치료만을 제공하고 퇴원을 시켜 가정과 지역사회에서 계속 보호를 받게 한다. 환자가 병원에 입원해 있을 경우 비용이 많이 들기 때문이다. 물리치료나 기타 병원에서 제공하는 서비스는 계속 제공되지만 의료보험으로 충당되지 않는 추가적 서비스들, 즉 가정부 서비스나 지역사회기관 서비스들은 병원에서 직접 제공하지 않고, 병원의 사례관리자가 지역사회기관들의 협력하에 그들의 서비스를 조정하여 제공한다. 병원 외부의 서비스는 병원사례관리자가 단지 중개하여 주는 것이므로 병원에서 비용을 직접 관리하지는 않는다. 이 모형을 적용할 경우 환자들의 장기적 보호를 하는 데 필요한 '포괄적 서비스'를 병원이 잘 조정하여 제공하여야만 한다.

4) 자원개발모형(Resource Development Model)

이 모형은 장기보호서비스가 필요함에도 불구하고 지역사회에 장기보호서비스를 제공할 수 있는 환경이 마련되어 있지 않아 서비스를 제공하기에 어려움을 가지고 있을 때 활용할 수 있다. 따라서 사례관리에 필요한 자원이 개발되어야만 하는 경우에 필요하다. 사례관리자는 서비스 전달을 위해 필요한 자원을 파악하고, 그 자원을 확보하는 데 있어 도움이 될 요소와 장애가 될 요소를 가려내어 재원확보를 위한 계획을 세워야 한다. 그리고 상당히 유용한 비공식적 서비스 전달체계에 대하여 비상한 관심을 가져야 하며 이에 대한 세밀한 분석을 할 필요가 있다. 이 모형의 한 예로서 의료전달체계가 미비한 농촌지역에서 장기보호서비스를 개발하려고 하는 군이나 읍의 보건기관을 들 수 있다. 이 경우 필요한 서비스가 존재하지 않는 이유로서 문화적 신념, 정치적 영향력의 부족 등 조건들에 대한 이해를 할 필요가 있다.

5) 조직 변화모형(Organizational Change Model)

이 모형은 자원개발모형과 유사하다. 사례관리자는 장기보호서비스가 현재 가능하지는 않지만, 현존하는 기관이 제공하고 있는 서비스들을 약간 변화시키거나 보충하여 장기적 서비스로 전환할 수 있도록 하는 것이다.

이를 위해서 사례관리자는 ① 장기적 보호를 제공하는 데 필요한 서비스들이 무엇인가를 조사한 다음, 이를 기반으로 현 기관을 어떻게 변화시킬지 목표를 정하고, ② 현 기관의 내부 강점과 약점을 파악한 다음, ③ 서비스 전달조직이 변화되어야 하는 이유와 목적을 설정하고, ④ 기관을 변화시킴으로써 얻게 될 이득을 나타낼 만한 자료를 확보하며, ⑤ 의도된 변화를 수행하기 위한 전략계획을 세워야 한다. 이 모형은 특별히 사례관리자가 새로운 서비스 비용을 만회할 수 있다고 보장될 때 효과적이다.

이 모형의 한 예는 증가하는 에이즈 환자들에 관심을 갖는 호스피스(Hospice) 프로그램에 적용할 수 있다는 것이다. 사회적 인식이나 제도적 조건이 마련되지 않아 이들에게 필요한 서비스를 제공할 수 없고, 이에 대한 필요성을 사회의 지도층들이 인식하지 못할 때 사회의 인식을 개선하고 지도층을 설득하여 이들에게 맞는 서비스 환경을 구축하고자 할 때 적절한 모형이라고 할 수 있다. 즉, 에이즈 환자들을 다루는 기관의 사례관리자가 에이즈 환자들을 위해 새로운 서비스가 필요하고, 이러한 서비스를 제공할 때 기관 간부들의 태도 변화(예 환자의 생명연장 조치보다는 고통 통제로의 전환, 보호자의 훈련 등)가 요청된다는 것을 인식하고 있다면 이 모형을 활용할 수 있다.

3. 한국의 사례관리모형

이근홍(2021)은 한국의 사례관리모형을 가족모형, 중개모형, 재활모형, 관리모형으로 구분하고 있다. 이를 소개하면 다음과 같다.

1) 가족모형

가족모형은 부모, 성인자녀 또는 배우자가 일정한 교육과 훈련을 받은 이후에 가족과 함께 거주하는 허약한 노인, 장애인 및 요보호아동에게 서비스를 제공하는 것이다. 이러한 모형은 클라이언트를 보호할 수 있는 능력을 가진 가족이 반드시 존재한다는 조건이 전제되어야 하며, 가족이 다른 전문가보다 신속하고 안락하며 융통성 있는 서비스를 제공할 수 있으며 서비스의 연속성을 보장할 수 있다는 믿음에 기초하고 있다. 가족이 필요한 서비스를 클라이언트에게 제공하기 위해서는 사례관리자와 가족의 협력관계가 매우 중요하다.

가족모형에서 사례관리의 기능은 대개 가족의 보호능력 향상, 클라이언트의 사회적 기능 향상, 클라이언트와 가족의 상호작용 촉진 등이라 할 수 있다. 이러한 모형은 사례관리자가 클라이언트를 보호할 수 있는 능력을 가진 부모, 성인자녀 또는 배우자를 대상으로 필요한 서비스를 제공할 수 있는 지식과 기술을 교육과 훈련을 통하여 습득할 수 있도록 한 이후 서비스를 제공하도록 하는 것이다. 가족모형에서 사례관리자는 교육자, 정보제공자, 안내자, 지지자, 상담자, 자문가, 지도감독자, 옹호자 등의 역할을 수행한다.

가족모형의 장점은 신속하고 안락하며 융통성 있는 서비스를 제공할 수 있으며, 서비스의 연속성이 보장될 수 있고, 서비스제공에서 비용효과적일 수 있다는 것이다. 단점은 가족이 다른 전문가들에 비해 클라이언트에 대한 서비스제공에 태만하거나 소홀할 수 있으며, 서비스와 관련된 지식과 기술이 부족하여 전문적 서비스를 제공하지 못하는 경우가 많고, 서비스제공과 관련된 점검이 어렵다는 것이다.

2) 중개모형

중개모형은 전문적인 사례관리자가 단순한 서비스의 연결로 욕구를 충족할 수 있는 클라이언트를 대상으로 서비스에 대해 안내하거나, 의뢰를 통하여 필요한 서비스를 다른 기관에서 제공받을 수 있도록 하거나, 서비스제공자와 클라이언트를 연결시키는 것이다. 이러한 모형은 클라이언트에게 제공할 수 있는 서비스가 지역사회 내에 존재해야 하며, 클라이언트가 필요로 하는 서비스를 선택할 수 있는 기회가 많다는 전제에 기초하고 있다.

중개모형에서 사례관리의 기능은 클라이언트와 서비스의 연결, 클라이언트와 비공식 · 공식 지원체계와의 상호작용 촉진, 상담 등이라 할 수 있다. 이러한 모형은 전문적인 사례관리자가 서비스가 필요한 클라이언트에게 안내, 의뢰 또는 서비스의 중개를 통해 서비스제공자와 클라이언트를 연결시키는 것이다. 중개모형에서 사례관리자는 연결자, 정보제공자, 서비스조직자, 상담자, 의뢰자, 안내자, 점검자 등의 역할을 수행한다.

중개모형의 장점은 클라이언트가 필요로 하는 서비스를 선택할 수 있는 기회가 많으며, 서비스제공자들 간의 갈등이 존재하지 않고, 사례관리자가 다른 모형에 비해 비교적 많은 사례를 취급할 수 있다는 것이다. 단점은 지역사회 내에 클라이언트가 필요로 하는 서비스가 존재하지 않을 경우 서비스를 개발하거나 확보하기 어려우며, 복합적인 욕구나 문제를 가진 클라이언트에게 적합하지 못하다는 것이다.

3) 재활(치료)모형

재활모형은 가족갈등, 실직, 학대, 이혼, 자살, 성폭력, 집단따돌림, 학교부적응, 주의력결핍 과잉행동장애, 청소년비행 등의 문제를 가진 클라이언트를 대상으로 전문적인 사례관리자의 직접적인 개입을 통해 문제를 치료하거나 문제해결의 동기, 기회, 역량강화, 서비스 등을 제공하여 클라이언트가 자신의 문제를 해결할 수 있도록 하는 것이다. 이러한 모형은 전문적인 사례관리자가 클라이언트의 문제에 대한 지식을 가지고 문제를 치료하거나 해결할 수 있는 능력을 소유하고 있으며, 클라이언트가 자발적으로 자신의 강점과 잠재능력을 발휘할 수 있는 능력을 가진 사람이어야 한다는 전제에 기초하고 있다.

재활모형에서 사례관리의 기능은 클라이언트에 대한 상담, 치료, 권한부여, 문제해결, 강점과 잠재능력의 극대화 등이다. 이러한 모형은 사례관리자가 클라이언트의 당면한 문제를 치료하거나 해결해 주며, 클라이언트의 강점과 잠재능력을 발휘할 기회와 동기를 제공하거나 권한부여를 통해 자신의 문제를 해결하거나 권리를 찾을 수 있도록 하며, 사례관리자가 자신이 제공할 수 없는 필요한 서비스와 연결하여 문제를 해결할 수 있도록 하는 것이다. 재활모형에서 사례관리자는 치료자, 상담자, 계획자, 정보제공자, 교육자, 훈련자, 변화대행자, 권한부여자, 촉진자, 옹호자 등의 역할을 수행한다.

재활모형의 장점은 클라이언트가 가지고 있는 당면한 문제(실직, 이혼, 학대, 우울, 자살, 가족갈등, 집단따돌림 등)를 해결하는 데 기여할 수 있다는 것이다. 단점은 지적장애, 정신장애, 자폐성장애, 다운증후군, 노인성치매 등과 같은 장기적인 문제를 전문적으로 대처하거나 클라이언트의 복합적이고 장기적인 욕구를 충족시키는 데 적절하지 못하다는 것이다.

4) 관리모형

관리모형은 사회복지관, 노인복지관, 장애인복지관, 노인요양시설, 장애인거주시설 등과 같은 종합서비스센터의 사례관리부서에서 복합적이고 장기적인 욕구와 문제를 가진 클라이언트를 대상으로 개별적 · 연속적인 서비스의 제공을 통하여 지속적으로 관리하는 것이다. 이러한 모형은 종합서비스센터에 사례관리부서나 전문사례관리팀이 존재하며, 클라이언트에게 포괄적인 서비스를 제공할 수 있는 다양한 서비스가 마련되어야 하고, 서비스제공기관들과의 협력관계가 잘 이루어지고 있다는 전제에 기초하고 있다.

관리모형에서 사례관리의 기능은 클라이언트와 서비스의 연결, 비공식 · 공식 지원체계와의 상호작용 촉진, 기관 상호 간의 조정, 문제해결, 옹호 등이다. 이러한 모형은 종합서비스센터가 클라이언트에게 포괄적 서비스를 제공하며, 특수한 서비스에 대해서는 다른 기관과 협력하여 서비스를 제공하여 클라이언트의 복합적이고 장기적인 욕구와 문제를 해결하는 것이다. 관리모형에서 사례관리자는 계획자, 연결자, 조정자, 점검자, 평가자, 경계범주자, 문제해결자, 위기개입자, 관리자, 옹호자 등의 역할을 수행한다.

관리모형의 장점은 복합적이고 장기적인 욕구와 문제를 가진 클라이언트에게 포괄적이고 지속적인 서비스를 제공할 수 있으며, 클라이언트가 그들의 욕구에 가장 적합한 양질의 전문적인 서비스를 제공받을 수 있고, 지적장애, 만성정신장애, 노인성치매 등과 같은 장기적이고 심각한 문제에 잘 대처할 수 있다는 것이다. 단점은 다양한 서비스가 제공됨에 따라 비용이 많이 들며, 서비스제공자들 간의 갈등이 존재할 수 있다는 것이다.

〈표 5-3〉 한국의 사례관리모형

구 분	가족모형	중개모형	재활모형	관리모형
주 체	가족(부모·성인자녀·배우자)	사례관리자(중개자·안내자)	사례관리자(치료자·상담자)	사회복지관 등 종합서비스센터
대 상	가족과 함께 거주하는 허약한 노인, 장애인 및 요보호아동	단순한 서비스의 연결로 욕구를 충족할 수 있는 클라이언트	가족갈등, 실직, 학대, 자살, 비행 등의 문제를 가진 클라이언트	복합적이고 장기적인 욕구와 문제를 가진 클라이언트
기 능	가족의 보호능력 향상, 클라이언트의 사회적 기능 향상, 클라이언트와 가족의 상호작용 촉진	클라이언트와 서비스의 연결, 클라이언트와 비공식·공식 지원체계와의 상호작용 촉진, 상담	클라이언트에 대한 상담, 치료, 권한부여, 문제해결, 강점과 잠재능력의 극대화	클라이언트와 서비스의 연결, 비공식·공식 지원체계와의 상호작용 촉진, 기관 상호 간의 조정, 문제해결, 옹호
방 법	클라이언트 보호에 필요한 교육과 훈련을 받은 가족성원에 의한 서비스 제공	서비스가 필요한 클라이언트를 안내와 의뢰를 통해 서비스 제공자와 연결	클라이언트의 당면한 문제해결과 클라이언트의 강점과 잠재능력의 발휘 기회 제공	종합서비스센터에서 클라이언트에게 포괄적 서비스제공, 특수한 서비스제공
사례관리자의 역할	교육자, 정보제공자, 안내자, 지지자, 상담자, 자문가, 지도감독자, 옹호자	연결자, 정보제공자, 서비스조직자, 상담자, 의뢰자, 안내자, 점검자	치료자, 상담자, 계획자, 정보제공자, 교육자, 훈련자, 변화대행자, 권한부여자, 촉진자, 옹호자	계획자, 연결자, 조정자, 점검자, 평가자, 경계범주자, 문제해결자, 위기개입자, 관리자, 옹호자

장단점	신속하고, 서비스의 연속성이 보장되며, 비용효과적이지만, 비전문적인 서비스 제공과 서비스의 점검이 어렵다.	클라이언트가 필요로 하는 서비스를 선택할 수 있는 기회가 많고, 많은 사례를 다룰 수 있으나, 복합적인 욕구나 문제를 해결하기 어렵다.	클라이언트의 당면한 문제해결과 치료에 기여할 수 있으나, 복합적이고 장기적 욕구에 대처하기 어렵다.	포괄적이며 전문적인 서비스를 제공할 수 있으나, 비용이 많이 들고 서비스제공자 간 갈등이 존재할 수 있다.

출처 : 이근홍(2021).

CHAPTER 06

초기과정

1. 신뢰관계 형성
2. 초기과정에서의 주요 과업
3. 역할과 기대에 대한 확인
4. 계 약

CHAPTER 06

초기과정

사례관리를 비롯한 사회복지실천방법들은 일련의 과정들을 가지고 있다. 대체로 기본적인 과정은 초기과정, 사정과정, 계획과정, 개입과정, 점검 및 평가과정, 종결과정이라고 할 수 있다. 이러한 과정들을 간략히 설명하면 초기과정은 클라이언트와 원조관계를 형성하는 과정이다. 사정과정은 욕구와 요구를 명백히 하고, 한편으로는 클라이언트가 가지고 있는 자원과 능력을 파악하는 과정이다. 계획과정은 충족되지 않은 욕구와 요구에 관해 어떤 조치를 취할 것인가를 계획하는 과정이다. 개입과정은 계획을 수행하고 클라이언트의 상황을 변화시키는 과정이다. 점검 및 평가과정은 서비스의 진행과정을 점검하고 그 결과를 평가하는 과정이다. 종결과정은 서비스 진행을 해약하고 마무리하는 과정이다.

이러한 활동과정들은 클라이언트와 처음 만나는 순간부터 시작되며, 계단과 같이 따로따로 순차적으로 진행되는 것이 아니라 일정 부분은 동시에 진행된다. 단지 초기과정에서는 계약이 사정이나 계획, 중재, 점검 및 평가보다 많이 이루어질 것이고, 중기에는 중재가 계약이나 사정, 계획, 점검 및 평가보다는 많이 일어날 것이다.

이러한 과정은 유동적이고 서로 얽혀 있다는 것을 명심하여야 한다.

본 장에서는 초기과정에서 일어나는 사례관리내용들을 실천과정 중심으로 설명하고자 한다. 초기과정은 학자에 따라 계약과정, 초기면접과정, 인테이크과정, 사례발견과정 등 다양하게 사용되고 있으나 여기서는 초기과정으로 설명하고자 한다.

초기과정에서의 주요 과업은 클라이언트와의 신뢰관계 형성, 클라이언트에 대한 기본적인 조사, 서비스 적격성 심사, 서비스 계약을 수립하는 것이다.

1. 신뢰관계 형성

클라이언트가 자신이나 가족생활에 관하여 처음 만나는 사람에게 이야기한다는 것은 어려운 일이다. 특히 아무리 사례관리자가 전문가라고 할지라도 도움을 받는 입장에서 자신이나 가족의 부정적인 얘기나 어려움을 말한다는 것은 그리 쉬운 일이 아니다. 신뢰관계가 형성되지 않으면 클라이언트는 자신의 문제나 욕구에 대해 말하기를 꺼릴 것이다. 그러므로 사례관리자는 클라이언트가 자신의 욕구나 생활에 관하여 말할 수 있도록 분위기를 조성해야 한다. 이는 앞으로 사례관리의 성패를 결정짓는 중요한 요소이다. 이를 위해서는 처음에 간단하고 일상적인 질문을 함으로써 클라이언트의 긴장도를 줄이고, 따뜻한 태도를 유지함으로써 클라이언트로 하여금 자신에게 관심을 가지고 있음을 보여주어야 한다.

1) 신뢰관계 형성 방법

초기과정에서의 주요 과업인 신뢰관계 형성은 효율적인 원조관계를 위한 기본적인 활동이다. 은행이나 병원과 같은 대인서비스 산업에 종사하는 사람들은 모두가 클라이언트와의 관계력에 대해 관심을 두고 있다. 관계를 중요하게 다루고 있는 이유는 다음과 같이 설명할 수 있다.

첫째, 사례관리라는 직업은 매우 인간적인 직업이다. 심지어 의사보다도 더 인간적인 직업이라 할 수 있다. 왜냐하면 사례관리자는 사람들이 처한 현 상황을 있는 그대로 이해하고 받아들이면서 그들이 활기찬 생활을 되찾을 수 있도록 도와주는 전문가이기 때문이다. 따라서 사례관리자는 무엇보다도 클라이언트와의 신뢰관계가 중요하다. 사람들은 자신이 믿는 사람들에게만 인간적인 친밀감을 느끼고, 어려움을 이야기하기 때문이다.

둘째, 클라이언트에게서 정확한 정보를 수집하여야 하기 때문이다. 사례관리자는 클라이언트의 생활에 영향을 줄 수 있는 여러 가지 정보를 확보해야 하므로 믿을 수 있는 정보를 확보하려는 데 관심을 두어야 한다. 믿음이 없으면 클라이언트는 자신의 어려움이나 자신에 대한 이야기를 하지 않는다. 믿을 만한 정보는 서로 간의 진실한 관계에서만 이루어질 수 있다.

셋째, 클라이언트에게 변화가 일어나는 이유는 사례관리자를 신뢰하기 때문이다. 때때로 "클라이언트가 혼자서도 해결할 수 있을 것이다"라는 사례관리자의 믿음만으로도 클라이언트는 어떤 일을 해결할 용기를 얻게 될 것이다. 그러므로 사례관리자는 변화의 수단으로써 클라이언트와 사례관리자의 전문적인 관계를 활용해야 한다.

따라서 효율적인 관계를 위해서는 클라이언트가 한 사람으로서 존중받고 있다는 것을 느끼도록 해야 한다. 이것은 사례관리자가 장점과 단점을 동시에 가지고 있는 한 개인으로서 클라이언트를 이해하고자 노력할 때 클라이언트가 느낄 수 있는 것이다. 모든 클라이언트에게 친밀감을 느낄 수는 없다. 하지만 사례관리자는 클라이언트를 위해 최선을 다해야 할 의무가 있다. 클라이언트나 클라이언트의 문제에 대한 무관심은 사례관리에서 가장 큰 죄악이다. 사례관리를 다른 서비스업종과 다를 바가 없다고 생각한다거나 모든 클라이언트들이 대체로 비슷하다고 생각한다면 서비스를 성공적으로 수행할 수 없다. 이러한 맥락에서 클라이언트에 대한 따뜻한 보살핌(caring)은 사례관리자가 취해야 할 행동 중 가장 중요한 것이다.

2) 부정적 감정에 대한 처리방법

클라이언트는 여러 가지 부정적 감정을 가지고 있는 상태에서 사례관리자와의 관계를 형성하기 시작한다. 이러한 감정을 갖게 되는 원인 중의 하나는 사례관리의 과정을 주는 것과 받는 것으로 생각하기 때문이다.

도움을 받는 클라이언트는 도움에 대하여 부정적이고 불편함을 느낀다. 이들은 무력감과 죄책감, 부담감, 수치감, 두려움을 가지고 있다. 우리의 문화에서는 도움

주는 것을 도움받는 것보다 더 좋아한다. 대체로 사람들은 의존성을 용납하지 않는다. 우리는 자립적인 생활이 어려운 사람들을 무시하고, 낙인찍고, 심지어 박해까지 한다. 복지혜택을 받고 있는 사람들, 즉 시설생활자, 가출청소년, 약물중독자 등에서 이러한 예를 쉽게 찾아볼 수 있다. 이러한 이유로 인해 클라이언트들은 종종 분노를 느낀다. 따라서 이러한 감정이 서비스기관이나 사례관리자에게로 표출될 수 있다. 이러한 상황에 처해 있는 사람들의 입장을 고려해 보면 그들의 부정적인 행동은 충분히 예측할 수 있는 것이다.

한편 사례관리자는 초기 만남에서 클라이언트들이 자신들의 문제를 말하기를 기대한다. 하지만 사례관리자가 클라이언트에 대하여 부정적인 감정을 가지고 있다면 자신의 문제를 말하지 않을 것이다. 사례관리자는 모든 클라이언트를 좋아하지는 않는다. 또 관계가 확립될 때까지 어려운 문제를 가진 진실한 인간으로서 클라이언트를 이해하려 하지 않을 수도 있다. 이러한 사례관리자 때문에 클라이언트는 또 다른 슬픔을 경험할 수 있다. 기계적이고 관료적인 사례관리자의 태도는 클라이언트로부터 거절과 모욕, 심지어는 폭행까지 당하게 되는 원인이 된다.

여기에서 설명한 도움을 주거나 받는 것에 대한 어려움들은 사례관리과정에서 가장 빈번히 발생하는 부정적인 감정들이다. 사례관리 서비스가 필요한 사람들에게는 이러한 문제가 특히 심각하며 그 이유로서 두 가지를 들 수 있다.

첫째, 사례관리가 필요한 사람들은 오랜 기간 동안 복합적인 문제를 가지고 있다. 그러므로 도움의 필요성이 더욱 증가되고 따라서 그들은 더욱더 나약하게 된다. 이것이 도움에 대한 그들의 태도를 부정적으로 만든다. 즉, 자신의 요구사항에 대해 말하기를 주저하거나 수줍어하거나 부끄러워하는 소극적인 행동이나 아니면 과격한 행동과 비난적인 태도를 가지게 되는 원인이 된다.

둘째, 그들은 도움을 받아본 경험은 있으나 이를 효율적으로 받아들이거나 활용한 경험을 갖지 못했을 수도 있다. 이러한 경험으로 인해 클라이언트들은 도움을 얻는 것에 대해 부정적인 감정을 가지게 된다. 즉, 그들은 도움이 필요하다고 생각은 하지만 문제에 대해 피상적이고 또 피상적인 것에만 집착한다. 그들은 문제의 심각성을 알고 있기는 하지만 그들 스스로 또는 그 누구도 자신의 문제를 해결해 줄 수 없다고 생각한다. 때때로 그들은 도움이 필요하다는 것을 인식하고 있지만 도움을 구하는 과정에서 소극적으로 참여하고, 사례관리자의 제언이나 충고, 그리고 의뢰를 하는 것에 대해 이해를 하지 못한다. 제언이나 충고는 자신에 대한 비난으로 받아들이기 쉽고 타 기관으로 의뢰하는 것은 자신을 무시하고 회피하려는 것으로 받아들이기 쉽다. 그들은 비록 자신들이 현재 어쩔 수 없이 도움을 받아들이고 있기는 하지만 도움에 대하여 긍정적인 생각을 갖고 있지 않을 수도 있다. 사례관리자로서 첫 번째 과제는 일상적으로 나타나는 이러한 부정적 감정들을 극복하는 것이다.

2. 초기과정에서의 주요 과업

클라이언트에 대한 기본적인 정보가 수집되면 사례관리자는 서비스 적격성을 결정하게 된다. 서비스의 적격성이 결정되면 사례관리자는 서비스를 제공하거나 다른 기관으로 클라이언트를 의뢰해 주어야 한다.

1) 정보수집

초기과정에서는 클라이언트의 사회력에 대한 기본 정보를 수집하고 서비스의 욕구를 파악하여야 한다. 초기과정 동안 클라이언트의 사회력에 대한 정보는 사례관리 활동을 진행하는 데 있어서 매우 중요하다. 사회력은 클라이언트의 현재 상황과 생활에 대한 배경을 요약해서 설명해 주며, 서비스 개입의 방향성을 결정해 주는 데 도움을 준다.

초기면접에서 수집되어야 할 사회력과 기본 정보는 인구사회학적 정보(이름, 성별, 연령, 연락처, 주소, 학력, 결혼 여부와 가족관계, 원가족을 비롯한 가족사항, 주거환경, 건강상태 및 병력, 군경력, 소득 및 직업경력, 전과 유무, 종교 활동, 사회적 관심사와 취미 등), 주요 문제나 주 호소(욕구), 의뢰한 기관이나 사람(의뢰처), 일반적인 용모 및 태도, 이전에 이용한 서비스 자원 등으로, 이는 기관의 특성에 맞게 만들어진 초기 면접지를 사용하면 쉽게 파악할 수 있다.

그러나 클라이언트의 문제나 욕구를 파악하는 것은 쉬운 일이 아니다. 어떤 클라이언트들은 사례관리자한테 자신의 문제나 욕구에 대하여 이야기하는 것을 꺼려할 것이고, 어떤 클라이언트들은 자신의 문제나 욕구가 무엇인지를 인지하지 못하고 있을 수도 있다. 따라서 클라이언트에게 문제와 욕구를 표현할 수 있도록 도와주는 상담기술을 활용하는 것이 중요하다.

또한 클라이언트와 클라이언트를 둘러싼 환경 사이의 관계를 파악하고 욕구를 충족시켜 줄 수 있는 자원이나 사람들에 관한 기본적인 정보도 파악해야 한다. 예를 들면, 클라이언트의 문제나 욕구를 충족시켜 줄 수 있는 자원이 있는지, 자원이 요구하는 수준(이용료나 개인의 태도)에 부합되는 능력을 가지고 있는지, 그리고 서비스를 이용할 의지가 있는지를 파악해야 한다. 특히 클라이언트들 중에는 그들이 필요한 것에 대하여 빨리 말하는 사람도 있지만 대부분의 클라이언트들은 상담 초기에 자신들의 욕구에 대해 말하기를 꺼린다. 심지어 어떤 클라이언트들은 그들이 심각한 문제를 갖고 있다는 것을 부인하며 도움을 주려고 하면 두려워한다. 또 어떤 사람들은 그들 주변에 있는 여러 가지 문제들을 무시함으로써 도움에 대한 저항을 보이고 어떤 특정한 문제에만 관심을 두려고 한다. 초기과정에서 문제해결에 대한 클라이언트의 의지를 파악하는 것은 사례관리 계획을 수립하는 데 중요한 영향을 끼친다.

2) 적격성

클라이언트에 관한 기본적인 정보가 파악되면 서비스제공의 적격성을 결정한다. 서비스 적격성 심사란 기관의 이용규정에 근거해서 사례관리 서비스대상자로 결정하는 것이다. 이는 신중하게 이루어져야 한다. 정확한 서비스 적격성은 부적절한 의뢰를 예방하고, 서비스대상자에게 신속한 서비스를 제공하여 주기 때문이다. 서비스가 부적격한 예를 들어보면 다음과 같다.

첫째, 장애인종합복지관에 노인이 서비스를 받으러 올 경우

둘째, 장애인종합복지관의 장애인서비스가 직업중심으로 제공되고 있는데 결혼이나 치료를 요구할 경우

셋째, 언어치료프로그램은 있는데 언어치료사가 없을 경우

넷째, 서울시의 주민들을 대상으로 서비스를 실시하고 있는데 부산시 주민이 서비스를 제공받으러 올 경우

다섯째, 근무시간 외의 특정 시간대에 서비스를 요구할 경우

이러한 경우에는 서비스를 제공할 수 없다. 하지만 중요한 것은 서비스 적격성에 부합되지 않을 경우라도 상담에는 친절히 응해야 하며, 자신의 기관에 대해서는 충분히 설명을 해준 후 적당한 기관을 찾아서 의뢰를 해주어야 할 것이다. 그 이유는 클라이언트로 하여금 사회복지기관들에 대한 신뢰도를 높일 수 있고, 또한 그들은 기관의 잠재적 클라이언트들이기 때문이다.

3) 의 뢰

의뢰는 필요한 서비스를 제공할 수 있는 기관이나 전문가에게 클라이언트를 연결하여 주는 활동으로, 서비스 연계와는 서로 다른 개념이다. 의뢰는 우리 기관에서 줄 수 있는 서비스가 없을 때 다른 기관으로 연결하는 것이며, 의뢰하는 기관으로 의뢰에 필요한 공문, 클라이언트의 기본 정보, 의뢰 결과에 대한 통보 요청을 하면 우리 기관이 더 이상 개입할 여지가 없다. 그러나 연계는 우리 기관에서 클라이언트에게 서비스를 제공하고 있지만 또 다른 서비스가 필요한 때 다른 기관에 클라이언트를 연결해 주는 것이다. 이는 의뢰와 다르게 우리 기관에서 여전히 클라이언트에게 서비스를 제공하고 있다는 것이다.

의뢰를 할 때 주의해야 할 사항은 클라이언트가 거부당했다는 기분을 가지지 않도록 해야 하며, 클라이언트의 문제 및 욕구를 해결하는 데 가장 적합한 지역사회자원으로 의뢰를 해야 하고, 의뢰하는 기관이나 전문가에 대한 정확하고 객관적인 정보를 제공해 주어야 한다. 무엇보다도 클라이언트의 선택권을 존중해 주어야 한다.

3. 역할과 기대에 대한 확인

초기과정에서 클라이언트에게 나타나는 주요 문제는 혼돈과 갈등이다. 사례관리자가 무엇을 하고 있는 사람인지에 관하여 의문을 가지고 있는 사람들이 있다. 이러한 오해가 해결되지 않는다면 클라이언트는 서비스에 대해 불만을 가지고 서비스를 초기에 포기하려고 할 것이다. 예를 들어, 차를 정비하러 정비소에 갔을 때, 정비공이 일을 하는지 하지 않는지, 어떤 문제가 있는지, 고칠 수 있는지 없는지, 시간이 얼마나 걸리는지, 비용이 얼마나 드는지에 대해 불확실하게 행동을 한다면 당장에 차를 고치는 것을 포기할 것이다. 그리고 스스로 차를 고치든지, 아니면 다른 정비소를 찾아갈 것이다.

일상생활에서 들 수 있는 또 다른 예로는, 몸이 아파서 병원에 갔는데 의사가 건성으로 치료를 하고 있다고 생각한다면 다른 병원을 찾을 것이다. 그러나 만약 도시에 병원이 하나밖에 없다면 마음이 내키지는 않지만 어쩔 수 없이 가야 하고 치료받는 내내 불쾌한 심기를 간접적으로 의사에게 나타내 보일 것이다. 그리고 의사에 대해 다소 비협조적이고 부정적인 태도를 취할 것이다. 이러한 문제를 해결하기 위해서는 사례관리자와 클라이언트는 서로에 대한 역할과 기대를 분명히 해야 한다.

사례관리자와 클라이언트 사이의 초기 만남에서 나타날 수 있는 서로 간의 역할과 기대에 관련된 문제에는 두 종류가 있다.

첫째, 클라이언트는 자신이나 사례관리자, 그리고 지역사회 지지체계들이 할 수 있는 일들이 무엇인지 잘 모르고 있는 경우가 많다. 그러므로 그들에게 무엇을 기대해야 할지 모른다.

둘째, 클라이언트의 기대 중에는 비현실적인 것도 상당수 있다. 클라이언트는 자신들의 책임성에 대한 사례관리자의 의견이나 사례관리자의 책임성에 대해 별 관심이 없다. 단지 그들은 자신들이 요구하는 것을 아무 조건 없이 무조건적으로 들어주기만을 바란다. 사례관리자가 돈을 제공해 주기를 기대하는 클라이언트가 그 예이다.

이러한 두 가지 유형의 갈등은 해결될 수가 없다. 이러한 문제를 해결하기 위해서 사례관리자는 자신들의 역할과 기관, 그리고 지역사회 지지체계들에 대해 클라이언트에게 이야기해 주어야 한다. 그렇지 않으면 효율적인 관계를 형성하는 것이 불가능하다. 그러나 기대가 명확할 때도 여전히 어려운 문제가 있는데, 그것은 클라이언트가 명확하게 제시된 사례관리자의 기대를 받아들이기를 꺼리기 때문이다. 역할과 기대와 관련된 실질적인 문제는 클라이언트와 사례관리자 모두가 수용할 수 있는 기대를 명확히 하는 것이다.

역할과 기대를 명확하게 하기 위해서는 일련의 단계가 있다.

첫째, 클라이언트가 사례관리자에게 무엇을 기대하는지를 파악한다(사례관리자에 대한 클라이언트의 기대).

둘째, 클라이언트는 사례관리자가 요구하는 자신의 역할에 대해 어느 정도 책임을 질 준비가 되어 있는지를 파악한다(클라이언트에 대한 사례관리자의 기대).

셋째, 사례관리자는 문제해결을 위해 클라이언트가 어느 정도 책임을 져야 할 것인지를 파악한다(클라이언트의 역할).

넷째, 사례관리자는 문제해결을 위해 자신이 할 수 있는 일을 클라이언트의 수준에 맞추어 결정한다(사례관리자의 역할).

이러한 과정을 효과적으로 진행하기 위해서는 다음과 같은 단계가 필요하다.

단계 1 기대에 대한 설명

이 단계는 클라이언트가 사례관리자에게 무엇을 원하는지 그리고 자기 자신에 대해 어떤 기대를 하고 있는지를 정확히 알아보는 단계이다. 이를 위해서는 "내가 무엇을 도와주었으면 좋겠습니까?" 또는 "내가 어떤 일을 하는지 알고 있습니까?"와 같은 질문을 할 수 있다. 그러고 난 후 "문제를 해결하는 데 있어서 당신이 해야 할 일은 무엇이라고 생각하십니까?"라는 질문을 통해서 명확히 할 수 있다.

단계 2 갈등에 대한 파악

이 단계는 클라이언트의 기대와 사례관리자의 기대가 일치하는지를 알아보는 단계이다. 양자의 견해 사이에는 대체로 갈등과 혼돈이 존재한다. 따라서 모든 갈

등을 파악해야 한다. 예를 들면, 약속을 어기는 클라이언트가 있다고 하자. 그럴 경우 "나는 당신을 도와주려고 노력했다. 그러나 당신은 여기가 심심할 때 찾아오는 곳 정도로 생각하고 있다. 나는 시간을 이런 식으로 허비하는 것을 싫어한다. 약속한 시간에 당신이 나를 만나러 온다면 언제든지 최선을 다해 도와줄 것이지만 그렇지 않을 경우 도와주고 싶어도 도와줄 수 없다"와 같이 조금은 심한 말을 함으로써 사례관리과정 중에 나타나는 갈등들을 명확히 할 수 있다.

단계 3 협상과 합의

사례관리자는 클라이언트를 협박하거나 자신의 생각을 일방적으로 강요해서는 안 된다. 또한 사례관리자는 자신이 할 수 있는 일과 할 수 없는 일을 구별해야 한다. 목표는 모든 측면을 고려해서 수립해야 하고 성취 가능한 것이어야 한다.

따라서 서로의 역할과 기대를 명확히 하고 그 사이에 존재하는 갈등을 제거하기 위해서는 타협과 중재가 필요하며, 이는 한 번의 만남으로 이루어지는 것이 아니라 오랜 기간의 만남을 통해서 이루어질 수 있는 것이다. 협상이 이루어지면 서로 간의 역할과 기대는 자연히 합의점을 찾게 될 것이다.

4. 계 약

서비스 합의는 상담 동안 주고받은 약속들을 수집하고 공식화하는 것으로서 계약이라고도 불리며, 서비스 진행에 대한 사례관리자와 클라이언트 사이의 약속이다. 이것은 대부분 구두로 이루어지지만 간혹 서면으로도 이루어진다. 이러한 계약은 사례관리과정 초기에 서비스의 기초를 확립하기 위한 중요한 수단이며, 사례관리자의 관심과 전문성을 클라이언트에게 확인시켜 줌으로써 사례관리자의 권위를 확보하는 수단이기도 하다.

계약을 할 때 이루어져야 할 내용에는 ① 클라이언트의 상황에 대한 사정에 근거해서 현실적으로 달성 가능한 보호계획의 목표수립, ② 계약기간, ③ 수립된 목표에 대해 클라이언트, 사례관리자, 팀 구성원 및 관계자들이 누가, 무엇을, 언제,

어디서, 얼마나 자주 할 것인가 하는 계획된 행동, ④ 계획된 행동을 수행할 개인의 책임, ⑤ 계약을 이행하지 못할 경우의 비용문제, ⑥ 계약에 관계되는 모든 사람들을 보호하기 위하여 계약에 관여한 모든 사람들의 서명날인을 포함하여야 한다(Stein, Gambrill, & Wiltse, 1977).

이러한 계약과정을 수행하기 위해서는 클라이언트와 사례관리자 및 원조제공자들의 합의점을 도출할 수 있는 방법을 가지고 있어야 한다.

초기단계에서의 서비스 합의점은 대체로 일반적이고 범위가 한정되어 있다. 그러나 서비스가 진행됨에 따라 범위는 점차 확대되고 구체화되어 간다. 서비스 합의점을 도출하는 과정은 다음 네 단계로 이루어져 있다.

첫째 단계에서는 수집된 자료를 요약하는 것이다(수집자료 요약).

둘째 단계에서는 수집된 자료를 근거로 하여 목표에 대한 합의를 하는 것이다(목표수립).

셋째 단계에서는 수립된 목표에 대해 우선순위에 대한 합의를 하는 것이다(우선순위 결정).

마지막 단계는 목표를 성취하기 위한 과제와 활동 내용을 규명하고 책임성을 부여하는 단계이다(과업에 대한 합의).

1) 수집자료 요약

초기과정 동안 클라이언트들에 대해 기초적인 사정을 하지 않는다면 사례관리 활동을 진행하는 데 있어서 어려운 점들이 발생하기 때문에 기본적으로 수집된 자료에 기초해서 계약을 수립해야 할 필요가 있다. 계약을 위해서 기본적으로 수집되어야 할 정보는 다음과 같다.

첫째, 클라이언트의 문제나 욕구

둘째, 클라이언트의 문제를 해결해 줄 수 있는 지역사회자원

셋째, 클라이언트에게 제공해 줄 수 있는 서비스내용이나 서비스범위

넷째, 클라이언트가 가지고 있는 자원, 즉 기술, 능력, 긍정적 태도 및 공식적 · 비공식적 자원

다섯째, 문제해결을 방해하는 요인, 즉 서비스 이용료, 서비스제공기관의 이용 규정 등

이러한 정보에 기초해서 서비스 계약을 수립해야 한다. 클라이언트와 클라이언트를 둘러싼 환경 사이의 관계를 파악하고 클라이언트가 자원이 요구하는 수준(이용료나 개인의 태도)에 부합되는 능력을 가지고 있는지를 파악한 후 계약을 시도해야 한다. 클라이언트의 욕구와 환경(서비스 지지체계)의 요구가 서로 다르다면 계약은 이루어질 수 없을 것이다. 그리고 만약에 억지로 계약이 이루어져서 서비스를 받게 된다면 클라이언트는 불만족스럽고, 고통스러우며, 제대로 된 서비스를 받지 못하고 서비스는 종료될 것이다.

2) 목표수립

초기과정 동안 해야 할 과업 중 하나는 수립된 목표에 대해 사례관리자와 클라이언트가 서로 동의해야 한다는 것이다. 초기과정에서의 목표는 너무 높게 수립되지 않아야 하고 클라이언트가 충분히 수행할 수 있고 달성할 수 있는 내용들에 초점을 두고 다루어야 한다.

목표를 선택할 때 사례관리자와 클라이언트는 두 가지 기준을 충족해야 한다.

첫째, 목표는 현실적이고 측정될 수 있어야 한다. 현실적이어야 한다는 것은 실제적이고 달성될 수 있는 것이라고 할 수 있다. 또한 사례관리자의 능력뿐만 아니라 클라이언트의 능력도 고려해야 한다. 측정될 수 있어야 한다는 것은 사례관리의 노력의 결과가 관찰될 수 있어야 함을 의미한다.

둘째, 목표가 분명하게 제시되어야만 다른 사람들이 참여할 수 있고, 이러한 목표상황을 점검해 볼 수 있으며, 사례관리자와 클라이언트가 함께 수행한 목표달성 과정을 평가할 수 있게 된다. 목표가 측정 가능하다는 것은 사례관리자와 기관의 책임성과 서비스의 질적 향상을 가져다줄 수 있다는 것을 의미하는 것이다.

초기과정에서 사례관리자와 클라이언트가 함께 목표를 수립하는 것도 어렵지만, 수립된 목표에 서로 동의하는 것도 쉽지 않다. 사례관리자는 클라이언트를 도

와주어야 한다는 생각이 너무 강한 나머지 합리적으로 수행할 수 있는 것 이상의 목표를 수립하려 하기도 하고, 때로는 클라이언트가 너무 높거나 낮은 목표를 원하는 경우도 있다. 이럴 경우 목표를 달성하기 어려울 뿐만 아니라 수립된 목표에 대해 합의하는 것도 어렵다. 초기과정에서의 목표수립은 너무 높거나 낮게 수립되지 않아야 하고 클라이언트가 충분히 수행할 수 있고 달성할 수 있는 내용들에 초점을 두어야 한다.

3) 우선순위 결정

수립된 목표에 서로 동의하였다면 다음 과정은 수립된 목표에 대해 우선순위를 결정하는 것이다. 초기과정에서는 클라이언트가 중요하다는 것과 사례관리자가 중요하다는 것에 차이가 있을 수 있다. 이럴 경우 가능하다면 클라이언트의 욕구에 초점을 두어야 하며, 클라이언트가 가지고 있는 욕구를 정확히 파악하는 것이 중요하다.

초기과정에서 욕구파악은 의뢰한 기관에서 온 정보나 면접을 통해서 이루어진다. 클라이언트들 중에는 그들이 필요한 것에 대하여 빨리 말하는 사람도 있지만 대부분의 클라이언트들은 상담 초기에 자신들의 욕구에 대해 말하기를 꺼린다. 심지어 어떤 클라이언트들은 그들이 심각한 문제를 갖고 있다는 것을 부인하며 도움에 대한 불안감과 두려움을 가지고 있는 경우도 있고, 또 어떤 사람들은 도움에 대한 거부감과 저항을 보이고 어떤 특정한 문제나 욕구만 해결해 주기를 원한다. 우선순위에 대한 합의를 위해서는 고려해야 할 사항이 있다.

첫째, 클라이언트의 의견이 중요하다.

클라이언트가 관심을 가지고 있고 즉시 해결되어야 한다고 생각되는 문제에 대하여 클라이언트가 스스로 우선순위를 결정할 수 있도록 클라이언트를 도와주는 것이다. 우선순위 결정에 대한 중요한 기준은 클라이언트가 가지고 있는 생각이다. 클라이언트의 생각은 무시될 수 없다. 왜냐하면 훌륭한 사례관리는 결정과정에 클라이언트의 적극적인 참여를 필요로 하기 때문이다. 이러한 것은 클라이언트가 그러한 결정을 수행하기 위하여 전심전력을 다하도록 만들어 줄 것이다. 대부분의 사람들은 그들이 첫 번째로 해결하기를 원하는 내용에 관하여 그들의 생각을 이야기할 의지가 있을 것이다.

둘째, 사례관리자의 의견도 고려되어야 한다.

사례관리자는 전문가이다. 클라이언트의 생명과 안전을 지켜주어야 할 책임이 있다. 따라서 클라이언트의 '안전과 건강'에 대한 문제는 중요하게 고려되어야 하고 클라이언트가 동의를 하지 않더라도 설득을 해야 한다. 예를 들면, 가족 중에 한 사람이 자살을 하려고 하거나, 또는 아이가 아픈데도 병원에 가지 않으면 이에 대한 문제해결이 최우선이라는 것에 동의를 하도록 설득해야 한다. 그 이유는 너무나 위험스럽기 때문이다. 이러한 경우에 대부분의 클라이언트들은 사례관리자의 판단에 순응을 한다. 그리고 이러한 문제가 해결되면 서비스는 다른 문제로 자연스럽게 넘어간다.

셋째, 해결 가능하기 쉬운 목표에 우선순위를 두어야 한다.

적당한 시간과 노력으로 해결할 수 있는 목표를 우선순위로 정하면, 클라이언트가 문제를 해결하려는 동기와 의지를 강화시켜 줄 수 있다. 어떤 클라이언트의 인생은 너무나 실패와 실망으로 가득 차 있기 때문에 어떠한 문제도 스스로 해결하기 어렵다고 느낀다. 그러므로 초기에는 클라이언트가 빠르고 간단하게 성취할 수 있는 목표를 우선적으로 시작할 필요가 있다. 이를 성공적으로 경험한다면 다른 목표를 성취하려는 데 있어서 하나의 동기가 될 것이다.

초기과정에서 클라이언트와의 서비스 계약을 위해서는 이러한 기준을 사용하여야 한다. 특히 우선순위에 대한 클라이언트와 사례관리자의 합의는 서비스에 대한 책임성과 신뢰도를 높여준다. 초기과정에서는 한두 가지의 임박하고, 중요하고, 성취 가능한 목표만으로도 충분하다.

4) 과업에 대한 합의

계약을 위한 마지막 단계는 사례관리자와 클라이언트가 서로가 해야 할 과업들에 대해 합의를 하는 것이다. 목표수립이 구체적이고 분명하다면 목표수립은 자연스럽게 그리고 논리적으로 취해야 할 일련의 과업들을 제시할 것이다.

이때 클라이언트와 사례관리자는 목표를 달성하기 위해 각자가 해야 할 일들을 확실하게 알고 있어야 한다. 서로가 해야 할 과업을 결정하고 과업을 수행하기 위해서 해야 할 각자의 역할과 책임에 합의해야 한다. 과업을 결정함에 있어서 주의할 점은 클라이언트의 문제해결 능력을 고려해야 하는 것이다.

사례관리자는 서로가 해야 할 과업들을 충분히 설명을 해야 서비스에 합의할 수 있을 것이다. 욕구와 요구, 그리고 관련된 목표와 관련해서 클라이언트의 입장을 생각해야 한다. 당장 진행해야 할 목표를 정하는 데 합리적이었는지를 검토하고 과제와 활동과 책임성을 요약해 두어야 한다.

지금까지 초기과정에서의 계약에 대하여 살펴보았다. 계약은 서비스 합의가 충분히 이루어진 후 수립되는 것이다. 계약은 클라이언트와 서비스를 시작하기 위해서 진행한 서비스 초기과정에 대한 결과를 보여주는 가장 구체적인 표현이다. 계약은 서비스를 위해 상호 간에 노력을 하겠다는 합의점이고 해결해야 할 문제와 누가 해야 할 것인가를 명확하게 제시해 주는 것이다. 계약은 최종적인 동의가 아니다. 그러나 초기과정에서 서비스에 대한 합의점을 도출하는 과정은 서비스 과정을 전체적으로 이끌어가야 할 사례관리자뿐만 아니라 클라이언트가 보다 적극적으로 서비스에 참여하게 되는 계기가 될 수 있다.

CHAPTER 07

사정과정 Ⅰ

1. 사람과 환경
2. 교류조건에 대한 사정
3. 자원사정
4. 자원파악 방법

CHAPTER 07

사정과정 I

사례관리에서의 첫 번째 과업은 클라이언트가 기관의 목적에 부합되는 서비스 욕구를 가지고 있는지 없는지를 파악하는 것이다. 즉, 적격성을 파악하는 것에서부터 사정이 시작된다. 이러한 파악은 개인이 가지고 있는 문제의 본질에 기초하고 있다. 만약 서비스 적격성이 있는 것으로 판단되면 다음으로 클라이언트가 가지고 있는 문제와 욕구를 사정한다. 클라이언트가 지금까지 문제를 해결하지 못하고 있다는 것은 문제를 해결할 수 있는 충분한 자원이 없다는 것과 클라이언트가 이용할 수 있는 자원을 활용할 수 있는 능력이 없다는 것을 의미한다. 따라서 사례관리자는 클라이언트에게 필요한 자원과 클라이언트의 능력, 즉 클라이언트의 신체적 · 심리적 기능에 대한 사정 및 가족에 대한 종합적인 사정을 해야 한다.

특히 사정은 클라이언트가 가지고 있는 문제와 개인의 장점, 자원의 존재 유무와 자원의 활용 가능성 등에 초점을 두어야 하고 사회적 격리, 가정환경 등 환경적 위험요소들을 규명해야 한다. 예상되는 문제를 예방하고 최소화할 수 있는 개인의 신념, 가치, 사회 · 경제적 자원, 문제에 대처할 수 있는 능력 등에 대한 사정도 이루어져야 한다(Gordon, 1991). 여기에서는 자원에 대한 사정과 장애요인에 대한 사정으로 구분하여 설명하고자 한다.

1. 사람과 환경

사례관리 서비스를 필요로 하는 수많은 클라이언트들은 도움을 효율적으로 얻거나 활용하는 데 심각한 문제를 가지고 있다. 따라서 그들은 자원에 대한 정보가 부족하여 자원을 사정하는 과정에 적극적으로 참여를 할 수 없다. 자원사정은 사례관리과정 중 매우 초기부터 이루어진다. 초기단계에서는 대부분의 클라이언트들이 문제를 해결하기 위하여 필요한 자원이 무엇인지 알지 못하고 있다. 그러므로 사례관리자는 클라이언트 스스로 자신의 자원을 발견할 수 있도록 클라이언트에게 지속적으로 격려를 해주는 것이 중요하다. 사례관리는 문제를 해결하여 주는 것이 아니라 문제를 해결하는 데 방해요소가 무엇인지를 규명하여 클라이언트가 그것을 쉽게 극복할 수 있도록 해주는 것이다. 사례관리가 필요한 대부분의 클라이언트들은 문제를 해결할 수 있는 자원을 가지고 있지만 자원과의 관계를 형성하는 데 여러 가지 어려움을 가지고 있기 때문에 그것을 극복할 수 있는 방안을 함께 찾아나가는 것이 사례관리의 주요 기능이다. 이를 위해서 그들이 환경과의 관계를 형성하고 유지하는 능력을 사정하는 것이 매우 중요하다.

현대인의 대부분은 복잡하고 기계적인 도시 환경 속에서 살고 있다. 이러한 도시 환경에서 사람들이 완전히 혼자 힘으로 살아간다는 것은 불가능한 일이다. 사람들은 타인이나 조직에 어느 정도 의지하면서 살아갈 수밖에 없다. 환경과 어떻게 관계를 형성하고 유지해 나가는지 방법을 가지고 있지 않으면 급속하게 변화하는 현대생활에 적응할 수 없다.

옛날에는 사람들이 자급자족의 생활을 하였다. 그러나 복잡한 사회에서 개인이 생활을 영위하는 데 필요한 모든 지식과 기술을 소유한다는 것은 불가능한 일이다. 사회는 점차적으로 전문화되어 가고 개인과 가족은 그들의 요구를 충족하기 위하여 다양한 전문가들에게 의존해야만 한다.

교통을 예로 들어보자. 사람들이 걸어 다니던 시절에는 대부분의 사람들은 그들의 발이 유일한 교통수단이었다. 이동하는 데 있어서 특별한 타인의 도움 없이도 가능하였다. 그러나 얼마 후 말과 같은 동물을 이용하기 시작함에 따라 점차 복잡하게 되었다. 처음에는 사람들이 자신의 동물을 직접 관리하였다. 그러나 시간이 흐름에 따라 마부나 수의사와 같은 전문가들이 동물들을 보호하기 시작했다. 그리고 자동차의 출현으로 더욱 복잡해지게 되었다. 차를 운전하기 위해서는 다양한 정비기술자들에게 의존해야 한다. 그뿐만이 아니다. 철광 광부에서 제련기술자, 운송자, 디자인하는 사람, 판매자 등등 무수한 사람들의 도움을 거쳐 차를 가질 수 있다. 이러한 것을 개인이 모두 할 수 있다는 것은 불가능한 일이다.

또한 사회가 발달하면서 사회제도는 더욱 복잡하게 이루어져 있다. 만약 사회제도들이 바뀌지 않았더라면 전통적인 가족 기능들은 계속적으로 유지되고 발달되었을 것이다. 건강은 의사에게, 자녀교육은 학교에, 도덕성은 종교기관에, 신변안전은 경찰에, 다양한 소비욕구는 시장에 의존하는 것이 현대사회이다. 옛날에는 이 모든 것이 가족이나 부족 안에서 이루어졌다.

따라서 자신에게 필요한 전문가를 찾아내고 이들의 도움을 주고받는 것은 하나의 생존기술이다. 어린 시절부터 사회가 어떻게 형성되고, 자신의 욕구를 충족하기 위하여 사회를 어떻게 활용해야 할 것인가를 배워야 한다. 백화점과 슈퍼마켓의 차이점과 같은 단순한 구분뿐만 아니라 의사와 간호사의 차이점과 같은 복잡한 것을 구분할 수 있는 방법들을 배워야 한다. 재화와 서비스에 대한 교역과 매매에 대해서도 배워야 한다. 우리가 필요한 물건을 찾을 수 있는 방법과 이것을 획득할 수 있는 방법도 배워야 한다.

그러나 일부 사람들은 효과적으로 살아가는 이러한 기술을 배우지 못했다. 어린 시절의 불충분한 교육이나 사회의 다양한 자원과 접촉할 기회가 없었기 때문이다. 또한 이러한 방법을 배웠지만 이를 적절히 활용할 능력이 없기 때문일 수도 있다. 이들은 공격적일 필요가 없는 상황에서 공격적인 태도를 취하고, 자신들의 욕구가 무엇인지 정확히 알지 못한다. 또 도움이 필요한 상황에서도 적절한 방법으로 도움을 요청하지 못하고, 자신이나 타인들에 대한 부정적인 태도를 가지고 있다. 이러한 사람들은 현대생활에서 필수적으로 가지고 있어야 하는 상호의존성을 유지하여 나가는 데 장애를 가지고 있는 사람들이다.

이러한 대인관계에 장애를 가지고 있는 사람들은 그들의 생활을 유지해 갈 수 있지만 만족스러운 생활을 할 수 없다. 이들은 부적절한 요구를 할 때도 있고, 도저히 해결할 수 없는 비현실적인 욕구를 가지고 있기도 한다. 이러한 사람들은 그들의 욕구를 얻는 데 필요한 지식과 기술을 함양하기 위하여 전문가들의 도움을 받아야 한다. 이러한 전문적인 서비스를 제공하는 것이 사례관리자의 역할 가운데 하나이다.

대부분의 사람들은 비교적 몇몇 사람들에게만 의지를 하고 있다. 그러므로 사례관리자의 업무 중 대부분은 기존의 지지망을 활성화시키거나, 자원이 없으면 지지망을 개발하여 주는 것이다. 지지망을 구축하는 데 필수적인 단계는 이것을 해결하여 줄 수 있는 사람(환경)을 발견하는 것이다. 사정은 바로 이러한 사람(환경)을 발견하는 것에서부터 시작한다고 할 수 있다.

2. 교류조건에 대한 사정

사람과 환경에 대한 교류를 사정하기 위한 방법으로는 사람과 환경 사이의 균형을 강조하는 생태학적 접근방법이 있다. 사람과 그들이 처한 사회환경은 대단히 상호의존적이다. 따라서 바람직한 사정은 양측의 관계를 고려해야 한다.

사람과 환경 사이의 이러한 관계는 두 가지 특징을 가지고 있다.

첫째 특징은 모든 인간은 자원에 대한 욕구를 가지고 있다는 것이다. 인간은 신체적이고, 심리적이며, 사회적인 욕구를 가지고 있다. 인간은 이러한 욕구를 만족하기 위하여 서로 의존을 해야 한다.

둘째 특징은 클라이언트와 자원 사이에는 교류조건이 있다. 교류조건이 맞아야만 서비스가 제공된다. 이러한 교류조건은 항상 존재한다. 개인이 필요한 자원을 획득하기 위해서는 자원이 요구하는 조건을 충족해야 한다. 이러한 요구조건 중에는 공공선을 위한 것들도 있다. 법을 준수하라, 세금을 내라, 아동을 보호하라, 국방의 의무를 다하라 등의 요구조건들은 여러 가지 자원과 기회를 제공하기 위한 하나의 교류조건이다. 만약 이러한 요구조건을 따르지 않는다면 여기에 대한 벌칙으로서, 제공하고자 했던 자원이나 서비스 기회는 중단될 것이다.

이러한 방법으로 개인과 사회적 환경 사이의 균형이 유지된다. 상호 간에 서로가 원하고 기대하는 방향으로 에너지가 교환되어야 한다. 거래에서 균형이 유지되기 위해서는 양자 모두 만족하고 있어야 한다. 불균형이 발생하면 양쪽 모두 서로 이용당했다는 느낌을 가지기 때문에 교류는 중단될 것이다.

효율적인 자원사정을 위한 한 가지 방법은 자원과 욕구를 비교해서 균형을 맞추는 것이다. 즉, 원조단체 또는 원조자의 수용능력과 클라이언트에 대한 요구사항을 고려해서 균형을 맞추는 것이다. 만약 여기에 어떤 불균형이 존재한다면 사례관리자는 이를 수정할 수 있는 일련의 조치를 취해야 한다.

이와 같이 사정은 클라이언트와 사회적 환경 사이의 관계에 대한 전반적인 상황을 파악할 수 있도록 해준다. 또한 이것은 환경이 가지고 있는 구체적 요소와 클라이언트 문제와의 연결내용을 파악할 수 있도록 해준다. 효과적인 연결이 되기 위해서는 다음 네 가지 기준이 충족되어야 한다.

① 연결은 이용 가능한 것이어야 하며, 자원은 욕구에 부합되는 것이어야 한다. 그렇지 않으면 클라이언트의 욕구를 충족시킬 수 없고 불만족한 상황만 야기한다. 직업을 찾을 수 없는 실직자를 적합한 예로 들 수 있다. 구직자와 구인업체 상호 간의 요구와 기대가 일치해야만 직업을 찾을 수 있다.

② 신뢰할 수 있는 것이어야 한다. 연결은 강하고 지속적인 만족감을 갖게 해주어야 한다. 우발적이거나 가능성이 희박한 자원의 연결은 욕구와 요구를 충족하여 줄 수 없다. 클라이언트에게 실망감만 안겨준다.

③ 편안해야 한다. 만족스러운 연결은 비교적 스트레스가 없다. 도둑을 경찰과 규칙적으로 만나도록 연결하면 이는 스트레스만을 야기하는 결과를 초래하기 쉽다. 그러므로 만족스러운 연결이 아니다. 예를 들어, 며느리가 시어머니와 계속 만난다는 것은 불만족스러운 상태를 야기하기 쉽다.

④ 균형이 있어야 한다. 모든 사람들이 거래를 할 때는 서로에게 만족할 만한 보상이 이루어져야 한다. 즉, 서로가 정당하고 적절한 교류가 이루어지고 있다는 것을 느껴야 한다. 사람이 오랜 시간 동안 힘든 일을 하였음에도 보수가 낮다면 균형적인 교류가 이루어지고 있다고 느낄 수 없을 것이다.

사람들 사이의 거래에서 이러한 기준이 충족되지 않으면 사람들은 자신의 인생이 불편하고 불만족스럽다고 느낄 것이다. 따라서 사례관리자는 클라이언트에게 자원을 연결하기 위해서 클라이언트의 욕구와 자원의 요구들에 대한 정확한 사정을 할 필요가 있다.

교류조건에 대한 사정을 할 때 사례관리자의 역할은 클라이언트가 도움을 효율적으로 사용할 수 있도록 클라이언트의 문제와 욕구에 기초하여 활용 가능한 자원을 중심으로 신중하게 접근해야 한다. 이를 위한 방법은 클라이언트의 욕구와 자원의 적절한 균형, 그리고 자원의 요구와 클라이언트의 능력 사이의 적절한 균형을 유지하여 주는 것이다. 클라이언트들은 혼자서 이러한 균형을 유지할 수 있는 기술이 부족한 사람들이라고 할 수 있다. 자원사정과 관련한 사례관리자의 역할은 클라이언트의 현재 상황을 사정하고 산재해 있는 자원과 자원활용의 가능성을 파악하며, 클라이언트가 자원을 이용할 수 있도록 도와주고, 클라이언트에 대한 자원의 과도한 요구를 중재해 주는 것이다.

3. 자원사정

자원사정은 주로 정보를 수집하고 조직하는 것이다. 클라이언트의 욕구와 자원이 요구하는 내용들이 항상 일치할 수 없기 때문에 사례관리자는 클라이언트와 자원의 욕구와 요구를 조정하여 균형을 맞춰 주어야 한다. 상호 간의 불일치하는 교류조건들이 균형을 이루도록 하기 위하여 자원과 클라이언트의 관계력에 초점을 두고 사정해야 한다. 그러므로 사정은 거래에 대한 양자의 정보를 수집해야 한다.

사정을 통하여 수집된 정보가 이용 가능할 때 이것은 조직화될 수 있으며, 또한 클라이언트와 사례관리자에게 도움이 될 것이다. 이에 대한 두 가지 방법, 즉 생태도(eco map)와 자원수집철(resource files)에 대해 설명하고자 한다. 또 자원사정에 대한 전반적인 상황을 파악하기 위하여 자원활용 계획의 구조에 대하여 살펴보고자 한다.

1) 자원활용 계획에 대한 사정틀의 개발

자원활용 계획에 대한 사정틀의 개발은 사례관리자가 조직적이고 능률적인 서비스를 진행할 수 있도록 해주기 위해 고안된 것이다. 그리고 이것은 쓸데없는 문제에 대해 사례관리자와 클라이언트에게 시간과 정력을 낭비하는 것을 막아준다. 자원 계획은 서비스 계획을 효과적으로 수립하는 데 필요한 하나의 사정도구라고 할 수 있다. 이것의 목적은 클라이언트의 문제와 문제를 약화시키려는 데 활용되는 자원 사이의 논리적 관계를 확립하기 위한 것이다. 자원활용 계획에 대한 사정의 기본틀은 〈표 7-1〉과 같다.

한편 클라이언트의 특정 문제를 해결하기 위해서 자원을 사정할 때 주의해야 할 사례관리자의 행동은 다음과 같다.

첫째, 사례관리자는 자신이 할 수 있는 부분을 염두에 두고 있어야 한다.

사례관리자는 자원사정 초기에 클라이언트와의 관계에 있어서 자신의 위치뿐만 아니라 여러 가지 잠재적 자원과의 관계에 있어서 자신의 위치를 파악하는 것이 대단히 중요하다. 때때로 사례관리자는 자신이 자원이라는 생각을 깨닫지 못하기 때문에 자신과 관련된 내용들에 대한 계획을 수립하지 않는 경우도 있다. 그리고 간혹 현실적으로 다룰 수 있는 것보다 더 많은 문제들을 다루려고 한다.

출발점에서부터의 신중한 사정은 사례관리자가 자신의 능력을 과소평가하거나 과대평가하는 것을 막아준다. 사례관리자는 "내가 할 수 있고 다룰 수 있는 만큼의 문제에 대해 관여를 하겠다"라는 생각을 가지고 임해야 한다. 사례관리자가 자신이 다룰 수 있는 것보다 더 많은 것을 다루려고 한다면 사례관리는 중단될 것이고 클라이언트와 사례관리자는 좌절감을 겪게 된다. 이것은 결국 클라이언트의 문제해결 의지를 꺾어버리는 결과를 초래한다.

둘째, 자원사정 계획은 신중히 이루어져야 한다.

〈표 7-1〉 **자원활용 계획**

<table>
<tr><td colspan="2">Case No :</td><td colspan="2">이름 :</td></tr>
<tr><td rowspan="4">A. 중요문제 영역에 대한 자원규명</td><td>클라이언트의 욕구</td><td colspan="2">자원의 요구조건</td></tr>
<tr><td>1.
2.
3.</td><td colspan="2">1.
2.
3.</td></tr>
<tr><td>활용 가능한 자원</td><td colspan="2">현재 자원의 수용능력 범위</td></tr>
<tr><td>1.
2.
3.</td><td colspan="2">1.
2.
3.</td></tr>
<tr><td rowspan="3">B. 각 자원에 대한 사용목적 설명</td><td>필요한 사례관리자의 역할</td><td colspan="2">원조자의 역할분류</td></tr>
<tr><td rowspan="2">1.
2.
3.
4.</td><td>원조자</td><td>역할</td></tr>
<tr><td>1.
2.
3.</td><td>1.
2.
3.</td></tr>
<tr><td rowspan="2">C. 우선순위의 제시와 자원 활용 순서제시</td><td>우선순위</td><td colspan="2">자원활용 순서</td></tr>
<tr><td>1.
2.
3.
4.</td><td colspan="2">1.
2.
3.
4.</td></tr>
</table>

사례관리과정으로서 자원사정 계획에 대한 수립은 신중히 이루어져야 한다는 것을 명심해야 한다. 자원사정 계획이 신중해야 한다는 것은 대단히 중요한 것임에 틀림없다. 그러나 모든 사정을 정확하게 할 수는 없다. 왜냐하면 사정은 시기와 환경의 변화에 따라 조금씩 달라지는데, 사례관리자가 클라이언트에 대한 상황을 구체적으로 이해하게 됨에 따라 사례관리자가 가지고 있던 일차적인 생각들이 바뀌기 때문이다. 활용하던 자원을 중단하고 다른 자원을 찾아야 할 경우도 있다. 또한 자원을 제공하기 전에 클라이언트가 스스로 문제를 해결하는 경우도 있다. 그러므로 자원사정은 상황에 따라 융통성 있게 진행되어야 한다.

셋째, 자원사정 과정에 클라이언트를 참여시켜야 한다.

자원사정과 자원활용 계획을 수립하는 데 있어서 클라이언트를 참여시키는 것이 바람직하다. 그리고 참여시키기 위한 다양한 방법들을 가지고 있어야 하며, 사정되고 수립된 계획은 기록을 해두어야 한다. 클라이언트의 적극적인 참여는 업무에 대한 책임성과 자신의 생각이 객관적이고 타당성이 있는가를 스스로 생각해 볼 수 있는 기회를 제공하고, 문제를 자신이 주체적으로 해결해 나가야 한다는 책임감과 동기를 제공해 준다.

4. 자원파악 방법

자원사정을 위한 정보수집의 중요한 방법 중의 하나는 클라이언트를 면접하는 것이다. 면접을 통해 클라이언트의 현재와 과거의 경험을 파악할 수 있으며, 앞으로 자원연결에 영향을 끼칠 수 있는 클라이언트의 사고나 행동유형을 규명할 수 있기 때문이다. 자원규명에 대한 네 가지 단계는 다음과 같다.

단계 1 면접내용

사정을 위한 면접내용은 면접범위를 결정하는 것이다. 면접범위는 클라이언트의 욕구에 기초해야 한다. 이를 위해서 면접할 때 다루어야 할 내용을 개괄적으로 설정해 두는 것이 도움이 된다.

〈표 7-2〉 자원활용을 위한 면접개요

<table>
<tr><td colspan="2">Case No :</td><td colspan="3">이름 :</td></tr>
<tr><td>Ⅰ. 필요한 자원</td><td>문제목록의 검토</td><td>원조방법의 계획</td><td colspan="2">결정된 원조자들의 역할</td></tr>
<tr><td rowspan="2"></td><td rowspan="2"></td><td rowspan="2"></td><td>원조자</td><td>역할</td></tr>
<tr><td></td><td></td></tr>
<tr><td rowspan="3">Ⅱ. 현재 활용 중인 자원</td><td>내부자원</td><td colspan="3">외부자원</td></tr>
<tr><td rowspan="2"></td><td>공식적 자원</td><td colspan="2">비공식적 자원</td></tr>
<tr><td></td><td colspan="2"></td></tr>
<tr><td rowspan="3">Ⅲ. 과거에 활용한 자원</td><td>내부자원</td><td colspan="3">외부자원</td></tr>
<tr><td rowspan="2"></td><td>공식적 자원</td><td colspan="2">비공식적 자원</td></tr>
<tr><td></td><td colspan="2"></td></tr>
<tr><td>Ⅳ. 과거에 활용한 적이 없으나 필요한 자원</td><td colspan="4"></td></tr>
<tr><td>Ⅴ. 과거 자원 활용에 대한 클라이언트의 감정</td><td colspan="4"></td></tr>
</table>

〈표 7-2〉에 제시된 자원활용을 위한 면접개요는 유동적인 것이다. 가장 바람직한 면접형태는 클라이언트가 가장 곤경에 처해 있는 문제부터 시작해야 하며, 클라이언트와 그의 가족이 문제해결에 필요한 가장 중요한 자원이라는 사실을 명심하고 면접에 임해야 한다. 그리고 자주 이용하는 자원에 대해 질문을 해보고 자연적 원조자에 대한 활용 가능성도 상기시켜 주어야 한다. 특히 클라이언트에게 과거 자원을 활용한 경험을 물어보고 경험이 부정적인지, 문제해결에 얼마나 도움이 되었는지를 파악해 보는 것도 자원망을 사정해서 구축하는 데 도움이 된다.

단계 2 조사내용

사례관리자는 수집된 정보를 나중에 활용하기 쉽게 분류해 두어야 한다. 정보를 분류하는 양식은 〈표 7-3〉과 같다.

〈표 7-3〉 정보분류양식

클라이언트의 욕구 및 문제	현재 활용하고 있는 자원	필요한 자원
1. 2. 3.	1. 2. 3.	1. 2. 3.

단계 3 생태도 작성

Hartman에 의하여 개발된 생태도 작성(ecological mapping)은 생태도(eco map)를 활용함으로써 이루어지는 것이다. 생태도는 환경 내의 주요 요소에 대한 클라이언트의 교류 특징을 한 장의 종이 위에서 찾을 수 있도록 하는 하나의 도구이다. 주요 환경적 요소들은 각종 원조단체, 고용주, 학교, 이웃, 친척, 교회 등이 될 수 있다. 생태도는 이러한 자원을 클라이언트에게 연결하는 특정 시점을 중심으로 다루고 있으며, 이것은 마치 스냅사진과 같은 것이다. 이러한 스냅사진은 처음과 나중이 다른 경우가 많다. 생태도는 자원과의 관계가 지속적인지, 편안한지, 균형이 맞는지를 나타내 주며, 또한 유사한 자원들을 한눈에 파악할 수 있도록 해준다. 따라서 자원을 목록화하는 또 다른 형태로도 사용될 수 있다.

생태도는 사람과 환경 사이의 일련의 교류를 설명해 준다. 에너지뿐만 아니라 실제적인 결과물들을 사람과 환경 사이에서 주고받고 있다. 앞에서 제시된 것으로서, 편안하고 만족한 생활을 위해서는 사람과 그의 환경 내에 있는 주요 요소 사이의 교환이나 연결이 활용 가능해야 하고, 스트레스가 없어야 하며, 균형적이어야 한다. 예를 들면, 사람들은 그들이 아프거나 다쳤을 때 병원이나 응급서비스를 쉽게 이용할 수 있다는 것을 알아야 한다. 또한 사람들은 비용지불 형태에 있어서 그들 자신의 능력에 관한 요구가 현실적으로 제시된다는 것을 알아야 한다. 즉, 비용은 클라이언트의 현실적인 능력을 고려하여 이루어진다는 것이다.

때때로 사람들은 환경과 관련을 맺고 있으나 그것이 고통스러울 경우가 있다. 사람이 정식으로 고용되어 있고 직장체계와 연결되어 있지만 일하는 것이 싫고 상사와 갈등이 있다면 이러한 관계는 고통스러울 것이다. 이와 같이 일을 하는 것을 고통스럽게 생각하는 사람이 가족 중에 있다면 모든 가족성원들은 어느 정도 스트레스를 가지게 될 것이다.

균형적인 연결은 에너지와 자원이 사람과 환경 사이에서 공평하게 이루어졌을 때 가능한 것이다. 사람이 자신이 한 일에 대해 정당하게 보상을 받았을 때, 오락을 통한 긴장완화가 투자된 에너지(예 돈, 노력)와 평형을 이룰 때 균형은 존재한다. 에너지와 자원이 주로 한 방향으로만 흐를 때에는 불균형이 된다. 어머니가 자신의 가족을 편안하게 해주기 위하여 상당한 양의 시간과 에너지를 가족에게 소비하였지만 그녀에게 돌아오는 것은 비난뿐인 가족 상황을 생각해 보면 쉽게 이해가 될 것이다.

대부분의 사람들에게 있어서 어떤 연결은 미약하고, 어떤 연결은 고통스러우며, 어떤 연결은 균형이 맞지 않다. 인생은 완전하지 못하기 때문에 언제나 새로운 것을 추구하고 있다. 그러나 이러한 유형의 연결이 지배적이라면 믿을만하고, 이용 가능하고, 만족스러운 연결이 이루어지지 않을 것이므로 심각한 문제가 야기될 것이다. 클라이언트들이 이러한 경우라고 할 수 있다. 그들은 어렵고, 불만족하고, 좌절하고, 때때로 고통스러운 생활경험을 가지고 있을 것이다.

생태도를 사용하여 단 한 장의 종이로서 이러한 연결을 모두 도표화(chart)하는 것이 가능하다. 생태도는 환경 내의 중요한 요소와 클라이언트의 연결을 추적하는(tracking) 산뜻하고, 효율적이고, 구체적인 방법이다. | 그림 7-1 | 의 생태도에는 자원이 제시되어 있다. 클라이언트와 상담을 할 동안 생태도의 자원을 완성해 보는 것이 앞으로의 적용을 위해서 바람직할 것이다.

클라이언트는 생태도에 매우 긍정적으로 반응할 것이다. 그들은 그것이 자신의 세계에 대한 자신과 자신의 지각을 반영(reflect)하고 있다는 것을 알고, 따라서 생태도가 자신을 가리키고 있다는 것을 느낄 것이다. 만약 사례관리자가 클라이언트와 함께 진행한다면, 그들은 사례관리자가 자신들의 생활에 함께하고 있다는 것을 느끼게 될 것이다. 클라이언트들이 생태도를 완성하는 과정에 열중할수록 사례관리는 생산적으로 진행될 것이다.

생태도의 작성단계는 다음과 같다.

① 생태도 중앙의 공란으로 되어 있는 원 안에 클라이언트 체계에 대한 도표(diagram)를 작성해 보자. 여자는 원으로 표시하고 남자는 정사각형으로 표시하면 될 것이다. 만약 혼자 살고 있는 사람은 하나의 원이나 정사각형을 가질 것이다. 클라이언트의 가족은 집에서 살고 있는 모든 사람들을 나타내는 몇 개의 원과 정사각형을 가질 것이다.

② 가구(household)원들 사이의 상호관계가 나타날 수 있도록 그들 사이를 선으로 연결한다. 가족성원이 아닌 중요한 가구원, 즉 손님이나 같이 숙식을 하는 사람들과 가족성원의 관계는 선으로 그을 필요가 없다. 그들은 또 다른 원으로 표시하면 된다. 정사각형이나 원 안은 가구원들의 이름과 나이를 기입한다.

③ 현재 활용하고 있는 공식적 · 비공식적 자원을 표시하고, 클라이언트와 그들의 관계를 선으로 나타내고 아직 발견되지 않은 자원도 기입해야 한다. 그러나 현재 필요한 자원이나 아직 발견되지 못한 자원은 선으로 연결해서는 안 된다. 왜냐하면 사례관리자가 생태도를 볼 때마다 아직 발견되지 않은 자원을 상기하여 자원을 발견하려는 노력을 계속할 수 있기 때문이다.

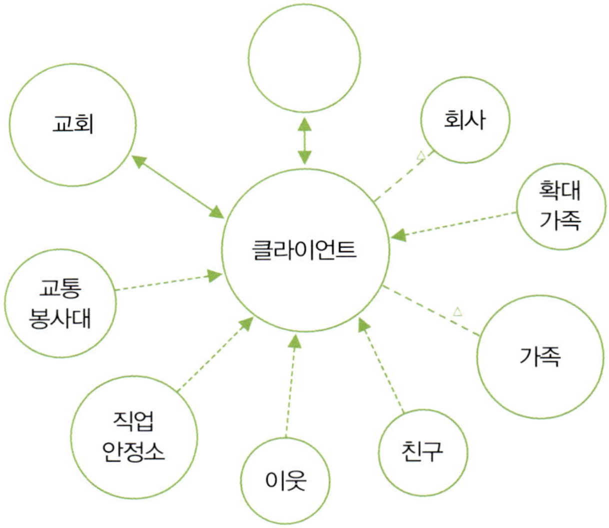

| 그림 7-1 | 공란의 생태도

- 연결의 본질은 서로 다른 선을 이용해서 나타낼 것
- 에너지와 자원의 흐름을 의미하는 선은 화살표로 나타낼 것
- 원의 공란을 채우고 필요한 다른 것들도 첨가할 것

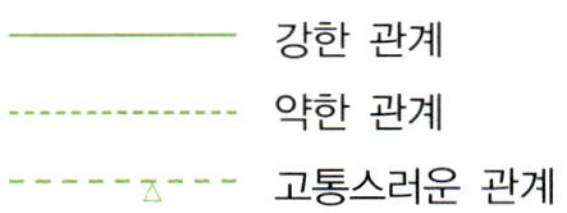

CHAPTER 08

사정과정 Ⅱ

1. 장애요인 사정
2. 장애요인의 유형
3. 장애요인 규명
4. 장애요인 사정시기

CHAPTER 08

사정과정 Ⅱ

1. 장애요인 사정

사례관리자는 클라이언트가 직면하고 있는 여러 가지 문제를 파악하고, 문제해결에 활용될 수 있는 공식적 · 비공식적인 잠재적 자원을 파악하는 것이 선결과제이다. Applebaum과 Roth(1982)는 사례관리에 있어서 사정영역으로 ① 정신역동적 영역, ② 생활력, ③ 여러 사람이나 기관에서부터 수집된 클라이언트에 대한 정보, ④ 시간이 지남에 따라 확인될 수 있는 정신건강상태의 안정성, ⑤ 환경적 요인 등을 제시하고 있다.

이러한 사정영역들은 클라이언트의 장점에 초점을 둔 것이라기보다는 문제해결을 가로막고 있는 장애요인들을 파악하는 데 초점을 둔 것이라고 할 수 있다. 이러한 문제들을 정확히 파악하기 위해서 사례관리자는 "문제가 존재하고 있고 문제를 해결할 수 있는 자원이 있었다면 왜 지금까지 클라이언트와 자원 사이에 연결이 이루어지지 않았는가?"와 같은 의문점을 항상 염두에 두고 있어야 한다. 즉, 사례관리자들은 클라이언트가 필요한 자원을 획득하거나 효율적인 자원활용을 방해하는 장애요인들을 사정하는 것이 중요하다.

사례관리자가 클라이언트와 자원 사이를 하나의 직선으로 연결하는 데 있어서 장애요인은 직선적인 연결을 방해하는 것이기 때문에 사례관리자는 이에 특히 신경을 쓰고 있어야 한다. 장애요인 중 몇몇은 환경 내에서 일어날 수 있다. 가장 흔히 볼 수 있는 장애요인은 도움을 받는 것에 대한 클라이언트의 부정적인 태도나 문제해결에 대한 동기 부족과 관련 있다. 결국 이러한 경우 장애요인은 클라이언트와 원조자 사이의 서비스 제공 과정에서 나타나게(발견) 된다. 즉, 클라이언트가 비협조적이거나 원조자가 자신의 직무에 태만할 때 야기되는 것이다.

1) 장애요인과 문제

첫 번째 실천상의 이슈는 문제와 장애요인을 구별하는 것이다. 문제는 클라이언트가 겪고 있는 생활상의 어려움으로서 원조자와 클라이언트의 만남에 의하여 변화되어야 한다. 장애요인은 원조자와의 만남을 방해하거나 억제하는 것들이다. 사례관리의 진정한 초점은 문제가 아니라 장애요인이다. 두 가지를 혼동해서는 안 된다.

집 외벽이 허물어지고, 보일러가 고장이 나고, 술만 마시는 모자세대를 예로 들어보자. 그녀는 경제 문제와 음주 문제에 대해 도움이 필요한 상태이며 자녀는 보호관찰대상이고 학교에서도 문제를 가지고 있다. 그러나 근본적인 문제는 그녀가 자신감(장애요인)을 상실했다는 것이다. 수년 전부터 그녀는 자신의 힘으로 생활을 조금도 변화시킬 수 없다고 생각하였기 때문에 잘 살아보고자 하는 노력을 포기하였다. 사례관리자는 그녀의 태도가 바뀔 때까지 여러 가지 문제영역을 중재할 수 없다. 사례관리자가 혼자서 모든 문제의 해결을 시도한다면 그녀와 마찬가지로 사례관리자도 결국은 자신의 업무에 한계를 느끼게 될 것이다. 이 사례에서 장애요인은 그녀의 태도이다. 문제를 해결하기 위하여 효율적으로 도움을 활용하려는데 그녀의 태도가 방해물로 존재하고 있기 때문이다. 사례관리자가 이러한 장애요인을 제거해야만 문제해결을 위해 다른 원조자들에게 도움을 요청할 수 있다.

2) 사례관리자의 역할

두 번째 실천상의 이슈는 사례관리자의 역할이다. 사례관리자의 역할은 문제를 해결해 주기보다는 클라이언트와 자원 사이의 연결을 방해하고 있는 장애요인들을 극복하도록 도와주는 것이다. 즉, 사례관리자는 문제해결을 가로막고 있는 장애요인을 제거하는 사람이다.

그러나 때때로 사례관리자가 직접적으로 서비스를 제공하는 것이 필요한 경우가 있다. 클라이언트가 건강이나 안전, 그리고 긴급한 경제적 지원 등과 같은 문제에 처해있을 때 사례관리자는 직접서비스를 제공해 줄 필요가 있다. 그리고 이러한 노력은 사례관리자가 클라이언트와의 신뢰관계를 형성하기 위한 하나의 방법이기도 하다. 그러나 대부분의 사례관리는 클라이언트가 원조자들이 제공하는 서비스를 더 잘 이용할 수 있도록 도와줌으로써 문제해결에 간접적으로 영향을 끼친다. 그러므로 사례관리자는 장애요인을 다루고 다른 원조자들은 문제를 다룬다고 이해하는 것이 정확하다. 그런데 현실 세계는 그렇게 단순한 것이 아니므로 사례관리자는 직접서비스와 간접서비스 사이의 적절한 균형을 유지하는 것이 필요하다.

일반적으로 자원을 개발하고 연결하는 등 간접서비스는 직접서비스의 목적을 증진시켜 주기 위해서 사용되기도 한다. 앞의 모자세대의 예에서 사례관리자가 보일러를 수리하기 위해서 클라이언트가 어떻게 해야 하는지 시범을 보여준다면 사례관리자는 보일러 수리를 통하여 생활이 무익하지 않다는 것과 클라이언트가 자신의 환경을 어느 정도 통제할 수 있다는 것을 가르친 것이다. 이와 같이 직접서비스는 장애요인과 클라이언트의 태도에 영향을 끼칠 수 있을 때 활용하여 기타 문제에 대하여 도움을 받아들이는 클라이언트의 태도를 변화시키는 것이다.

사례관리자의 역할은 클라이언트 스스로 도움을 발견하는 방법과 효율적으로 도움을 활용하는 방법을 가르치는 것이다. 그렇다면 이것은 비효율적인 것이 아니냐, 문제를 해결하기 위하여 직접서비스보다는 간접서비스를 제공하는 것이 보다 효율적이지 않느냐 등의 의문을 제기할 수도 있다. 그러나 사례관리의 중요성은 다음 두 가지 중에서 나온다.

첫째, 클라이언트는 한 명의 원조자로서는 해결할 수 없는 복합적인 문제를 가지고 있다. 그러므로 사례관리자는 어떠한 방법으로든 여러 원조자들을 클라이언트와 연결해 주어야만 한다. 둘째, 클라이언트는 도움을 효율적으로 얻거나 활용할 수 있는 방법을 모르고 있기 때문에(자원활용능력의 결여), 다른 문제가 야기되면 무엇을 해야 할지 모를 것이다. 그러므로 클라이언트는 또다시 사회복지사에게 도움을 요청할 것이다. 끊임없이 일어나는 문제를 영원히 도와주어야 할 것이다. 따라서 클라이언트에게 다양한 원조자들을 활용하는 방법을 가르쳐 주는 것이 보다 효율적이라고 할 수 있다.

2. 장애요인의 유형

세 번째 실천상의 이슈는 장애요인의 유형과 관련되어 있다. 모든 사람들은 독특하다. 그러므로 도움을 얻고 활용하는 데 있어서의 어려움도 사람마다 다를 것이다. 따라서 사례관리자들은 새로운 클라이언트들에 대한 사례관리방법을 연구하는 데 게을리해서는 안 될 것이다. 이러한 새로운 방법들은 우리 자신의 경험과 다른 사람의 경험에 기초하여 원조유형을 새롭게 개발할 수 있도록 해준다.

새로운 사례관리방법을 개발하기 위해서는 일상적인 장애요인의 유형들을 규명하는 데서부터 시작해야 한다. 하지만 클라이언트들 모두가 장애요인을 가지고 있는 것이 아니며, 그 어떤 클라이언트도 사례관리자들이 알고 있는 방법과 똑같은 장애요인을 가지고 있지는 않을 것이다. 따라서 여기서 제시된 유형은 사례관리를 하는 데 참고가 될 수 있는 내용들에 대해서이다.

사례관리자는 장애요인을 해결할 수 있는 사례관리방법이 무엇인지를 결정하는 것보다는 장애요인에 대한 개념을 이해하는 것과 클라이언트가 도움을 얻고 활용하는 형태를 파악할 수 있는 것이 더 중요하다. 기본적으로 장애요인을 세 가지 범주로 분류하여 설명하고자 한다. 세 가지 범주는 외부장애요인, 내부장애요인, 선천적 장애요인이다. 각 범주는 수많은 하위범주로 이루어져 있으며, 여기서 설명하고자 하는 장애요인에 대한 파악방법은 독특한 클라이언트에 대해 자연스럽고 논리적인 사례관리목표를 제공하여 줄 것이다.

1) 외부장애요인

이것은 필요한 원조를 이용할 수 없는 클라이언트의 환경에 결함이 있는 것이다. 이러한 장애요인은 클라이언트의 외부에 있으며 클라이언트의 통제나 영향력

밖에 있다. 이러한 결함은 다음과 같은 세 가지 원인에 의하여 기초한다.

첫째, 원조자원이 존재하지 않거나 욕구를 충족시키기에는 미흡하다. 아동이 정서장애아 학습클리닉에 가려고 하는데 그 지역에는 정서장애아 학습클리닉이 없다. 즉, 원조해 줄 자원이 원천적으로 없는 것이다.

둘째, 자원은 일반적으로는 이용 가능한 것이지만 특수한 상태에 처한 클라이언트들이 이용할 수는 없다. 예를 들면, 돈이 없어서 병원에 갈 수가 없거나 휠체어를 탄 장애인이 취업 능력이 있음에도 불구하고 편의시설이 없어 취업을 하지 못하는 경우이다.

셋째, 자원이 이용 가능하지만 일차적 자원(병원 출입)을 이용하기 위해서는 이에 따른 이차적 자원(교통수단)이 요구되며 이차적인 자원이 없을 때는 일차적인 자원을 이용할 수가 없다.

2) 내부장애요인

이것은 필요할 때 도움을 모색하거나 받아들이는 데 방해요소로 작용하는 것으로서 클라이언트의 믿음, 태도, 가치 등이 이에 속한다. 이러한 유형의 장애요인들은 클라이언트가 바꿀 수 없는 것이라고 생각하고 있을지라도, 이것들은 클라이언트 내부에 있고, 클라이언트의 통제력 내에 있다.

3) 선천적 장애요인

이것은 대체로 클라이언트가 어찌할 수 없는 통제력 밖에 있는 것으로서, 원조과정에 적극적으로 참여하려는 클라이언트의 의지나 능력을 감소시키는 요인이다. 선천적 장애요인으로서 대표적인 것은 지적장애, 알코올중독과 약물남용, 심각한 정신질환, 의사소통에 영향을 끼치는 신체적 상태(예 중증뇌성마비)를 들 수 있다.

서비스를 제공하였던 클라이언트들을 생각하여 볼 때 상당수의 클라이언트들이 선천적 장애요인들을 갖고 있을 것이다. 심지어 문제조사목록(problem inventory)에 문제점으로서 선천적 장애요인들이 규명되어 있는 경우도 있다. 보다 더 심한 경우에는 이것이 내부장애요인으로 규명되어 있다. 그러나 선천적 장애요인은 문제가 아니라 장애이며, 클라이언트의 의지로 극복하기 어려운 것이다.

사례관리는 전통적인 사회복지실천과 마찬가지로 문제를 해결하는 것이 아니라 문제를 해결하는 데 방해가 되는 장애요인을 제거하는 것이다. 이러한 측면에서 볼 때 선천적인 장애요인을 제거하기 위해서는 장기간의 전문적인 치료나 선천적인 장애요인을 극복할 수 있는 개입방안이 필요하다.

3. 장애요인 규명

1) 외부장애요인 규명

외부장애요인은 필요한 자원을 이용할 수 없는 클라이언트의 환경상의 결함을 의미한다. 이러한 상태는 클라이언트의 통제력 밖에 있는 경향이 있다. 외부장애요인은 부적합한 자원, 자원의 고갈, 이차적 자원의 필요성 등 세 가지 유형으로 구분하여 볼 수 있다.

(1) 부적합한 자원

외부장애요인의 유형은 필요한 자원을 활용할 수 없거나 클라이언트의 욕구를 충족하는 데 불충분한 것이다. 흔한 경우는 아니지만 굳이 예를 들면, 이용을 하고자 하는 데 있어서 막대한 비용이 들거나 전문적인 검진이 필요한 복잡한 의료서비스와 같은 경우이다. 흔히 일어나는 예로는 주택과 관련된 것이 있다. 모든 사람들은 저렴하고 우아한 주택에서 살기를 원한다. 그러나 공적부조를 받고 있는 사람들이 이 두 가지의 기준이 구비되어 있는 주택을 발견한다는 것은 어려운 일이다. 주택은 일반적으로 지역사회에서 개인이 해결해야 하거나 정부차원에서 해결할 수 있는 것이지만, 이러한 사람들이 요구하는 주택은 지역사회에서나 정부에서 해결할 수 없다.

(2) 자원의 고갈

이러한 유형의 장애요인은 필요한 서비스를 활용할 수 있지만 클라이언트가 과거에 이것을 과용하였거나 너무 부적절하게 사용하였기 때문에 서비스제공자들이 클라이언트에게 서비스를 제공하기 꺼리는 경우이다. 이것은 서비스를 이용하는 데 일정한 기준이 있는 직업훈련, 이용 횟수나 예산에 제한이 있는 프로그램 등과 같은 구체적 서비스를 제공하고 있는 프로그램에서 자주 발생한다. 어떤 개인은 특정 기간 내에 너무나 많이, 예를 들면 한 달에 한 번 정도로 이러한 프로그램을 사용하는 경우가 있다. 지방자치단체나 정부에서 지원하는 경제원조(주택보수비)와 같은 것은 몇 년에 한 번 정도가 적합한 것이다. 이러한 자원을 활용한 경험이 있으면 한동안은 다시 활용할 수 없다.

또한 클라이언트들이 자원들을 부적절하게 이용함으로 인해 자원이 고갈되는 경우도 있다. 구직상담을 한 장애인이 있다. 한 달에 한두 번 정도 직업을 소개해 주었다. 그럼에도 불구하고 계속 불만을 제기하면서 취업하기를 포기했다. 그러면 또 다시 필요할 경우에 직업을 알선해 주기를 꺼릴 것이다.

자원은 만성적으로 지각을 하거나 약속을 어기는 클라이언트에 의하여 고갈될 수 있다. 특히 심리치료자들은 클라이언트가 진실로 도움을 얻기를 원하지 않는다는 표시로서 이러한 행동을 나타낸다고 보고 있다. 만약 이러한 일들이 너무 자주 일어난다면 서비스를 곧 중단해야 할 것이다.

(3) 이차적 자원의 필요성

외부장애요인의 세 번째 유형은 일차적 자원을 활용할 때 일차적 자원의 활용을 용이하게 하기 위해서 이차적 자원이 필요한 경우이다. 흔히 요구되는 이차적 자원은 정보, 교통, 아동보호 등이다. 때때로 이러한 것이 주된 문제가 되기도 하고, 때로는 클라이언트 자신이 적극적으로 사회활동이나 원조과정에 참여할 수 없는 이유라고 변명을 하는 데 이용되기도 한다. 사례관리자는 서비스를 진행하기 전에 이러한 것들을 극복해야 한다.

자원에 대한 무지는 가장 흔한 장애요인이고 가장 쉽게 치료될 수 있다. 사례관리자가 해야 할 일이란 필요한 정보를 제공하는 것이다. 이것은 단순한 것처럼 보이고 항상 필요한 정보를 제공하고 있는 것처럼 느끼고 있지만 사실은 현재 우리나라 복지기관들에 있어서 놀라울 정도로 무시되고 소홀히 다루어지고 있다.

가난한 사람들에게 있어서는 교통수단이 주요 문제이다. 교통수단 때문에 어머니가 아동을 언어치료에 데려갈 수 없거나, 약속을 지키지 못하거나 또는 늦어지게 될 수 있다. 위와 같은 요인들이 자원의 활용을 중단하게 만드는 하나의 원인이 된다.

아동보호는 상당수의 장애아 부모들에게 장애요인이 될 수도 있으며, 특히 어린 형제를 두고 있는 부모들에게서 두드러진다. 직장생활을 하고 있는 한부모들은 대개 아동을 믿고 맡길 곳이 많지 않다. 이러한 장애요인은 방과 후 서비스 자원이 거의 존재하지 않는 지역사회에 살고 있는 부모들이 겪고 있는 어려움들이다. 서비스제공자들은 이러한 제한성을 인식하고 있어야 하고, 이러한 것을 고려하여 그들과 만나는 시간을 정해야 한다. 종종 교통편의와 아동보호에 대한 서비스는 친구나 친척과 같은 비공식적 원조자들에 의하여 제공된다. 그러나 만약 그들이 도울 수 없다면 자원봉사나 장애아동 이용기관에서 실시하고 있는 일반아동 보육프로그램이 클라이언트들에게 매우 유용하게 활용될 수 있을 것이다.

2) 내부장애요인 규명

내부장애요인은 효율적으로 도움을 얻거나 활용하는 데 방해가 되는 클라이언트의 일상적인 태도, 믿음, 가치 등이다. 이러한 것은 클라이언트의 성격적 특성에 기인한다. 이것은 다른 사람에게 물어볼 수도 없는 것이며, 또한 그들에게 쓸모 있는 답변을 기대하기도 어렵다. 따라서 이러한 특성을 사정할 수 있는 방법이 무엇인지를 찾아보아야 한다.

내부장애요인에 대한 사정은 클라이언트의 의사소통 유형이나 행동유형을 통해서 파악할 수 있다. 이것은 클라이언트가 자신이나 외부세계에 대한 자신의 견해에 관해서 말할 때 나타나고 또한 클라이언트의 행동에 의해서도 나타난다. 사례관리자는 클라이언트의 말이나 행동을 주의해서 살펴보면 그들의 행동에 어떠한 특성이 있는지를 파악할 수 있다. 이러한 내부장애요인을 규명하기 위해서는 클라이언트의 일반화된 행동이나 태도, 면접기술, 내부장애요인의 유형을 파악할 수 있는 지식을 가지고 있는 것이 중요하다.

(1) 일반화

일반화란 자신도 의식하지 못한 채 습관적으로 행해지는 사람들의 행동이나 태도, 믿음 등을 의미한다. 살아가는 데 있어서 태도나 믿음은 중요한 것이다. 태도와 믿음은 경험에 의해서 형성된 것으로 일반화된 것이다. 이러한 일반화가 형성되면, 마치 일반화가 현실을 정확하게 반영하고 있는 것으로 생각하고, 자신의 행동 기준으로 사용한다. 이러한 일반화의 형성은 정상적이고 필수적인 인간활동이다. 클라이언트의 의사소통 방식이나 태도 및 행동 특성들은 클라이언트의 일반화(습관)를 보여주는 하나의 기호(flags)로 볼 수 있다.

① 일반화는 무의식적 과정이다

일반화는 우리가 관심을 가지는 그 무엇에나 영향을 끼친다. 항상 우리는 막대한 양의 감각적 정보에 의해 폭격을 받으면서 살고 있다. 이 책을 읽으면서, 우리는 시각적인 정보를 이용하여 글씨를 보게 된다. 동시에 뇌는 자동적으로 정보를 저장하고 있다. 만약 지금 2~3초 정도 귀를 기울인다면 조금 전에 들리지 않았던 수많은 소리들을 들을 수 있을 것이다. 후각적인 정보도 마찬가지이다. 뇌는 신체상태, 체온, 내부기관의 상태, 호흡, 심장박동 등을 자동적으로 기록한다. 만약 관심을 집중하면 의식적으로 이러한 것들을 느낄 수 있다. 그러나 이러한 정보는 대개 무의식적으로 일어난다. 사람이 자신이 택하려는 정보 중의 한 부분에 관심을 기울이는 능력을 소위 선별적 지각이라고 말한다. 이것은 매우 유용한 기술이다. 왜냐하면 이러한 시간 동안은 전혀 잡념이 없기 때문이다.

② 선별적 지각은 내부적 우선순위에 의하여 일어난다

선별적 지각은 시간과 장소에 관계없이 일어나는 것은 아니다. 이것은 관심을 기울이는 것이 무엇인지, 그리고 무시하는 것이 무엇인지에 따라 결정되는 것이고, 이러한 결정은 매우 명백한 규칙에 의해서 이루어진다. 이러한 규칙은 내부적 우선순위에 따라 결정된다. 그리고 이러한 우선순위는 생활경험에 의해서 이루어지고, 사람마다 다르다. 우선순위의 차이 때문에 똑같은 영화를 보러 간 두 사람이 영화의 장면이나 영화가 의미하는 것에 대해 서로 다른 느낌을 갖는 것이다. 두 사람은 동일한 정보를 받아들였지만 그들의 상이한 내부적 우선순위에 따라 서로 다른 부분에 관심을 기울인 것이다.

③ 내부적 우선순위는 생활경험에 기초한다

내부적 우선순위는 자신의 생활경험에 기초하여 이루어진 일반화에 근거한다. 일반화는 자신이 택하고 있는 광범위한 정보들에 대해 의미를 부여하고 조직하는 방법이라고 할 수 있다. 여기서 문을 예로 들어보자. 보통 대부분의 사람들은 문을 열고 닫는 것에 대해 평생 동안 배워보지 않았을 것이다. 단지 경험에 의하여 문을 열고 닫는 방법을 자연스럽게 터득했을 것이다. 문을 처음으로 열 때는 이전에 자신이 경험한 어떤 것들을 바탕으로 열게 된다. 심지어 문을 열 수 있다는 자신감을 갖게 될 때까지는 보다 많은 경험들이 요구된다. 첫째, 문을 여는 다른 사람들을 보고, 자신도 문을 열어보려고 시도를 한다. 그 후 좀 더 경험을 가진 후 문에 관해 일반화를 한다. 바꾸어 말하면, 문에 대한 자신의 경험들을 기억하고 "아하, 모든 문은 이러한 방식에 의하여 작동하는구나"라고 생각한다. 이것이 문에 대한 일반화이다. 그러나 생활경험만을 가지고 모든 문을 다룬다는 것은 사실 너무나 어려운 문제이기 때문에 전혀 경험이 없는 새로운 문을 다루기 위해서는 문에 대한 새로운 일반화를 가지고 있어야만 한다. 이렇게 일반화를 할 수 있는 능력이 있다면 무엇이든지 배울 수 있는 능력이 있다는 것을 의미한다.

④ 새로운 경험을 통하여 일반화는 변화된다

유아기에 경험했던 방문을 예로 들어보자. 첫 번째 일반화는 손잡이를 돌리고 문의 가장자리를 밀고 당겨야 그것이 열리고 닫힌다는 것을 알게 된다. 이것을 깨달은 후 처음으로 미닫이문과 마주칠 때 무슨 일이 일어나겠는가? 여전히 자신이 경험한 문과 같이 열고 닫으려고 할 것이다. 하지만 미닫이문은 문손잡이를 돌려서 앞으로 미는 것이 아니라 옆으로 밀어야 한다는 것을 깨닫게 될 것이다. 이를 통하여 새로운 정보를 습득하고 문에 관해 보다 확대된 일반화를 형성하게 된다. 결국 문과 관련된 새로운 정보를 구체화해야 한다. 새로운 경험을 통하여 개인의 일반화는 재검토되고 새롭게 된다.

⑤ 행동유형을 보고 일반화를 유추할 수 있다

행동결정 과정을 설명하기 위하여 문을 예로 들었다. 생활경험은 행동을 조직하고 내부적 우선순위를 설정하는 데 기초가 되는 일반화를 형성한다. 이러한 일반화는 의사소통이나 행동형태에 영향을 끼친다. 행동의 한 단면을 보고 일반화를 역으로 유추할 수 있으며, 이를 통하여 생활경험도 파악할 수 있다.

자신에 관한 일반화를 예로 들어보자. 어린 아동의 부모가 아동에게 잔소리를 매우 많이 한다고 생각해 보자. 그리고 항상 그와 비교되는 형이 있다고 생각해 보자. 아동의 어린 시절의 경험, 즉 가족성원들의 부정적인 메시지로부터 아동은 자신의 능력에 관해 일반화한다. 결국 아동은 자신은 우둔하고 어리석다고 결론을 짓는다. 이러한 메시지가 수년 동안 계속 반복되는 동안 아동은 스스로 우둔하다는 생각을 하게 된다. 그가 학교에 입학할 때쯤, 그는 자신감이 결여되어 있고, 다른 아이들과 같이 학교생활을 할 수 없고 그들보다 열등하다고 믿는다. 그가 할 수 없다고 믿음으로써 그는 노력을 하지 않는다. 사실 노력을 하기는 하나 실패만 한다. 그리고 자신에 대한 부정적인 일반화를 강화한다. 이러한 일반화는 이것을 바꿀 어떤 경험을 가지지 못한다면 일생 동안 계속적으로 사용된다. 그는 이러한 문제를 파악하고 있는 교사를 만날 수도 있고, 교사는 아동이 오랫동안 경험하여 왔던 자신에 대한 부정적인 정보를 새로운 정보로 변화시켜 줄 수 있을 것이다. 일반화는 항상 경험에 기초하고 경험의 틀 속에서 논리적으로 전개된다는 것을 알 수 있다.

⑥ 일반화는 자기-영속적(self-permanent)이다

일반화는 자기 자신에 의하여 영원히 지속되는 자기-영속적이다. 그리고 선별적으로 지각한 자신의 경험을 기초로 형성된다. 이러한 이유로 인해, 일반적으로 일어나는 일반화는 의식적으로 되는 경향이 있다. 어떤 의미에서 우리는 우리의 경험에 의하여 일반화된 방법에 따라 우리가 보고 듣기를 원하는 것만 보고 듣는다. 우리가 생활하면서 원하는 것만 선별적으로 지각하여 경험하는 생각이나 태도들은 우리의 일반화를 강화하여 일반화를 자기-영속적으로 만드는 경향이 있다. 또한 우리가 원하지 않고 무시하고 지나친 것들은 우리에게 일반화된 생각이나 태도로 존재하지 않는다. 따라서 대부분의 사람들은 자신들의 가치판단에 따라 사람들의 행동에 대해 옳고 그름을 판단하려는 경향이 있다.

⑦ 일반화는 환경에 따라 변화되어야 한다

일반화는 환경이 새로운 일반화를 요구할 때까지 거의 변화되지 않는다. 새로운 장면을 피할 수만 있다면 일반화를 바꾸지 않으려는 것이 인간의 속성이다. 그러나 일반화된 행동으로서 도저히 새로운 장면에 적응하지 못할 경우에는 일반화를 바꾸어야 한다. 따라서 클라이언트들은 일반화된 행동들 중 낡은 것은 새롭게 바꾸어야 한다. 문제를 가지고 있는 대부분의 사람들이 환경에 적응하는 데 실패하고 있다고 볼 수 있으며, 이들은 일반화를 바꾸는 데 어려움을 가지고 있는 사람들이라고 할 수 있다.

(2) 면접 시의 사정방법

사람들이 자신의 일반화에 기초해서 행동을 할 때, 사례관리자는 클라이언트의 행동을 분석할 수 있고 행동으로부터 클라이언트의 일반화를 추론할 수 있다. 또한 일반화의 구성을 보고 생활경험을 추론할 수도 있다. 생활경험, 일반화, 현재의 행동 사이의 논리적 관계력은 사례관리자가 사정하는 데 반드시 명심해야 할 부분이다.

클라이언트의 생활경험은 클라이언트의 생활사에 관하여 토론할 때 이해하기가 쉽다. 특히 가족에서의 경험이 중요하다. 클라이언트가 유년 시절에 관해 말을 할 때 사례관리자는 그들을 공감하려고 노력해야 하며, 공감을 쉽게 하기 위해서는 사례관리자가 클라이언트와 같은 상황에서 성장하였다는 것을 가정하면서 청

취하는 것이 중요하다. 이를 통해 클라이언트의 사고, 감정, 경험과 그들이 현재 주장하고 있는 것이 무엇인지를 알게 된다.

특히 클라이언트들은 이 사람에서 저 사람으로, 이 문제에서 저 문제로 수시로 변하지만, 항상 특정 사람과 특정 문제를 중심으로 자신의 상황을 이야기할 것이다. 사례관리자는 이것이 누구인지, 무엇인지를 파악해야 한다. 왜냐하면 문제해결에 가장 핵심적인 사람과 내용이기 때문이다.

(3) 내부장애요인의 유형

내부장애요인은 클라이언트의 특성에 따라 매우 다양하다. 그러나 대표적인 내부장애요인은 염세주의, 비평주의, 운명주의, 냉소주의 등으로 분류할 수 있다.

① 염세주의(pessimism)

염세주의자들은 인생을 불행하고 비참한 것으로 보며, 자신에게는 어떠한 긍정적인 변화도 일어나지 않을 거라고 생각한다. 이들은 인생을 어둡게만 보며, 미래에 대한 희망이 없다.

- **생활경험** : 염세주의자들은 자신이 하고자 하는 일들에 대해 항상 좌절을 경험하여 온 사람들이 가지고 있는 성격 특징이다. 이러한 실패는 스스로 자신이 무기력하다는 생각을 갖게 하며, 자신은 가치 없는 사람이라고 생각하게 한다. 그들은 중요한 사람으로부터 사랑을 받을 수 없다는 메시지를 받아왔을 것이며, 인생에서의 실패나 낙오가 자신의 탓이라고 생각한다. 또한 그들은 어린 시절 학대를 받으면서 자라왔고 정서적으로 충분한 애정을 공급받지 못한 채 성장하여 왔을 것이다.
- **지배적 사고** : "아무리 내가 힘들게 노력하더라도 항상 모든 일은 잘못된다. 나는 비효율적이고 무력하다. 나의 문제는 너무나 크기 때문에 어떠한 도움이 있을지라도 해결될 수 없을 것이다. 그리고 나는 가치가 없기 때문에 그 누구도 나를 도와주지 않을 것이다. 나는 도움을 받을 곳도 없고, 부탁할 곳도 없다. 나의 생활은 무익하며 조금도 변화되지 않을 것이다. 낙오의 늪에서 영원

히 빠져 나오지 못할 것이라는 생각 때문에 두려움에 사로잡혀 있다. 내 인생에는 미래가 없다. 세상은 괴롭고 귀찮은 것이다. 인생이란 덧없는 것이다."

- **특징적 감정상태** : 우울(depression), 무관심(apathetic), 허무감(futility)
- **행동형태** : 절망적, 의존적, 무기력, 철회, 의사소통의 결여

② 비평주의(criticism)

외국에서 비평(criticism)은 비난(blame)과 유사한 용어로 사용되고 있다. 비평주의자들은 내면적으로 외롭고 소외감을 느끼며 스스로 외로운 실패자로 생각하여 분노, 짜증, 반항, 적대감, 폭력, 반사회적 특성을 가지고 있다. 자신의 가치나 믿음에 기초하여 상대방의 태도, 행동, 성격 등을 비판하거나 부정적인 반응을 보인다.

- **생활경험** : 생활에서 상당한 실패와 좌절감을 경험하였지만 그가 가치 있다는 메시지도 어느 정도 받아오면서 성장하였다. 그러나 스스로에 대해 완전한 행복감을 느끼지 못하고 있다. 그들이 비난에 매우 민감하게 된 이유는 많은 비난들을 경험하여 왔기 때문으로 볼 수 있다. 그러나 비난을 피할 충분한 힘을 가지고 있다. 대체로 한 부모는 비난적이고 한 부모는 지지적인 가족에서 성장하였을 경우 이러한 성격특징이 형성되기 쉽다. 항상 부당하게 대접받았던 사실이나 다른 사람으로부터 오해받았던 얘기들을 자주 하는 클라이언트들이 이러한 유형에 속한다.
- **지배적 사고** : "나의 생활은 실패뿐이고, 이로 인해 부당하게 비난을 받아왔다. 하지만 성장한 지금은 더 이상의 비난을 받아들이지 않겠다. 차라리 다른 사람에게 먼저 비난을 투사하는 것이 덜 고통스럽고 나에 대한 실패감도 덜할 것이다. 나는 나보다 다른 사람이 도움을 필요로 한 것처럼 행동해야겠다. 생활은 정말 지겨운 것이다."
- **특징적 감정상태** : 분노감, 실패감
- **행동형태** : 비평, 비난, 공격, 무례, 방어, 잔소리

③ 운명주의(fatalism)

모든 사상은 예정된 운명에 따라 일종의 필연성을 지닌 법칙대로 일어난다는 사고방식을 말한다. 인간의 운명은 인간의 능력을 벗어난 초자연적이고 신비적인 힘에 의해 이미 정해져 있다고 여기는 생각이나 태도를 의미한다. 이러한 사고방식은 적극적인 문제해결을 기피하고 현상유지에 안주하는 행태를 낳게 된다.

- **생활경험** : 운명주의자들은 아동 시절에 매우 불안정한 생활을 경험하면서 성장하였다. 그들의 과거 인간관계는 대개 일시적이고 예측할 수 없는 것들이 대부분이다. 그들은 부모들의 변덕스러운 태도에 따라 그들의 행동에는 상관없이 기쁨을 얻기도 하고 처벌을 받기도 하였을 것이다. 자신의 아동 시절이 좋았던 것과 나빴던 것을 모두 가지고 있다고 생각하지만 항상 고통스러웠던 것에 중점을 두고 있는 클라이언트가 이 유형에 속한다고 볼 수 있다.
- **지배적 사고** : "생활이 혼돈스럽다. 나는 완전히 운명에 기대고 있고, 나는 나의 미래를 책임질 수 없다. 계획도 필요 없고, 단지 그때그때 살아갈 뿐이다. 나는 내가 할 수 있는 것을 할 때 즐거움을 느끼며, 문제가 일어나면 내가 할 수 있는 것이라도 그냥 내버려두어야겠다. 나는 나의 문제를 예상할 수 없기에 도움도 바라지 않는다. 생활은 언제나 예측할 수 없는 것이다."
- **특징적 감정상태** : 불안감
- **행동형태** : 충동적, 해체적, 위기의 재발, 무계획성

④ 냉소주의(cynicism)

현실에 적극적으로 참여하여 자기가 만족스럽지 못한 부분을 비판하고 개선시켜 나가기 위하여 노력하지 않고, 멀리서 팔짱을 끼고 지켜보며 이것저것 불평불만을 늘어놓는 태도이다. 이러한 태도는 사회를 향한 좌절감, 불만, 환멸 등의 태도를 가지게 만든다. 대표적인 예로는 '이제 모르겠다, 될 대로 되라, 이대로 폭망해 버려라' 등이다.

- **생활경험** : 이들의 경험은 배반을 당해왔다는 특징이 있다. 그들은 수많은 방법으로 유린당하고 버림받으면서 성장하였다. 수많은 실망감을 경험하였고

다른 사람에게 너무 기대하지 않아야 한다는 것을 배웠다. 또한 그들은 자신에게 장점이 있다는 것을 경험하였다. 자신들의 자존심과 결합되어 있는 타인에 대한 불신은 그들로 하여금 자기-만족적인 행동을 하도록 만든다. 그들은 부모나 타인, 특히 원조자들로부터도 어느 정도 정서적 거리를 두고 있다.

- **지배적 사고** : "나는 나를 보호해 주려는 사람을 믿을 수가 없다. 그들은 나의 약점을 이용하여 나에게 상처를 입힌다. 내가 내 주위에 대해 벽을 쌓는 것이 나를 보호하는 최선의 방법이다. 내 스스로 만족하고 통제할 수 있는 것처럼 행동하려고 노력해야겠다. 도움에 대한 욕구를 표현해서는 안 된다. 그래야만 누구도 나를 상처 입힐 수 없을 것이다. 생활은 고독한 것이다. 따라서 내 방식대로 살아가는 것이 나를 지킬 수 있는 유일한 수단이다."
- **특징적 감정상태** : 고독감
- **행동형태** : 통제, 과도한 독립심, 거리감, 냉담, 부인, 고집

모든 인간은 이러한 성격적 특성들을 가지고 있다. 하지만 어느 한 유형이 지배적으로 일상생활에서 사용되고 있다면 병적인 것이다. 또한 클라이언트들은 네 가지 중에 어느 한 가지만을 사용하는 것은 아니다. 지배적인 것을 중심으로 여러 형태가 혼합되어 있다.

따라서 사례관리자는 지배적인 성격특성이 무엇인지를 파악할 수 있는 능력을 가지고 있어야 한다.

3) 선천적 장애요인 규명

의사소통 능력이 너무 손상되어 있어서 사례관리자의 도움을 수용하거나 거절을 표현하지 못하거나, 잠재적 원조자들과의 의사소통이 불가능한 클라이언트의 상태를 의미한다. 즉, 결정을 내릴 능력이나 결정에 따라 행동할 능력이 없는 경우이다. 따라서 이들에 대해서는 결정을 대신할 수 있는 다른 사람이 필요하다. 예를 들면, 지적장애인에 대한 사례관리를 위해서는 그들의 부모나 옹호자들과 만나서 이야기해야 한다.

선천적 장애요인을 규명하는 방법으로는 ① 클라이언트와의 면담, ② 클라이언트와의 면담 전후에 획득한 관련 전문가들의 의견, ③ 클라이언트 주변에 있는 가까운 사람들과의 면담과 같은 세 가지 방법이 있다.

전형적인 선천적 장애요인을 가지고 있는 사람들은 지적장애, 약물남용, 정신질환 등의 상태를 보인다.

4. 장애요인 사정시기

장애요인에 대한 사정은 문제사정과 동시에 일어난다. 문제에 관해 사례관리자가 얘기할 때, 클라이언트가 자신의 문제를 다루어 나가는 능력을 동시에 알 수 있게 된다.

사정을 효과적으로 진행하기 위해서는 아래와 같은 절차가 필요하다.

첫째, 선천적 장애요인을 먼저 사정해야 한다.

그 이유는 클라이언트와 한두 번의 만남으로도 명백하게 파악될 수 있기 때문이다. 클라이언트는 의사소통을 할 수 있는 능력이 있을 수도 있고 없을 수도 있다.

둘째, 외부장애요인을 사정해야 한다.

이것은 클라이언트의 통제력 밖에 있다. 여기에는 정서적으로 심각한 문제가 없고, 따라서 클라이언트들은 이들에 대해 방어적인 태도를 취하면서 얘기하지 않는다.

셋째, 내부장애요인에 대해서는 대체로 마지막에 사정해야 한다.

왜냐하면 클라이언트에 대한 세부적인 지식을 가지고 있어야 하고, 클라이언트가 기능하는 데 있어서 영향을 끼치는 중요한 정서적 영역이기 때문이다. 이러한 이유로 장애요인의 사정은 조심스럽게 서서히 해야 한다.

CHAPTER 09

계획과정

1. 계획수립의 기본적인 태도
2. 목표수립 방법
3. 계획수립의 장애요인
4. 계획수립 과정
5. 목표달성척도 작성

CHAPTER 09

계획과정

대부분의 사람들은 계획이란 목표를 달성하기 위한 기계적이고 형식적인 것으로 생각한다. 또한 사람들은 계획을 본질적으로 비현실적인 것으로 간주하는 경향이 있다. 이러한 이유는 대부분의 사람들이 한 번쯤 목표를 설정해 놓고 그것을 달성하기 위하여 계획을 수립하였다가 실패한 경험을 가지고 있기 때문이다. 하지만 계획이란 목표를 달성하고자 할 때 목표를 달성할 수 있는 방법을 정확히 결정한 후, 계획을 수립하고 결정된 계획을 반드시 이행해야만 성취된다.

현대사회는 너무나 복잡하기 때문에 계획수행에 직접적으로 영향을 끼치고 있는 조직뿐만 아니라 계획의 결과에 영향을 끼칠 수 있는 수많은 요인들을 고려해야 한다. 계획을 방해하는 모든 것들을 예상하고 계획을 수립할 수는 없지만 최대한 현실을 고려해서 수립해야만 한다. 계획을 수립해야 하는 이유는 다양하지만 대표적인 이유로 네 가지 정도를 들 수 있다.

첫째, 계획을 고려하여 사정을 하면 보다 정확한 사정을 할 수 있다는 것이다. 정확한 사정 없이 계획이 이루어질 수 없다. 계획은 사정의 범위를 명확히 설정하도록 해준다. 사례관리자는 사정을 할 때 야기되는 수많은 문제나 상황들을 정확히 파악하고 있어야 현실적이고 구체적인 계획을 수립할 수 있다.

둘째, 사례관리자는 누가, 언제, 어디서, 무엇을, 어떻게, 왜 할 것인지를 세부적으로 고려하고 있어야 하기 때문이다. 육하원칙의 큰 장점은 계획을 명확히 하는 데 도움이 된다. 일반적으로 누가, 무엇을, 언제까지, 어떻게 할 것인지가 계획에 기본적으로 포함되어 있어야 한다.

셋째, 계획은 클라이언트와 사례관리자가 원하는 방향으로 사례관리를 진행하고 있는지를 정확히 파악할 수 있도록 해준다. 따라서 계획수립은 점검이나 평가의 기준을 제시해 준다.

넷째, 계획은 충분한 경험을 기초로 수립되어야만 그 결과에 대하여 현실적인 예측을 할 수 있으며, 계획이 효율적으로 진행될 수 있는 가장 좋은 방법이 무엇인지를 파악하기 위해서는 세상에 대한 충분한 지식도 가지고 있어야 한다. 계획을 수립하는 데 있어서 이러한 방법을 이해하기 위해서는 사례관리 그 자체의 기본적인 목표를 검토해야 한다.

사례관리의 기본적인 목표는 클라이언트가 자원을 얻고 사용할 수 있도록 개인적인 능력을 강화시키고, 자원망을 구축해 주는 것이다. 개인능력을 강화시키는 것은 클라이언트의 능력과 기술과 동기를 강화하는 것이며, 그들이 자원을 이용하는 데 있어서 방해가 되는 장애요인을 극복할 수 있도록 해주는 것이다. 자원망을 강화한다는 것은 기존의 자원망보다 좀 더 많은 자원망을 개발하는 것을 의미한다. 만약 이러한 것이 사례관리의 목표나 목적이라고 한다면, 계획이란 그러한 목적을 이루기 위한 수단들을 체계적으로 순서화하는 것이라고 할 수 있다.

1. 계획수립의 기본적인 태도

계획은 목표를 달성하기 위한 일련의 행동과정을 구체화시켜 놓은 것이라고 할 수 있다. 계획과정은 사정을 통해서 수집된 정보를 해석하고 세부화된 목표를 달성하기 위하여 취해야 할 일련의 행동들을 구체적으로 조직하는 것이다. 그러므로 사례관리자의 분석력과 판단력이 바람직한 계획수립의 선결요건이라고 할 수 있다. 사례관리자는 효과적인 계획을 수립하기 위해서 클라이언트가 가지고 있는 문제를 다룰 수 있는 방법과 목표를 달성하기 위한 전략들을 가지고 있어야 한다.

1) 긍정적인 인간관

계획수립은 초기과정에서부터 시작된다. 사례관리 초기에는 대부분의 클라이언트들이 문제로 인해 고통스럽거나 불만족스러운 생활에 대해서 직관적으로 이야기를 한다. 이는 논리적이긴 하지만 부정적이고 염세적이며 실망적인 경우가 많다. 또한 그들의 에너지를 스스로 약화시키고 문제해결에 대한 동기가 거의 없다. 따라서 사례관리자는 클라이언트의 이러한 감정들을 변화시켜 주는 것이 필요하다. 사례관리자는 클라이언트의 장점을 현재 클라이언트가 가지고 있는 문제와 결부시키면서 사례관리를 진행해 나가야 한다.

클라이언트의 태도를 변화시켜 주기 위해서 사례관리자는 인간에 대한 긍정적인 관점을 가지고 있어야 한다. 즉, 인간은 누구나 자신의 욕구를 충족하기 위하여 필요한 자원들을 요구할 수 있는 권리가 있다는 것, 그리고 자신에게 필요한 자원을 스스로 획득할 수 있는 능력을 가지고 있으며, 그러한 능력을 향상시킬 수 있는 잠재력이 있다는 긍정적 인간관에 대한 기본관점을 유지한 채 면접을 진행해야 한다. 긍정적인 사고는 클라이언트가 에너지를 동원하고 에너지를 집중적으로 활용할 수 있도록 해준다. 그러나 부정적인 사고는 그렇지 못하다. 이러한 에너지는 클라이언트가 변화하는 데 전혀 도움이 될 수 없다.

따라서 계획단계에서 사례관리자의 과업은 어떻게 부정적인 에너지를 긍정적인 에너지로 바꿀 것이냐에 관한 것이다.

이를 위해서 사례관리자는 문제점 중심의 대화에서 욕구와 희망적인 것에 관한 대화로 바꾸어 나갈 수 있는 능력을 향상하여야 한다. 이러한 대화는 처음에는 어색할 것이고, 클라이언트가 저항을 보일 것이다. 하지만 점차적으로 긍정적인 측면을 강조하면 클라이언트가 사례관리과정에 적극적으로 참여하게 된다는 사실을 발견하게 될 것이다.

2) 목표수립 기준

계획을 수립하는 데 있어서 중요한 것은 목표를 수립하는 데 기본적으로 가지고 있어야 하는 기준이 있어야 한다는 것이다.

초보 사례관리자들이 목표를 개발한다는 것은 대단히 어려운 일이다. 클라이언트를 도와주어야 한다는 생각에 너무 집착한 나머지 사례관리자는 자신이 감당할 수 있는 것보다 더 높은 목표를 수립하려고 한다. 이럴 경우 목표는 너무 높고 너무 일반적인 경향으로 수립되기 쉽다. 이러한 상황이 발생하면 서비스가 얼마 진행되지 않아 사례관리자는 목표를 달성하지 못하고 좌절을 겪게 되며, 심지어 클라이언트에게 화를 내게 되고, 목표를 달성하지 못한 책임을 클라이언트에게로 돌려 그 결과 신뢰관계는 무너지게 된다. 따라서 사례관리자는 계획을 수립함에 있어서 클라이언트가 충분히 수행할 수 있고 달성할 수 있는 내용들에 중점을 두고 다루어야 한다.

일반적으로 사례관리 서비스 목표설정의 원칙과 기준은 다음과 같다(설진화, 2011).

첫째, 클라이언트가 선택하고 동의한 것이어야 한다.

둘째, 현실적이고 달성 가능해야 하며, 구체적이고 측정 가능한 형태여야 한다.

셋째, 목표는 긍정적 용어로 작성해야 한다.

넷째, 성취될 시간 계획을 포함하고 있어야 한다. 즉, 시간제한적이어야 한다.

다섯째, 목표는 기관의 기능 및 목적과 일치하는 것이어야 한다.

2. 목표수립 방법

사정에서 수집된 정보는 계획과 목표를 수립하는 데 기초자료를 제공해 준다. 목표는 계획의 중심이다. 목표는 과제와 관련된 것이 무엇인지를 결정하여 주고, 계획과정에서 우선적인 것이 무엇인지를 결정하여 준다. 그러나 목표에 너무 치중하면 몇 가지 이슈들이 제기된다. 따라서 계획을 수립할 때 몇 가지 주의해야 할 사항들에 대해 살펴보고자 한다.

1) 클라이언트의 목표가 중요하다

목표는 클라이언트를 포함해서 사례관리자, 사회복지기관, 서비스 자원에 기초하여 수립된다. 이러한 자원들은 클라이언트의 현재 상태를 변화시키기 위하여 각자의 목표를 수립하기도 하고 때로는 합의를 통해서 공동의 목표를 수립하기도 한다. 하지만 때때로 그들은 갈등관계에 처하기도 하고 우선순위의 설정을 복잡하게 만들기도 한다.

이렇게 형성되는 목표 중에 클라이언트의 목표가 가장 중요하다. 무엇보다도 사례관리자는 서비스를 제공하는 사람이다. 그러므로 클라이언트의 관심사가 가장 우선되어야 한다. 그리고 클라이언트는 자신의 능력을 증진시키고 자원을 효과적으로 활용하려는 노력을 해야 한다. 클라이언트는 자기가 성취하고자 한 목표를 설정했을 때 더욱더 희망을 가지고 적극적으로 노력할 것이다.

2) 목표는 현실적이어야 한다

사례관리자는 비현실적인 목표를 가지고 있는 클라이언트를 만나게 되는 경우가 많다. 예를 들면, 클라이언트가 가수, 백만장자, 의사, 사업가가 되는 것을 목표로 하고 있다면 사례관리자는 적어도 클라이언트의 능력을 테스트하고 이러한 목표를 성취하는 데 필요한 몇 가지 중간단계(intermediate step)들을 설정한 후 이를 검토해 보아야 한다. 그리고 이러한 중간단계들과 테스트 결과들을 놓고 클라이언트와 협의를 해야 한다. 그러면 대체로 클라이언트들은 자신의 목표가 과도하게 설정되었다는 것을 깨닫고 좀 더 현실적인 목표를 가지려고 노력할 것이다. 때때로 비현실적인 목표를 주장하는 클라이언트에게 일언지하에 달성될 수 없는 목표라고 말해버리는 경우가 있는데, 이것은 서로의 감정만 자극하게 되어 서비스를 종결하게 되는 원인을 제공한다.

따라서 사례관리자는 클라이언트로 하여금 그들 자신의 진정한 목표를 선택하고 동시에 욕구와 요구가 일치하는 현실적인 목표를 선택하는 데 도움을 주어야 한다. 그러나 계속적으로 비현실적인 목표를 고집한다면 현실성이 결여된 클라이언트로 판단하고 의뢰나 서비스 종결 등에 대한 조치를 취해야 한다.

3) 사례관리자는 바람직한 목표수립에 책임을 져야 한다

사례관리자의 개인적 기대나 감정도 목표를 결정하는 데 영향을 끼친다. 사정과정 동안 사례관리자는 클라이언트에 대해 나름대로의 인상을 가지고 있다. 심리치료 장면에서는 '역전이'라고 하는데 여기서는 편견이나 선입견으로 보고자 한다. 그 이유는 전이는 무의식적 과정에서 일어나는 것이지만 이것은 의식적 과정에서 일어나는 것이고, 왜 그러한 감정을 가지고 있는지 알고 있기 때문이다. 이것은 사례관리자의 마음속에 일반화되어 있는 계층, 인종 혹은 민족적 특성에 근거하며, 클라이언트를 독특한 개인으로서 볼 수 없도록 하는 것이다. 이는 어떠한 사례에 있어서도 부정적인 영향을 끼친다.

이러한 선입견을 갖는 것은 가치롭고 적절한 것이 무엇인가에 대한 사례관리자의 자기인식 결여에서 비롯된다. 이러한 지각과 가치들은 직접적으로 사례관리과정에 작용하지 않을지라도 클라이언트의 목표에 아주 민감한 영향을 끼친다. 따라서 이러한 편견들을 없애기 위해 사례관리자는 자기 자신에 대한 분석과 살아온 과정을 생각해 보아야 한다.

4) 사례관리자는 자신의 목표에 클라이언트가 따를 것을 강요해서는 안 된다

사례관리자는 클라이언트가 자신의 능력을 충분히 이해할 수 있도록 도움을 제공해 주어야 한다. 그리고 클라이언트의 능력을 넘어서는 목표를 수립하여 이를 따르도록 클라이언트에게 강요해서는 안 된다. 사례관리자는 클라이언트에 대한 자신의 생각이 합당한 것인지를 고민해야 하고, 그러한 자신의 생각을 클라이언트와 대화하는 것은 매우 중요하다.

5) 장단기 목표에 대해 적절한 비중을 두어야 한다

장기적인 목표에 초점을 둘 것인가 아니면 단기적인 목표에 초점을 둘 것인가에 대해서이다. 클라이언트들은 종종 자신의 상황이 즉시 변화되기를 기대한다.

그러나 클라이언트가 가지고 있는 문제들은 쉽게 예방하거나 피할 수 있었던 것들도 있고, 클라이언트의 능력으로는 해결하기 어려운 것들도 있다. 이러한 문제에 대응하기 위하여 클라이언트는 자신들의 에너지를 효율적으로 사용할 줄 알아야 한다. 복잡한 문제를 해결하기 위해서는 자기 능력을 장기적으로 증진하게 할 수 있는 목표를 수립해야 하고, 서비스망을 활용할 수 있는 능력을 향상해 줄 수 있는 목표를 수립해야 한다.

한편 클라이언트가 비교적 해결하기 쉬운 단기적인 목표를 성공적으로 달성하였거나 달성하고자 시도할 때, 강화를 통해 더욱더 어려운 일을 해결할 수 있도록 그들의 능력과 의지를 고양시켜 주어야 한다. 이것은 클라이언트의 자신감을 증진하게 시켜주는 것이다. 사례관리자는 단기적인 목표와 장기적인 목표에 얼마나 많은 에너지를 투입해야 하는지를 결정하는 데 있어서 신중한 판단을 해야 한다.

6) 목표는 긍정적인 용어로 작성해야 한다

클라이언트와 함께 목표를 수립할 때 사례관리자는 클라이언트가 긍정적인 용어로 목표를 이야기할 수 있도록 도와주어야 하고 격려해 주어야 한다.

사람이 자신의 성장과 발달에 대해 긍정적 태도를 가지고 희망적으로 자신의 경험을 표현할 수 있다는 것은 매우 중요하다. 클라이언트는 신체적 · 심리적으로 자신이 가지고 있는 긍정적인 행동을 더욱 개선하고 향상하게 시키는 것이 현재 자신이 경험하고 있는 부정적인 행동을 소멸하는 것보다 훨씬 쉽다는 것을 알아야 한다. 긍정적이고 희망적으로 목표를 진술하는 것은 클라이언트가 목표를 달성하는 데 있어서 자기 능력에 대한 자신감을 가지도록 해준다.

7) 각각의 목표에 대해 가시적인 결과가 나타날 수 있도록 목표를 수립해야 한다

목표는 단순한 행동을 측정할 수 있는 기준들을 제시할 필요가 있다. 이것은 해결하려는 목표를 명확히 해주기 때문이다. 예를 들어, 건강 악화로 삶에 대한 의지를 상실하고 우울증에 빠져버린 젊은 여성에 대한 목표를 수립할 경우 가시적인 목표설정으로 자신의 변화 가능성을 느끼도록 하는 것이 매우 효과적이다. 즉, 이에 대한 목표가 "이번 주에 옷을 살 것이다", "금요일에 미용실에서 머리를 손질할 것이다", "다음 주 화요일에 병원에 갈 것이다" 등으로 진술되어 있다면 클라이언트 스스로도 목표달성 정도를 쉽게 파악할 수 있다.

8) 목표를 성취하는 데는 세 가지 방법이 있다

- **방법 1** : 클라이언트의 욕구와 자원의 요구를 충족시킬 수 있도록 자원을 직접 연결하는 것이다. 한 예로서 사례관리자가 공공사회서비스기관과의 중재를 통해 클라이언트를 임대주택에 입주시킴으로써, 계속적으로 문제가 되어온 주택문제를 해결하고자 하는 목표를 달성하는 것이다.
- **방법 2** : 클라이언트의 욕구나 자원의 요구를 충족시킬 수 있도록 클라이언트의 능력을 개발하는 것이다. 이러한 예로서 기술을 습득하기 위한 직업훈련(on the job training), 적절한 수입의 목표를 달성하기 위해 직업알선과 같은 프로그램에 클라이언트를 연결시켜 주는 것이다.
- **방법 3** : 클라이언트의 능력을 개발할 수 있는 교육이나 훈련과 같은 자원을 먼저 사용하고, 이후에 클라이언트의 욕구나 사회의 요구를 충족하는 데 도움이 되는 다른 자원을 활용하는 것이다. 발달장애인을 예로 들어보자. 사례관리자가 클라이언트에게 도움을 얻고 활용하는 방법을 가르치기 위하여 행동으로 보이고, 가르치고, 예행연습 하는 것을 예로써 들 수 있다. 이를 위해서 사례관리자는 문제를 해결하는 과정, 예를 들면 전화하는 방법, 협상하는 방법, 정보를 찾는 방법 등을 클라이언트와 함께 함으로써 클라이언트가 자원을 활용하는 능력을 향상하게 시켜줄 수 있다.

따라서 사례관리자는 위에서 제시한 주의사항을 항상 고려해야 하고, 이를 위해서 목표를 수립할 때 다음과 같은 질문을 스스로에게 끊임없이 해보아야 한다.

① 목표는 긍정적이고 분명하고 측정 가능한 것이며, 클라이언트에게 초점을 두고 있는가?
② 나는 목표가 완수되었을 때 클라이언트를 칭찬하고 보상을 해주는 방법을 가지고 있는가?
③ 나는 목표를 달성하려는 클라이언트의 시도와 비록 클라이언트가 실패를 했을지라도 그들의 노력에 대해 보상을 해주고 있는가?
④ 우리는 너무 많은 목표를 한꺼번에 해결하려고 하지는 않는가?
⑤ 계획에 따라 각 목표를 달성하려는 데 필요한 자원, 즉 지식, 기술, 지지, 협조, 재화, 서비스 등 어떤 자원이 필요한가?
⑥ 클라이언트의 행동을 촉진할 수 있는 옹호적 노력들이 계획에 포함되어 있는가? 여러 원조자들의 역할이 계획에 적절히 규명되어 있는가?
⑦ 나는 클라이언트가 하기를 원하지 않는 일을 하도록 그들을 강요하고 있지는 않은가?
⑧ 우리가 너무 빨리 진행하고 있는 것은 아닌가?
⑨ 나는 클라이언트에게 목표실패에 대한 두려움을 줄여주기 위해 무엇을 하고 있는가?
⑩ 나는 목표계획과정에 있어서 클라이언트의 적극적 참여를 격려해 주기 위해 무엇을 하고 있는가?

이러한 의문점들을 스스로 제시하면서 목표계획을 수립하는 것은 성공적인 사례관리를 위해 반드시 필요하다.

3. 계획수립의 장애요인

계획을 수립하는 데 있어서 대표적인 장애요인은 내부장애요인이다. 계획과정에 참여를 꺼리는 클라이언트들은 대부분 부정적인 일반화(태도)를 가지고 있다.

염세주의자는 아무리 노력해도 자신의 문제는 해결될 수 없다고 생각한다. 자신의 인생은 불행하고 비참하며 해결할 수 없는 것이라 생각한다. 운명주의자는 그들의 노력으로는 어떠한 변화도 가져올 수 없다고 믿고 있다. 운명에 기댈 수밖에 없다고 생각한다. 냉소주의자는 사례관리자나 원조자들은 도움을 주는 척할 뿐 어떠한 도움도 줄 수 없고 주지 않을 거라 생각한다. 자신의 인생은 되는대로 살아갈 수밖에 없다고 생각한다. 비평주의자들은 계획을 부적절하고 부당한 것이라고 생각한다. 자신에게 필요한 계획이 아니고, 그러한 계획으로는 자신의 문제를 해결할 수 없다고 생각한다.

비록 이러한 장애요인들이 존재하고 있을지라도, 계획과정은 클라이언트가 가지고 있는 강력한 일반화들을 고려해야 하기 때문에 특별한 조치를 강구해야 한다. 사례관리자는 초기에 수립된 계획과정을 강력하게 시도할 것인지, 이러한 일반화를 극복하기 위하여 즉시 성공을 거둘 수 있는 간단한 목표를 중심으로 계획을 수립할 것인지를 결정해야 한다.

클라이언트들이 이러한 계획을 꺼리는 것은 삶에 대한 저항이라기보다는 자신들이 무능하다고 생각하는 것이 고통스럽기 때문이다. 그들은 자신이 원하는 삶을 스스로 선택해서 살아온 것이 아니라 타인이 원하는 방향으로 적응하면서 살아온 사람들이다. 자신의 삶을 스스로 결정해서 살아간다는 것은 그들에게 완전히 낯선 것이다. 그들은 자신의 삶을 스스로 결정하는 것에 대해서 두려움을 가지고 있다. 따라서 저항을 가질 수도 있고 문제해결에 대한 동기가 부족할 수도 있다. 그러나 이러한 특징은 생활경험에서 형성된 것이지 결코 서비스를 불신하는 것이 아니라는 것을 사례관리자는 명심해야 한다. 특히 인종이나 성(性)을 통하여 자신의 권리를 체계적으로 박탈당하며 살아온 사람들은 아무 생각 없이 이러한 삶을 살아가고 있다. 사례관리자는 이러한 태도에 대해 계획적으로 접근하는 것이 바람직하며, 공감적 태도를 비롯하여 신뢰관계를 형성할 수 있는 모든 실천기술들을 활용해야 한다.

4. 계획수립 과정

여기에서는 계획을 수립하는 데 기준틀(framework)로서 활용할 수 있는 일련의 단계들에 대하여 설명하고자 한다. 사례관리자들은 기준틀의 각 단계들이 정확한 순서에 의해서 진행된다기보다는 과정에 초점을 둔 안내서 또는 점검표(check list)로서의 역할을 하고 있다는 것을 이해하여야 한다. 주어진 상황에서 사례관리자는 클라이언트와 자신과의 사이에서 이미 진행된 내용들을 요약하기 위한 하나의 단계로서 기준틀(framework)을 사용할 수도 있다.

예를 들면, 만약 클라이언트가 독립적인 생활을 위하여 적어도 한 달에 250만 원을 벌 수 있는 직업을 원한다면, 이를 성취하기 위해서 목표단계에서는 클라이언트가 받아들일 수 있는 직업을 결정하고, 언제부터 일을 할 수 있는지 날짜를 먼저 파악하여야 한다.

여기서 설명하고 있는 과정은 공식적이고 엄격한 것은 아니지만 목표단계를 성취하기 위한 방법으로서, 클라이언트의 독특한 욕구에 따라 수많은 내용들을 포함하고 있어야 한다. 또한 대부분의 계획방법에 적용되고 있는 기본적인 내용들을 여러 가지 단계를 중심으로 설명하고 있다.

1) 단계 1 : 상호적인 목표수립

이 시점에서 목표를 수립하는 데 도움이 되는 두 가지 선결조건이 있다.

첫째, 계약과 평가과정 동안 사례관리자와 클라이언트 간에 신뢰가 확립되어야 한다. 이것은 클라이언트와 사례관리자가 어느 정도의 수준에서 직접적이고 개방적인 의사소통을 하고 있어야만 가능한 것이다.

둘째, 사례관리자는 목표에 대해 클라이언트와 합의하기 위해서 클라이언트의 욕구, 자원의 요구, 클라이언트의 능력, 자원이 제공할 수 있는 서비스의 범위 및 내용에 대한 충분한 사정을 해야 한다. 이것은 사례관리자와 클라이언트 모두에게 목표수립을 위한 좋은 시작이 될 수 있는 기초가 된다.

이것은 몇 가지 단기 목표에 대한 합의를 이룰 수 있도록 해줄 것이고 더 나아가 합의된 목표를 성공적으로 도달할 수 있도록 해줄 것이다.

(1) 목표수립에는 우선순위가 있다

목표는 클라이언트에게 사례관리자가 문제를 해결하는 데 도움을 줄 수 있는 능력을 가지고 있다는 것을 믿도록 해준다. 그래서 목표를 선택하는 기준은 생활상의 곤란한 문제의 정도에 따라서 결정되며, 신속하고 최소의 노력으로 성취할 수 있는 것을 중심으로 이루어져야 한다. 이러한 점에서 사례관리자는 해결하기 힘들거나 시간과 에너지, 그리고 자원이 많이 소요되는 문제는 가급적 피해야 한다. 하지만 여러 가지 사정으로 인해 클라이언트와 사례관리자가 가지고 있는 능력보다 더 많은 노력을 요구하는 장기 목표들 중 몇 가지에 대해서는 문제해결을 시도해 보는 것도 신뢰관계를 형성하고 문제해결 의지를 강화하는 데 도움이 될 수 있다. 일반적으로 복잡한 문제를 해결하기 위한 장기 목표는 단기 목표들이 해결되면서 점차 단순해지기 때문에 장기 목표를 염두에 두고 단기 목표의 우선순위를 결정해야 한다.

(2) 목표는 목적이지 수단이 아니다

한편 목표는 클라이언트가 도달하고자 하는 최종 상태이다. 여기서 '상태'라는 단어를 사용한 것은 종종 목표를 방법 또는 활동과 혼돈하기 때문이다. 위에서 설명하였듯이 목표는 목적이지 수단이 아니다. 목표는 "직업상담을 실시한다"(방법)보다는 "클라이언트가 직장에서 일을 한다"(상태)가 되어야 한다. 직업상담은 직업을 구하기 위한 능력을 향상하고자 하는 목적을 달성하기 위한 수단이지 목표는 아니다.

(3) 클라이언트의 목표가 무엇인지를 규명한다

상태(목표)를 명확히 파악할 수 있는 한 가지 방법은 "지금 수립하고 있는 목표를 달성했을 때 그 다음 목표는 무엇입니까?"와 같은 질문을 해보는 것이다. 이

방법은 클라이언트의 목표에 대한 생각을 이해할 수 있고, 계획을 수립할 때 참고할 수 있다는 두 가지 차원에서 필요한 것이다. 이것은 사례관리자가 실질적으로 변화를 유도할 수 있는 것인지 아닌지를 판단할 수 있도록 해준다. 또한 사례관리자와 클라이언트에게 현실적인 상황을 제시하여 줌으로써 계획에 대한 이해와 계획의 수립을 용이하게 해준다. 이러한 현실적인 상황에 대한 제시는 클라이언트가 목표를 수행하는 데 보다 강한 동기를 갖게 해준다.

(4) 달성하고자 하는 목표가 무엇인지를 먼저 생각한다

대부분의 사례관리자는 궁극적으로 달성하고자 하는 목표를 분명히 제시하지 않고 목표달성만을 생각하려는 경향이 있다. 이는 사례관리를 할 때, 사례관리자는 문제를 해결하기 위해 무엇인가를 해야 한다는 강박적 생각에 빠져 있기 때문이다. 사례관리자는 달성하고자 하는 목표를 분명히 설정하지 않고 점프를 해서 목표를 성취할 수 있는 방법을 먼저 생각하면 안 된다. Peter Druker는 이러한 것을 '활동함정(activity trap)'이라고 하였다.

사례관리자는 결과라는 단어 대신에 활동이라는 단어를 사용한다. 만약 사례관리자가 클라이언트를 치료에 참여시키려고 한다면, 가정봉사원을 집으로 보내고, 훈련을 시키고, 정규적으로 방문을 한 후에 자신의 업무를 수행해야 한다. 이러한 수단들은 클라이언트가 무관심하고 절망적인 상태에서 벗어날 수 있도록 해주는 중간목표가 될 수 있다. 그러나 그들의 장기 목표는 무엇인지, 활동이 완수되었을 때 클라이언트가 가지게 될 새로운 능력이나 지위는 무엇인지에 대한 예측을 하면서 중간목표들을 수립하는 것이 바람직하다.

(5) 개입, 그 자체가 훌륭한 목표가 될 수 있다

사례관리자에게 있어서 개입은 수립된 목표를 달성하기 위한 수단 그 자체이지만 한편으로는 클라이언트가 도움을 얻을 수 있는 능력을 갖도록 해주는 목표 그 자체이기도 하다. 가정봉사원은 일차적으로는 가정이 더욱더 건강해질 수 있도록 도와주어야 할 책임이 있지만, 그 다음은 부모가 자녀에게 보다 좋은 음식을 제공하고, 부모와 자녀 사이의 효율적인 관계를 형성하게 하여 원만한 가정을 유지할 수 있도록 도와주어야 한다. 게으른 부모들에 대해 가정봉사원들이 마루를 닦는 방법을 직접 보여주거나 부모에게 자녀들과 '친구가 되는 방법'을 직접 가르쳐 주는 가정봉사원의 노력은 새로운 상태(목표)를 달성하는 하나의 방법이다.

(6) 목표는 사례관리과정에 있어서 안내자(등대)이다

클라이언트와 함께 업무를 수행하는 이 단계에서 목표가 안내자로서의 역할을 하고 있다는 것을 명심하여야 한다. 이것은 사례관리자가 자원과 협상할 때, 그리고 원조체계의 노력을 조정하고자 할 때 중요하다. 사례관리자는 새로운 문제를 해결하는 데 필요한 것이 무엇인지에 관해 클라이언트, 다른 원조자들과 충분하고 분명하게 토의를 한 후에 목표를 결정해야 한다.

(7) 목표는 누가, 무엇을, 언제 할 것인가가 일련의 계획에 따라 세부적으로 명시되어야 한다

이 단계에서 사례관리자는 보다 세부적으로 사례관리방법과 활동에 관하여 토의하여야 한다. 사례관리자는 목표를 성취할 수 있는 방법에 대한 세부사항들을 분명하게 파악하고 있어야 한다.

(8) 목표는 향상만을 추구하는 것은 아니다. 악화를 막아 주는 것도 목표가 될 수 있다

목표는 무엇인가 향상해 주는 것을 의미하는 것은 아니다. 악화되는 상태를 막아주는 것도 목표가 될 수 있다. 낡은 집에서 살고 있는 노인은 자신의 집이 살기 좋게 보수되는 것이 목표일 수도 있지만, 행동장애에 문제를 가지고 있는 아이는 문제가 더욱 악화되지 않고 그 수준에 머물러 있게 하는 것이 목표일 수 있다. 극단적인 예로서 공부를 1등 하는 학생은 1등을 유지하는 것이 목표이듯이 목표란 반드시 단계를 뛰어넘어야 하는 것은 아니다.

(9) 행동 가능한 구체적인 상태로 목표진술이 이루어져야 한다

이것은 목표를 수립하는 것과 직접적으로 관련되어 있다. 클라이언트가 보다 실현 가능한 구체적인 목표를 진술하도록 해야 한다. 사례관리자와 마찬가지로 클라이언트도 목표를 달성하기 위한 구체적인 의견들을 가지고 있는 것이 중요하다.

실현 가능한 구체적인 상태의 목표진술이란 무엇인가? 여기에 몇 가지 예를 들어 보겠다.

"가족과 함께 살 수 있게 되는 것"
"나의 가족에게 직접적으로 부탁하는 것"
"옛 직장에서 다시 일을 할 수 있게 되는 것"
"내가 죽기 전에 자녀들에 대한 나의 감정이 어떤 것인지를 자녀들에게 말하는 것"

각각의 이러한 목표는 새로운 상황이 일어나든지 아니든지 간에 누구나 관찰할 수 있도록 분명하게 설명되어야 한다.

(10) 목표를 수립할 때 세부적으로 시간을 계획해야 한다

시간에 대한 구체화는 좀 더 토론할 필요가 있다. 이것은 특히 평가에 있어서 중요하다. 사례관리자가 과업을 완수하는 시기를 결정하고자 할 때, 사례관리자는 각 단계별로 세부적으로 시간을 계획해야 한다. 그래야만 계획이 빠른지 늦는지를 파악할 수 있다. 시기를 결정할 때 그 기간 내에 목표를 성취할 수 있는지 없는지를 먼저 고려해야 한다. 그리고 목표를 성취하는 데 충분한 시간을 배정해 두어야 한다.

그러나 계획 초기에 목표달성 시기를 결정하기란 사실상 어려운 일이다. 따라서 기초적인 구상(placeholder)을 하는 정도로 생각해야 한다. 실제적인 시기는 사례관리자가 모든 방법을 철저히 검토하고 목표에 도달하기 위한 전략을 상세하게 설명한 후에 선택할 수 있다.

계획을 수립할 때 시간의 결정과 관련된 두 가지를 설명하고자 한다.

클라이언트가 가지고 있는 독특하고 다양한 문제들을 해결하기 위해서 걸리는 시간을 사례관리자가 정확하게 예상한다는 것은 어려운 일이다. 그러나 여러 가지 문제들을 해결하기 위해서 각 문제마다 걸리는 시간을 어느 정도 예상은 하고 있어야 한다. 경험에 비추어 보면, 클라이언트와 한동안 일을 하고 난 후에야 이들의 문제를 해결하기 위해서는 보다 많은 시간이 걸릴 것임을 깨닫게 된다. 또한 목표달성 시기를 결정할 때 의미 있는 날짜를 고려해 보는 것도 중요하다. 예를 들면, 목표를 완수하는 날짜는 중요한 휴가나 생일을 고려해 결정할 수 있다. 이러한 시기는 하나의 의식(celebration)이나 기념할 수 있는 날이기 때문에 클라이언트에게 더욱 강한 의미를 심어줄 수 있을 것이다.

목표를 수행하기 위한 세부일정계획의 중요성에 대해서는 가족에게 통보해 주는 것이 중요하다. 내용은 세부일정의 계획이 목표를 달성하기 위한 중요한 부분으로서 목표를 달성하는 데 걸리는 시간이라는 것을 알려주어야 한다. 이러한 활동은 사례관리의 특징인 서비스에 대한 책임성과 가족이 적극적으로 서비스에 참여하도록 하기 위해서 필요하다.

2) 단계 2 : 우선순위 결정

사례관리자는 다양한 욕구를 가지고 있는 클라이언트를 다루기 때문에 여러 가지 목표들을 수립해야 한다. 이러한 목표들은 동시에 달성될 수 없기 때문에 사례관리자는 각각의 목표에 우선순위를 결정해야 한다. 여기서는 만약 즉시 해결되어야 할 목표가 여러 가지라면, 무엇을 우선적으로 선택할 것인지를 결정하는 데 필요한 몇 가지 기준들을 살펴보겠다.

각 사례는 개별화되어 있기 때문에 모든 클라이언트에게 엄밀하게 적용할 수 있는 기준은 없다. 그러나 장기 목표들에 대한 우선순위를 결정하는 데 참고할 수 있는 중요한 기준들을 가지고 있는 것이 사례관리를 진행하는 데 편리할 것이다.

기본적인 관계를 확립하는 초기단계에서 목표를 선택하는 데는 세 가지 기준이 있다. 그것은 ① 클라이언트가 가장 중요하다고 생각하는 것, ② 임박한 생활상의 위험, ③ 성취가 용이한 것이다. 이 단계에서 ②, ③번은 ①번보다 다소 덜 중요하다. 임박한 생활상의 위험은 통제가 될 수 있는 것이고, 성취가 용이한 목표는 사례관리자와 클라이언트에게 자신감을 제공하기 위해서 사용되는 것이다. 목표에 대한 클라이언트의 관심은 선택을 위한 가장 중요한 기준이다. 클라이언트가 가지고 있는 문제 중에 많은 시간이 필요한 문제는 클라이언트가 해결하고자 하는 강한 동기를 가지게 될 때까지 끝까지 기다려야 한다.

기타 중요한 기준들로서는 목표달성 가능성, 자원활용의 가능성, 적절성을 들 수 있다. 가능성은 목표가 달성될 수 있는 것인가를 물어보는 것이다. 이것은 목표성취가 현실적으로 가능한 것인지, 그리고 기대하는 목표가 어느 정도인지를 판단하기 위한 질문이다. 현실적으로 변화가 가능한 목표일지라도 때에 따라서 이를 성취하는 데 필요한 자원이 지역사회에 없을 수도 있다. 50세의 나이에 헤비급에 도전한다는 것은 매우 비현실적이다. 한편 어떤 사람이 자동차 공장에서 일하기를 원하고 충분히 그 일을 할 수 있다면 이는 매우 현실적이다. 그러나 그 사람이 집에서 출퇴근을 원하는데 다닐 수 있는 자동차 공장이 100km 이상 떨어져 있다면 이는 비현실적인 것이다.

또한 선택된 목표를 달성하기 위해서는 활용 가능한 자원이 있어야 한다. 자원은 클라이언트의 필요에 따라 쉽게 활용될 수 있는 것이어야 하고, 순수한 동기에 의해서 제공되는 것이어야 하며, 특별한 기술이나 자격을 요구하지 않아야 한다.

적절성의 기준은 목표를 성취하기 위해서 욕구나 요구가 충분히 충족될 수 있는 것인지에 대해서이다. 예를 들어, 시력을 잃어버린 40대 여인이 가정 밖에서 다시 한번 사회활동을 하고 직업을 갖고 싶어 하는데, 단순히 이 여인에게 대독자를 파견하거나 집안청소 서비스를 제공하는 것은 이 여인의 욕구를 충분히 충족시켰다고 볼 수 없다.

사 례

김 씨는 대학에서 수학을 전공하고 중소기업에서 근무하던 30대 후반의 젊은 회사원이었다. 가족으로는 부인과 초등학교에 다니는 딸이 하나 있었다. 그는 회사에서 야유회로 등산을 갔다가 추락 사고를 당하여 시신경에 손상을 입으면서 시력을 잃게 되었다. 그는 오랫동안 병원에서 치료를 받았고 퇴원한 후에 장애인복지관으로 의뢰되었다. 처음에는 시력상실에 대한 절망감과 세상에 적응을 하여야 한다는 것에 대해 매우 불안해하였다. 사례관리자는 그의 불안을 줄여주기 위하여 지속적으로 상담을 하였고, 보행연습과 점자교육을 위한 사회복지기관들과 협력체계를 구축하였다.

그는 잃어버린 시력에 대한 절망감에서 벗어나기 위해 노력하기 시작하였고 재활을 잘하면 다시 사회생활을 할 수 있을 것이라는 자신감을 조금씩 가지기 시작하였다. 김 씨는 자신의 욕구와 자신이 감당할 수 없는 사회복지기관의 요구조건들에 대하여 사례관리자에게 말을 하였다. 그의 직장 동료들이 현재는 면회를 오고 있지만 시간이 지나면 그를 찾아오지는 않을 것이라고 하였다. 하지만 김 씨는 동료들을 자주 만나보기를 원했다. 그의 의료비는 대부분 지불되었지만 계속적으로 의료비가 지불되어야 하기 때문에 그의 아내의 수입과 보상금으로는 해결하기가 어려웠다. 또한 그는 이 사고로 병원에서 오랫동안 지내다 보니 아내와의 사이도 멀어진 것 같다고 하였다. 그가 원하는 것은 사고 이전처럼 가족과 행복하게 지내고, 옛날 직장으로 다시 돌아가고 싶지만 그것이 불가능하다는 것을 알고 있었다.

좀 더 상담을 진행한 후에 김 씨와 사례관리자는 가능한 목표들에 대하여 예비목록표를 작성하였다.

① 가족의 수입을 증진한다.

② 일주일에 한 번 이상 친구와 만난다.

③ 직업을 가진다.

④ 옛 직장으로 복귀한다.

⑤ 가족과 함께 일주일에 한 번씩 야외활동을 한다.

일반적인 주제는 정상적인 생활로 복귀하는 것이다. 목표 ④는 목표 ⑤를 제외하고는 대부분의 다른 목표와 관련되어 있다. 이러한 것을 토론하였을 때, 목표를 성취할 수 있는 몇 가지 방법을 이야기하였다. 내용은 ⓐ 사고 이전의 직장으로 복직하는 것, ⓑ 같은 공장에서 일을 하지만 직무를 조정하는 것, ⓒ 새로운 기술을 습득하여 새로운 직업을 갖는 것에 대해서였다. 이러한 목표는 ⑤번의 목표와 함께 우선 선택되었다.

김 씨의 직업에 대한 생각은 ⓐ, ⓑ, ⓒ였다. 사례관리자는 목표를 달성하는 것이 매우 어렵다는 것을 느꼈고 불가능할 것이라고 생각하였다. 그러나 목표 ⓐ를 성취하지 못했을 때, 대안으로서 ⓑ와 ⓒ를 선택하자는 데 합의하였다. 아내는 우려를 하였지만 남편이 시도할 수 있도록 사례관리자와 남편의 의견을 전적으로 지지했다.

3) 단계 3 : 전략개발

목표가 분류되고 선택되면 다음 단계는 목표에 도달하는 방법을 선택하는 것이다. 목표달성방법을 선택하는 데는 두 가지 유형이 있다. 하나는 답습(satisficing)이고 다른 하나는 브레인스토밍(brainstorming)이다.

(1) 답습

가장 기본적인 서비스를 제공하는 데 사용되는 전략으로, 유사한 문제를 해결했던 이전의 방법대로 따라 하는 것이다. 즉, 사례관리자나 클라이언트는 아무 생각 없이 전에 사용하던 방식대로 목표달성방법을 그대로 사용하는 것이다. 이것은 사례관리의 최저한의 목표를 달성하고 시간을 절약한다는 의미에서 효과적이라고 할 수 있지만, 새로운 서비스를 제공하거나 보다 높은 목표를 달성하기 위해서는 부적절하다. 따라서 사례관리자는 클라이언트에게 과거에 해결하지 못했던 방법을 고수하지 말고 새로운 전략을 개발해야 한다는 사실을 인식시켜 주어야 한다.

(2) 브레인스토밍

복잡한 문제를 가진 클라이언트들에게 사용되는 목표수립을 위한 전략이라고 할 수 있다. 이 방법은 클라이언트와 사례관리자가 아무런 제한 없이 목표에 도달할 수 있는 대안방법들을 제시함으로써 클라이언트의 특수한 상황에 적절한 전략을 고안하는 것이다. 브레인스토밍은 자유로운 토론과정이지만 두 가지 규칙이 있다.

첫째, 클라이언트와 사례관리자는 그들이 원하고 있는 것이 비현실적인 것이라고 할지라도 자유롭게 제의할 수 있도록 허용해야 한다. 특히 엉뚱한 제안이라고 비난해서는 안 된다.

둘째, 상이한 아이디어를 가능한 한 많이 도출해야 한다. 예를 들어, 클라이언트로 하여금 5분 동안 자신이 생각할 수 있는 모든 것을 종이 위에 쓰도록 하는 것도 좋은 방법이다. 이것은 클라이언트의 참여를 촉진한다. 또한 사례관리자는 클라이언트를 끊임없이 지지해 주어야 한다. 즉흥적이고 엉뚱한 아이디어라도 기록해 두어야 한다.

김 씨에 대해 토론된 브레인스토밍 목록을 살펴보자.

사 례

목표 : 옛날 직장에서 일을 하고, 적어도 1년 내에 생산활동에 참가한다.

목록

1. 기능이 좋은 시각장애인용 컴퓨터를 구입한다.
2. 안내견을 신청한다.
3. 현재의 자동차를 장애인용으로 개조한다.
4. 직업재활훈련을 위하여 직업재활원을 이용한다.
5. 일거리를 집에 가져와서 할 수 있다.
6. 안구를 이식하여 시력을 회복한다.
7. 교통수단으로 콜택시를 이용한다.
8. 전의 직장에 작업시스템을 바꾸어서 하던 일을 계속한다.
9. 일단 집에서 재택근무를 하기 위한 훈련을 한다.
10. 직장까지 이웃 사람의 도움을 받는다.
11. 아내가 전면적으로 취업전선에 나선다.
12. 직장의 작업배치를 다시 하도록 노동조합위원장을 만난다.
13. 복권에 당첨되어 집에서 놀고 먹는다.
14. 나는 반나절만 일하고 아내가 전면 취업전선에 나선다.
15. 기적적인 회복을 위하여 기도를 한다.

상기 목록은 장기적인 것, 단기적인 것, 우스운 것, 합리적인 것이 다양하게 구성되어 있다. 그러나 어느 한 가지도 단독적으로 해결되는 것은 없다. 특히 목록에는 두 가지 흐름이 있다. 출퇴근 및 이동과 관련된 2, 3, 7, 10번과 직업 및 소득과 관련된 1, 4, 5, 8, 9, 11, 12, 13, 14번이다. 6, 15번은 의료적인 것으로 직업과 직접적인 관계가 없는 것으로 보아야 한다. 7번과 10번은 일시적인 해결책이다. 2번은 영속적인 해결책이다. 이를 위해서는 양자를 적절히 활용하는 것이 좋다. 또한 이 목록을 해결하기 위해서는 상당수의 자원망과 관계를 해야 한다. 예를 들면, 회사 사장, 노조위원장, 이웃, 직업재활전문가, 콜택시 회사 등이다.

4) 단계 4 : 전략선택

브레인스토밍을 통해 얻은 전략들 중 무엇을 가장 먼저 선택할 것인지를 결정해야 한다. 그리고 목록 6, 13, 15번 같은 비현실적인 것도 있다. 이러한 목록 중에 최종선택을 위해서는 Levin의 역장분석(force field analysis)을 활용하는 것이 효과적이다. 최종적으로 전략을 결정할 때 각 대안들에 대한 찬반목록을 작성하는 것이다. 즉, Levin은 의미 있는 변화를 시도할 때는 방해하는 힘과 도와주는 힘이 작용한다고 하였다. 따라서 중앙에 선을 긋고 왼쪽에는 도움을 줄 수 있는 모든 힘을 기록하고 오른쪽에는 방해되는 모든 힘을 기록한다.

전략 : 콜택시를 이용한다.	
도와주는 힘 ⟶	⟵ 방해하는 힘
1. 집 앞까지 차가 온다.	1. 왕복 만 원 정도의 비용이 든다.
2. 공장까지 데려다 줄 것이다.	2. 아침에 손님이 많아서 기다려야 한다.
3. 돈을 주고 타기 때문에 부담이 없을 것이다.	3. 콜택시를 오랫동안 활용할 수 없다.
4. 내 차의 마멸을 줄일 수 있다.	4. 회사 정문 안으로 들어갈 수 없다.

전략 : 직장까지 이웃 사람들이 데려다 준다.	
도와주는 힘 ⟶	⟵ 방해하는 힘
1. 돈이 들지 않는다. 2. 정문 안까지 갈 수 있다. 3. 출근 준비시간이 짧다. 4. 대안으로 회사 버스를 활용할 수 있다. 5. 그들은 꺼리지 않을 것이다.	1. 이웃 사람에게 미안할 것이다. 2. 이웃 사람이 아프거나 급한 일이 생기면 갈 수 없다. 3. 항상 빚지고 있다는 생각이 들 것이다. 4. 이러한 일에 지쳐버릴 수 있다. 5. 우정을 잃어버릴 수 있다.

각 전략들 중 클라이언트와의 토론을 통하여 우선 해결과제를 선정하고, 전략을 지지해 줄 수 있는 사람, 반대하는 사람, 비용, 용이성, 클라이언트의 선호도, 욕구충족에 대한 적합도 등을 분류해야 한다. 특히 방해하는 요소들에 대해서는 클라이언트가 사례관리자보다 많이 알고 있다는 것을 명심해야 한다. 또한 방해하는 요소들도 역시 도움이 될 수 있으며 도움을 줄 수 있도록 변화시킬 수가 있다.

앞에 제시된 두 가지 목록을 분석하기 전에 사례관리자는 자신이 관계할 수 있는 일이 무엇인지를 검토해야 한다. 목록이 완성되면 다음 단계는 도와주는 힘을 강화시켜 줄 수 있는 것에 대하여 파악을 해야 한다. 아울러 방해하는 힘을 감소시킬 수 있는 것에 대해서도 파악을 해야 한다.

5) 단계 5 : 이행

이행이란 누가, 무엇을, 언제 할 것인가를 결정하는 계획의 한 부분이다.

'무엇'은 문제를 해결하는 데 요구되는 자원과 원조자들이 행해야 할 모든 과제를 의미한다. '누구'란 현재 활동하고 있는 서비스망의 성원(클라이언트, 사례관리자, 원조자)과 문제를 해결하는 데 참여가 필요한 사람을 의미한다. '언제'는 두 부분으로 나눠지는 것으로서, 첫째는 과제에 소요되는 시간과 과제를 완수하는 날짜를 결정하는 것이고, 둘째는 서로 관련 있는 다양한 과제를 파악하고 논리적으로 그 순서를 결정하는 것이다. 즉, 과업을 진행할 시기를 결정하는 것이다.

(1) 무엇

사례관리자는 전략을 완수하는 데 필요한 모든 과제를 결정해야 한다. 과제를 완수하기 위해서는 달성해야 할 벤치마크(Benchmark, 중간목표)가 있고, 벤치마크를 달성하기 위해서는 세부적인 과제들이 있다.

예를 들어, 김 씨의 직업문제를 살펴보자.

〈과제〉

1. 사고 이전의 직장으로 복직하는 것
2. 가족과 함께 일주일에 한 번씩 야외활동을 하는 것
3. 사회활동에 참여하는 것

• 과제 1(사고 이전의 직장으로 복직하는 것)에 대한 벤치마크

벤치마크

1. 한국장애인고용공단에 여러 가지 원조 요청(작업장 변경 지원비, 직업훈련, 회사에 대한 압력행사)
2. 회사의 편의시설 설치를 위한 노조위원들과의 합의
3. 사장과의 합의
4. 새로운 업무에 복귀하기 위한 재활훈련 프로그램 실시
5. 교통편의에 관한 이웃 또는 시각장애인연합회와의 합의
6. 사무실 업무환경 변경
7. 사무실에서 실질적으로 일을 하는 것
8. 작업장 앞까지 차를 이용할 수 있도록 하는 것
9. 최소한의 생산수준 달성(전략 완수)

벤치마크 1(한국장애인고용공단에 원조 요청)에 대한 세부과제

1. 한국장애인고용공단 김 선생에게 전화를 걸어 요구사항을 이야기하고 상담 일정을 잡는다.
2. 직업재활상담가인 김 선생과 상담한다.
3. 김 선생에게 자신의 계획을 말한다.
4. 자원을 제공해 주는 노동조합이나 사장에게 자신의 직업욕구를 말한다.
5. 회사 편의시설 설치에 대하여 노동조합이나 사장과 합의한다.
6. 직업재활참여에 대한 자신의 견해를 말한다.
7. 공식적인 서비스 합의점을 확립한다.

사례관리자는 주요 목표를 성취하기 위하여 모든 과제에 대해 이런 식의 철저한 계획이 필요하다. 이것은 클라이언트와 원조제공자들이 서로서로 기여하는 부분들을 살펴볼 수 있도록 해준다. 벤치마크에 따른 서비스 계획은 전략이 적절한 것인지를 평가해 주고 중간중간 전략을 수정할 수 있도록 해준다. 벤치마크가 수립되면 다음 단계는 누가 이 문제를 해결하는 데 필요한지를 결정해야 한다.

(2) 누가

여기서 가장 중요한 것은 클라이언트가 참여해야 할 부분이 어느 정도인지를 결정하는 것이다. 따라서 이 시기에 사례관리자는 클라이언트의 참여와 그의 능력에 대해 지지해야 한다. 그리고 기타 참여해야 할 원조자들을 결정해야 한다.

과제의 대부분이 한 사람 이상씩 관련되어 있다. 그러므로 누가 이 과제를 이끌어 갈 것인지를 결정해야 한다. 〈표 9-1〉에서는 맨 앞의 이름이 주도자이다.

〈표 9-1〉 과제 수행절차

과제 : 사고 이전의 직장으로 복직하는 것	
벤치마크	책임질 사람
1. 한국장애인고용공단에 여러 가지 원조 요청	사례관리자, 김 씨, 노조위원, 직업재활상담가
2. 회사의 편의시설 설치를 위한 노조위원들과의 합의	김 씨, 사례관리자
3. 사장과의 합의	노조위원, 김 씨, 사례관리자
4. 새로운 업무에 복귀하기 위한 재활훈련 프로그램 실시	직업재활상담가, 김 씨, 사례관리자
5. 교통편의에 관한 이웃과의 합의	김 씨, 시각장애인연합회 이 선생
6. 사무실 업무환경 변경	작업반장, 노조위원, 김 씨
7. 사무실에서 실질적으로 일을 하는 것	김 씨, 노조위원, 작업반장
8. 작업장까지 차량 지원	사례관리자, 자원봉사담당자
9. 김 씨가 회사에서 생산적 활동을 하는 것	김 씨, 회사 상사

다음은 활동을 순서화하는 방법에 대하여 설명하고자 한다.

(3) 언제

언제는 두 부분으로 나누어져 있다는 것을 앞에서 언급하였다. 과제를 수행하는 최선의 진행 방법은 먼저 순서를 검토한 후에 예상시기를 결정하는 것이다.

예를 들어, 계란프라이를 하는 과정을 생각해 보자. 프라이팬을 가스레인지 위에 올려놓고, 계란을 끄집어내고, 계란을 깨고, 불을 켜고, 계란이 익으면 끄집어내면 된다고 생각한다. 그러나 이러한 활동은 올바른 순서가 아니다. 상자에서 계란을 꺼내어야 하고, 담을 그릇을 준비해야 하고, 프라이가 될 때를 결정해야 하고, 소화기도 갖다 놓아야 한다. 그리고 계란을 깨기 전에 팬을 달구어야 한다.

계란을 프라이하기 위해서는 특별히 순서가 필요치 않은 경우도 있다. 어떤 날은 팬에 기름을 부어야 할 때도 있고, 계란이 없을 때 계란을 사러 가는 것이 먼저 일 때도 있다. 그러나 계란을 프라이하기 전에 반드시 불을 켜야 하는 것처럼 계획 중의 어떤 부분을 달성하기 위하여 반드시 이루어져야 하는 부분이 있다. 이것은 단순한 과정이지만 사례관리는 대단히 복잡하고 장기적인 과정이라는 것을 명심해야 한다. 따라서 사례관리자가 과제의 순서를 결정하는 것이 중요하다. 과제의 순서를 결정하는 방법에는 두 가지가 있다.

하나는 주요 과제에 대한 목록을 만들고 과제들을 상세히 검토해서 그 순서를 파악하는 것이다. 가장 자주 쓰이는 방법은 "최종적인 목표가 무엇입니까?"라고 물어보는 것이다. 그 후 "최종적인 목표를 달성하기 위해 이루어야 하는 것이 무엇입니까?"라고 물어보고 이런 식의 질문을 계속해 나간다. 번거롭고 짜증날 것 같지만 사실은 흥미를 가지고 자신의 문제를 체계화해 주기 때문에 일석이조의 효과를 얻을 수 있는 방법이다.

김 씨의 직업복귀에 대한 예를 들어보자.

목표는 최소한의 생산수준을 달성하는 것이다. 이 목표를 달성하기 위해서 반드시 먼저 해야 할 벤치마크는 '재활훈련 프로그램'과 '새로운 작업장에서 일하는 것'이다. 그리고 호출차량 해결, 작업장 개조, 새로운 작업장에서 재활훈련 프로그램 확립 등은 선결해야 하는 벤치마크이지만 세 가지는 거의 동시에 이루어지고 순서도 상관이 없다. 따라서 이를 순서대로 나열해 보면 다음과 같다.

1. 노동조합직원은 회사환경을 변경해서 계속 일을 하고자 하는 데 동의한다(노조와의 합의).
2. 사장과 만날 사람을 결정한다(사장에게의 접근).
2. 사장은 첫 번째 계획에 동의한다.
2. 한국장애인고용공단이 지원을 승인한다.
3. 사무실의 환경을 변경한다(작업환경 개조).
3. 재활훈련 프로그램을 수립한다(재활훈련 프로그램 수립).
3. 호출차량을 해결한다(이동문제 해결).

4. 김 씨가 새로운 사무실에서 훈련을 한다(사무실 적응훈련).
5. 김 씨는 재활훈련 프로그램을 완수한다.
6. 김 씨는 직장에서 일을 한다(직장복귀).

이것은 누가, 무엇을 하는지 순서를 나타내고 있지만 각각의 벤치마크들이 달성되는 데 걸리는 시간이나 진척사항을 알아볼 수가 없다. 또한 공단이 서류심사를 한 달 이상 끌어버린다면 이에 대한 대책도 없다. 그러므로 노조나 사례관리자는 예상시간을 정하고 끊임없이 공단에 압력을 가해야 한다. 따라서 이러한 점들을 한눈에 알아볼 수 있는 도표를 작성하는 것이 좋다. 예를 들어, 간트(Gantt) 도표를 활용하면 효과적이다. 간트 도표는 세로에는 사업 또는 행사를 위한 주요 세부목표 및 관련활동을 기입하고, 가로에는 월별 또는 일별 시간을 기입하여 도표에 사업의 시작 또는 완료할 때까지 계획된 세부목표 및 활동기간과 그것의 실제 수행현황을 병행하여 막대 모양으로 표시한 도표이다.

〈표 9-2〉 **간트 도표 예**

활동내용	1~2월	3~4월	5~6월	7~8월	9~10월	11~12월
노조와의 합의	■					
사장과의 만남		■				
사장의 동의		■				
한국장애인고용공단의 지원 확보		■				
작업환경 개조		■	■			
재활훈련 프로그램 수립		■	■			
이동문제 해결			■			
사무실 적응훈련				■	■	
재활훈련 프로그램 완료					■	
직장복귀						■

5. 목표달성척도 작성

초기단계에서 목표를 너무 과도하게 설정하는 경향이 있다. 이것은 클라이언트나 사례관리자가 미래를 너무 낙관적으로 보고 장애물을 예상하지 못하였기 때문에 일어나는 현상이라고 할 수 있다. 또한 과도하게 설정된 목표는 목표가 완전히 충족되지 않는다는 것을 의미하고, 클라이언트에게 또 다시 자신이 실패했다는 패배감을 느끼도록 한다.

목표달성척도는 이러한 문제를 극복하는 데 도움이 된다. 심지어 목표달성척도가 다소 불완전하게 구성되어 있을지라도 클라이언트가 성공적인 변화를 인식하도록 하는 데 도움이 된다. 또한 이것은 클라이언트에게 자신이 변화를 일으킬 수 있다는 자신감을 증진시켜 준다.

목표달성척도를 작성하기 위해서는 일련의 순서가 있다.

첫째, 클라이언트의 기대를 물어본다.

둘째, 가장 좋은 결과와 가장 나쁜 결과에 대해 물어본다.

셋째, 기대보다 더 좋은 최상의 결과를 물어본다.

넷째, 기대보다 더 나쁜 최악의 결과가 어떤 것인지를 물어본다.

예를 들어, 35세인 지체장애인이 직업을 구하기를 원했다. 그는 연봉 3,000만 원의 전자부품을 조립하는 단순직을 원했다. 그는 이전에 전자부품 조립을 하는 직장에서 연봉 2,200만 원을 받고 일을 했다.

첫 번째 질문은 “당신은 한 달 내에 어떤 직장에서 얼마 받고 일하기를 기대합니까?”였다. 그는 “S나 H전자 같은 연봉 4,000만 원을 벌 수 있는 데서 일하고 싶습니다”라고 대답했다(기대결과). 다음 질문은 “현재 최고로 받고 싶은 연봉은 얼마입니까?”였고, 그는 “3,000만 원 버는 것입니다”라고 대답했다(가장 좋은 결과). 세 번째 질문 “현재 본인에게 최악의 근무조건은 무엇이라고 생각하십니까?”에 “연봉 2,000만 원도 안 되는 영세조립공장에서 일하는 것입니다”라고 대답했다. 사례관리자는 클라이언트의 이야기를 들은 후 “사실 집에서 무위도식하는 것이 최악의 상황이겠지요”라는 말을 했다. 마지막 질문은 “만약 당신이 기대했던 결과보다 다소 좋게 나타난다면, 그것은 무엇이겠습니까?"라고 하자 그는 "사실 나이도 있고 해서 대기업은 어려울 것 같고 300~500명 정도 일하는 공장에서 안정적으로 일하고 싶습니다"라고 하였다. "당신은 어느 것이 가장 현실적이라고 생각하십니까?" 라고 하자 "연봉 2,500만 원 정도 버는 중소기업체입니다"라고 답을 했다.

사례관리자는 클라이언트와 상담 후 다음과 같이 기록할 수가 있다.

목표 : 연봉 2,500만 원을 버는 전자조립직
성취 기대 날짜 : 5월 30일

목표를 구체화하고 목표달성 기대일자를 분명히 기록해 두는 것은 서비스의 신뢰성과 책임성을 위해 매우 중요하다.

CHAPTER 10

개입과정 Ⅰ : 간접실천

1. 연 결
2. 협 상
3. 옹 호
4. 조 정

CHAPTER 10

개입과정 I : 간접실천

제10장과 제11장에서는 개입과정에 대하여 설명하고자 한다. 제10장은 간접실천에 대한 내용으로 구성하였으며, 제11장은 직접실천을 중심으로 구성하였다.

간접실천 기술 또는 간접개입 기술이란 간접서비스를 제공하는 데 필요한 기술을 의미한다. 간접서비스란 클라이언트의 욕구해결에 필요한 체계의 역량을 강화하기 위해서, 또는 클라이언트가 자원을 활용할 수 있도록 체계와 함께하는 활동을 의미한다. 간접서비스의 목적은 첫째, 대인서비스 전달망 수준이나 조직적 수준에서의 체계적 변화, 둘째, 환경적 개입, 셋째, 자원제공자의 능력 배양, 넷째, 자원에 대한 명확화 · 조직화라 할 수 있다(한국사례관리학회편, 2012). 간접서비스의 목적을 효과적으로 달성하기 위해서 필요한 간접실천 기술들에 대하여 살펴보고자 한다.

사례관리자는 클라이언트의 욕구를 분명히 이해하고 있어야 하고, 그러한 욕구를 해결하기 위해 활용할 수 있는 자원망을 조사해야 한다. 또한 클라이언트가 왜 아직도 그러한 자원과 연결되어 있지 않은지, 그리고 왜 그들을 효율적으로 사용하지 않고 있는지, 그 이유를 규명해야 한다. 이러한 것에 기초하여 사례관리자는 정보를 조직하고 활동계획을 수립해서 사례관리를 실천해 나가야 한다.

사람이 완전히 격리되어서 살아간다는 것은 불가능하다. 우리 모두는 다른 사람의 도움이 필요하다. 우리는 필요한 도움을 얻기 위해서 자신이 살고 있는 환경과 끊임없이 복잡한 상호교환 활동을 하고 있다. 이러한 교환이 성공적으로 되기 위해서, 사람은 환경과 균형을 이룰 수 있는 행동방법을 유지하고 있어야 한다. 욕구를 충족하는 데 필요한 자원과 균형 있는 상호작용을 유지하는 것에 실패할 때, 사람들은 위기상황을 맞이하게 된다. 균형 있는 상호작용을 장기간 동안 할 수 없을 때, 사람들은 심리적으로 고통을 겪게 되고 심지어는 신체적인 질병까지 겪게 된다.

사례관리자는 클라이언트의 욕구와 자원의 요구 사이가 조화로운 균형을 유지할 수 있도록 도와주어야 한다. 이를 위해서는 클라이언트와 자원이 가지고 있는 공통적인 관심사항을 파악해 보아야 한다. 먼저 클라이언트와 자원 모두가 기대하고 있는 것이 무엇인지부터 파악하고, 이를 기초로 클라이언트와 자원들이 서로 균형 있는 상호작용을 할 수 있도록 도와주어야 한다.

복잡한 문제를 가진 클라이언트에게 하나의 자원 연결은 충분하지 않다. 대개 몇 가지의 자원과 연결이 이루어져야 한다. 이것은 사례관리자가 여러 가지 서비스를 혼합적으로 구성해야 한다는 것을 의미한다. 클라이언트와 환경적 요소가 잘 조화되기 위해서는, 진행되고 있는 내용들을 파악할 수 있는 방법과 상호 간에 갈등이 없고 중복되지 않고 교환을 충분히 이룰 수 있는 전략을 가지고 있어야 한다.

이를 위해서 네 가지 전략을 제시하고자 한다. 이것은 사례관리의 주요 기능이자 클라이언트의 욕구와 문제를 해결하기 위한 전략으로서 연결, 협상, 옹호, 조정이다. 앞의 세 가지는 클라이언트와 자원 사이를 연결하기 위해서 사용되는 것이고, 조정은 몇몇 자원들 사이에 바람직한 원조관계 및 원조활동을 중재하기 위하여 사용되는 것이다.

1. 연 결

연결하는 활동은 정보결핍이나 이차적 자원의 결핍과 같이 낮은 수준(low-level)의 장애요인을 극복하기 위한 것이다. 연결은 말만큼 그리 쉬운 것이 아니다. 만약 연결이 쉽게 이루어진다면 대부분의 서비스는 클라이언트에게 자원만 연결하면 모두 해결될 것이다.

모든 사례관리자는 클라이언트에게 필요한 자원을 연결한 경험을 가지고 있을 것이고, 그중 연결에 실패한 경험도 가지고 있을 것이다. 이것은 클라이언트에게 매우 실망감을 느끼게 한다. 사례관리자는 클라이언트가 연결에 대해 어느 정도 준비를 하고 있는지 파악하지 않고 연결하기도 한다. 그리고 클라이언트들이 그 연결에 따르지 못하면 의지가 약하다고 클라이언트를 비난하는 경향이 있다. 사례관리자는 연결하기 전에 클라이언트의 동의를 얻어야 한다. 사례관리자는 연결을 해야 한다고 생각을 하지만, 클라이언트는 거기에 동의하지 않거나 그것이 중요하지 않다고 생각할 수도 있기 때문이다.

또한 사례관리자는 성공적으로 연결하는 데 필요한 사항들을 제공해 주어야 한다. 연결전략에서 중요한 것은 클라이언트와 사례관리자 양측이 이에 대해 책임져야 한다는 것이다. 클라이언트가 적합한 원조자를 구하기 위해 며칠 또는 몇 주를 기다려야 한다면 클라이언트는 연결에 대해 실망감을 가지게 될 것이고, 사례관리자에 대해 신뢰와 기대를 모두 포기할 것이다.

자원으로 연결하기 위해서는 자원이 요구하는 서비스의 자격조건을 클라이언트가 가지고 있는지를 먼저 확인해야 한다. 즉, 클라이언트가 서비스를 받을 수 있는 자격조건을 갖추고 있는지에 대한 몇몇 가지 사항들을 확인해야 하고, 또한 웨이팅 리스트(대기명부)를 확인해야 한다. 대기가 길어지면 자원 연결이 실패할 확률이 높기 때문이다. 이럴 경우 다른 자원을 찾아야 한다.

최선의 연결방법은 사례관리자가 클라이언트를 자연스럽게 연결하고 또한 클라이언트가 그 방법을 자연스럽게 수행하는 것이다. 자연스러운 연결을 위해서 사례관리자는 클라이언트와 필요한 자원 사이의 중간자(middleman)로서의 역할을 담당해야 한다. 목표는 클라이언트와 자원을 바람직하게 연결하는 것이다. 모든 중매인(matchmaker)과 마찬가지로, 사례관리자도 바람직한 연결을 위해서 양측을 잘 이해하고 있어야 한다. 연결을 할 때 단순한 정보제공이나 의뢰를 할 때보다 더 구체적으로 양측에 대한 이해를 잘하고 있어야 한다.

앞에서 바람직한 연결을 방해하는 모든 장애오인들에 관하여 설명하였다. 지금부터는 클라이언트에게 적합한 자원을 연결할 수 있는 방법에 관하여 설명하고자 한다. 성공적인 연결이 될 수 있는 확률을 높이기 위하여 사례관리자는 연결과정에 클라이언트와 자원제공자를 참여시키고, 또한 이들과 함께하는 연결활동들에 대한 몇 가지 방법들을 가지고 있어야 한다.

1) 클라이언트와 함께하는 연결

여기서 몇 가지의 전제를 제시하고자 한다. 클라이언트가 사례관리자와 함께 사정과정에 참여하겠다고 동의하고, 목표와 목표를 달성하기 위한 계획과 사례관리자의 역할에 동의한다는 전제하에서 설명할 것이다. 사례관리자는 역시 자원을 사정해야 하고 가장 도움이 될 만한 한두 가지의 자원을 결정해야 한다. 이러한 결정이 이루어지면, 개괄적인 연결이 이루어진 상태가 된다. 다음의 여섯 가지 기법은 성공적인 연결에 도움이 될 것이다. 여섯 가지 기법을 사례관리자가 관련하는 정도가 적은 것에서부터 순서대로 제시하겠다. 클라이언트에 따라 여섯 가지 모두 또는 몇 가지를 조합하여 활용할 수도 있을 것이다.

단계 1 클라이언트에게 자원에 관한 정보를 제공한다

사례관리자는 클라이언트에게 특별한 자원제공자나 특별한 서비스가 필요한 이유를 설명해 주는 것이 중요하다. 이를 위해서 수립한 목표와 서비스와의 관계를 자세히 검토해 보아야 할 경우가 있다.

자원제공자의 물리적 위치도 중요하다. 이용하기 쉬운 거리에 있는지, 아니면 그곳까지 가기 위해서 도움을 받을 수 있는 사람이 있는지, 그곳에 도착할 수 있는 가장 좋은 방법은 무엇인지 등에 대해 논의를 해보아야 한다. 또한 자원제공자에 대한 비판적인 정보도 기록하고 알려주어야 한다. 이러한 사항들은 클라이언트를 안심시키고 클라이언트의 자원활용 의지를 강하게 해주기 위해 필요한 것이다.

만약 사례관리자가 자원을 알고 있고 그것을 신뢰하고 있다면, 그리고 클라이언트가 동기와 자신감을 가지고 있다면, 성공적인 연결이 이루어질 수 있을 것이다. 그러나 대부분의 클라이언트들이 이러한 수준의 능력을 가지고 있지 못하며,

클라이언트가 동기와 자신감을 가지게 되는 것은 외부자원의 이용을 성공적으로 경험하면서부터이다.

단계 2 자원제공자가 기대하는 것이 무엇인지를 클라이언트에게 설명해 주어야 한다

가능하면 사례관리자는 클라이언트가 쉽게 만날 수 있는 자원제공자를 선택해야 한다. 사례관리자는 클라이언트가 안정된 상태에서 자원제공자를 만날 수 있도록 연결하고자 하는 자원제공자들에 대한 특성을 설명해 주어야 한다. 또한 사례관리자는 도움을 얻는 데 필요한 절차에 대해서도 설명해야 한다. 만약 자원제공자가 클라이언트에 관한 자료를 원한다면 클라이언트는 주민등록사본, 생활보호대상자 카드, 각종 서류 등을 제출해야 한다. 그리고 필요한 서류들은 하나의 체크리스트로 보관해 두어야 한다.

단계 3 서비스제공자들에게 먼저 전화를 해준다

이것은 클라이언트에게 믿음을 주기 위하여 행해지는 것으로, 클라이언트가 서비스제공자를 만날 것이라고 제공자에게 먼저 전화를 해주는 것이다. 이는 도로를 포장하는 것과 마찬가지로 보다 쉽게 클라이언트가 서비스제공자를 만날 수 있도록 해준다. 주의해야 할 점은 원조제공자들에게 전화할 때는 신중해야 한다는 것이다.

단계 4 클라이언트에게 예행연습을 시킨다

클라이언트가 실제적으로 연결된 서비스기관이나 원조자에게 가기 전에 클라이언트의 행동방법을 예행연습해 보는 것도 중요하다. 이는 클라이언트의 두려움을 감소시켜 줄 수 있는 효과적인 방법이다. 사례관리자는 클라이언트를 연결하는 이유와 방문목적을 명확히 해야 한다. 첫 번째 면담에 대해 역할극을 해보는 것은 일어날 수 있는 문제 상황을 예상하는 데 도움이 될 수 있다.

단계 5 클라이언트와 함께 간다

원조제공자를 만나는 것을 상당히 두려워하는 클라이언트들이 있다. 그들은 초기단계에서 사례관리자가 함께 방문해 주기를 바랄 수도 있다. 사례관리자와 같이 방문하면 몇 가지 다른 문제들도 함께 해결할 수가 있다.

이것은 사례관리자가 직접 행동으로 시범을 보여줌으로써 클라이언트가 어떻게 자원제공자를 만나고 자신의 도움을 청할 수 있는지 가르쳐 주는 것이다. 하지만 이 방법은 클라이언트가 자기 능력을 성장시키기보다는 사례관리자에 대한 의존성을 더욱 강화시킬 수도 있다는 점을 명심하고 주의를 기울여야 한다.

단계 6 클라이언트에게 알려주어야 한다

위의 단계들은 사례관리자가 일이 어떻게 진행되고 있는지 파악하는 방법을 알 수 있도록 해준다. 자원이 유용하다는 것을 입증할 수 있는가? 클라이언트와 사례관리자가 다루어야 할 문제가 있는가? 이것은 단기적으로 즉각적인 협상을 유도할 수 있는 것이고, 장기적으로는 자원의 유용성을 평가할 수 있는 정보를 제공하여 주는 것이며, 변화 가능한 문제를 제시하여 준다.

알려주는 한 방법은 사례관리자가 클라이언트와 함께 첫 번째 상담 후에 진행과정을 계속적으로 검토하고 제공자의 장점과 약점을 클라이언트에게 설명해 주는 것이다. 어떤 클라이언트들은 제공자와 계속적인 만남을 유지할 수 있도록 사례관리자가 말해주기를 바랄 수도 있다. 이럴 경우 클라이언트가 직접 말하지 못하는 이유를 물어보고 무엇이 필요한지를 물어보아야 한다. 클라이언트가 말하지 못하는 이유에는 아직도 관계가 원만하지 못했기 때문일 수도 있고, 또 다른 도움이 필요하기 때문일 수도 있다.

이러한 여섯 가지 단계는 주어진 자원과 연결하는 데 도움이 된다. 또한 클라이언트의 자원활용능력에 따라 적용되는 단계가 달라질 수 있다. 중요한 것은 클라이언트가 다양한 자원을 활용할 능력을 갖도록 해주는 것이다.

2) 제공자들과 함께하는 연결

세 가지 중에 두 가지는 자원제공자들과 함께 일하는 방법이다. 사례관리자가 클라이언트와 자원제공자를 효과적으로 연결하기 위하여 취해야 할 행동들을 살펴보고자 한다.

(1) 제공자들과의 연결활동 내용

자원제공자들과 효과적인 연결활동을 수행하기 위해서는 몇 가지 수행해야 할 과업이 있다.

① 자원제공자들이 주장하는 요구, 자원을 이용하기 위한 초기절차, 자원제공기관의 목표를 명확히 파악하고 있어야 한다

이를 위해서 자원제공자들에 대한 정보철(resource file)을 작성해 두는 것이 효과적이다. 자원제공자들에 대한 정보철은 항상 수정하고 보완해야 한다. 대화 중에 얻은 정보일지라도 이것을 메모하고 정보철어 작성해 두는 것이 좋다. 조직은 끊임없이 재조직되고 그들의 요구조건도 변화하기 때문이다.

② 사례관리자가 알고 있는 기관의 제공자들과 정기적으로 만난다

가장 일반적인 방법은 클라이언트에 관해 제공자들과 전화를 하는 것이다. 이것은 클라이언트의 문제해결에 대한 사례관리자의 관심을 그들에게 보여주는 것이고, 기관의 변화된 요구조건들에 대한 정보를 파악하기 위해서이다. 그리고 인간적인 관계를 유지하기 위해서 가장 간단한 방법은 정기적으로 안부 전화를 하는 것이다.

③ 클라이언트의 욕구와 장점을 알려준다

제공자들이 클라이언트를 이해하고 필요한 도움을 지원할 수 있도록 클라이언트에 대해 충분한 설명을 해주어야 한다. 예를 들어, 이주여성 몇 명이 직업상담을 받기 위해서 사례관리자를 찾아왔다. 사례관리자는 이들이 직업을 구하기 위

해서 언어문제와 직업훈련이 필요하다는 사실을 알았다. 그래서 지역에 있는 직업훈련기관에서 직업훈련을 받도록 하였다. 하지만 직업훈련기관에서는 언어 프로그램은 실시하지 않고 있다. 이럴 경우 클라이언트의 언어적인 문제만 해결되면 취업을 시켜주겠다는 회사가 있다는 것을 구체적으로 직업훈련기관에 알려주어야 한다. 즉, 언어적인 문제만 해결되면 고용하겠다는 증빙서류를 제출하는 것이다. 그러면 직업훈련기관에서 직업재활 보조프로그램으로서 언어치료 서비스를 이들에게 제공하여 줄 것이다. 이럴 경우 자원제공자가 서비스를 거부하기는 힘들다.

④ 제공자의 기대를 분류한다

서비스를 제공할 때 제공자들이 클라이언트에 대해 기대하는 것은 무엇인가? 예를 들어, '클라이언트가 집에 있는 시간은 언제인가? 서비스를 이용하는 데 어느 정도의 비용이 필요한가? 클라이언트가 약속에 늦거나 파기한다면 어떤 문제가 일어나는가? 서비스 결정에 클라이언트가 적극적으로 참여하기를 바라는가?' 등에 대한 정보를 가지고 있어야 한다. 이러한 것들을 알고 있어야만 제공자들의 기대에 적합한 클라이언트를 연결시켜 줄 수 있을 것이다. 또한 클라이언트가 서비스를 제공받기 위해서 무엇을 해야 하는지 알도록 해준다. 사례관리자는 제공자에게 현재 진행되고 있는 사항이나 클라이언트가 이용할 수 있는 사항들을 알려줄 수도 있다. 이것은 자원제공자들에게 책임감과 그들이 해야 할 일이 무엇인지를 분명하게 생각할 수 있도록 하는 데 도움이 된다.

⑤ 제공자들과의 공식적인 계약이나 합의문을 작성한다

합의문은 계약과 같이 구속력은 없지만 양측 기관의 책임을 기록해 놓은 것이다. 이것은 사례관리자가 의뢰한 클라이언트에 대한 서비스를 보장해 주기 위해 필요한 것으로, 양 기관에 갈등이 있을 때 해결할 수 있는 기초자료로 사용할 수 있다.

합의문은 조직의 책임자가 공인한 서비스에 대한 계약이다. 일반적으로 합의문 작성은 사례관리자가 주도해서 자원제공자와 함께 작성한다. 이것은 다음 절에서 설명하게 될 협상을 통하여 이루어진다.

(2) 자원제공자들과의 관계 형성 방법

자원제공자들과의 관계를 형성하는 방법에 대하여 살펴보겠다. 연결활동을 촉진하기 위해서 우호적인 관계 형성은 매우 중요하다. 우호적인 관계 형성은 사례관리자가 훌륭한 연결을 할 수 있도록 해준다.

관계를 형성하는 것은 제공자들과 강하고 의미 있게 결속한다는 것을 의미한다. 이것은 클라이언트를 돕기 위하여 공식적으로 요청해야 하는 사람들에게 믿음과 이해를 줄 수 있는 방법이다. 제공자들이 클라이언트에 대해 일상적으로 가지고 있는 관심사를 이해함으로써 사례관리자와 제공자는 동맹자로서 서로를 느낄 수 있을 것이다. 자원제공기관의 요구조건을 정확히 파악하고, 자원제공자들의 인적사항이나 특성 등을 파악하고 있으면 연결이 훨씬 효과적으로 이루어질 수 있다.

이러한 사항들은 제공자가 클라이언트를 보다 잘 수용할 수 있도록 해준다. 왜냐하면 제공자들은 클라이언트를 위한 자신들의 노력이 지지를 받고 있다는 것을 알게 되고, 또한 사례관리자의 이러한 활동에 의하여 제공자들의 활동도 고양되기 때문이다.

제공자들과의 관계를 강화할 수 있는 여섯 가지 방법은 다음과 같다.

단계 1 관계의 바람직한 결과를 결정한다

자원제공자들과 바람직한 관계를 형성하였을 경우 어떤 결과가 있을지 예상해 보자. 바람직한 관계를 형성하기 위해서는 자원제공자들에 대한 정확한 정보가 필요하다. 이것은 그들을 어떻게 만나고 대해야 할지 그 수준을 결정하여 준다. 또한 그들이 원하는 것이 무엇인지, 그들에게 도움을 받을 수 있는 것이 무엇인지, 그들의 도움을 받을 경우 무엇이 도움이 되는지를 정확히 알고 있어야 한다. 사례관리자는 스스로에게 반문해 보아야 한다. 왜 그들을 만나야 하고, 그들을 만나서 해결하고자 하는 것이 무엇이며, 이를 위해서 어떻게 관계를 형성해야 하는지를 검토해 보아야 한다.

단계 2 빨리 해결하기 위해 대상을 구체화한다

원조제공자가 도움을 줄 수 있는 클라이언트 집단들을 구체화해 두어야 한다. 이럴 경우 자원제공자와의 연결을 보다 빠르고 쉽게 할 수 있다.

예를 들면, 성폭력 희생자에게 자원제공자를 연결하려고 한다면 이와 같은 특수한 욕구를 가지고 있는 클라이언트의 문제를 해결하기 위해서 필요한 원조제공자들이 누구인지를 쉽게 결정할 수 있고, 그중 가장 적합한 원조제공자에게 연결을 하면 된다. 이것은 원조제공자들을 찾는 데 쓸데없는 시간과 에너지를 소비하는 일을 막아준다.

따라서 보다 효율적인 연결을 위해서는 클라이언트의 문제 및 욕구를 잘 분류해 두는 것이 중요하다. 이것은 원조제공자에 적합한 클라이언트를 연결시켜 줄 수 있기 때문이다.

단계 3 클라이언트의 욕구를 책임질 수 있는 사람을 선발한다

표적기관에 알고 있는 사람이 없다면, 그 기관의 사람들을 잘 알고 있는 사람을 찾아서 조언을 얻어야 한다. 가능하다면 몇몇 사람들에게 선발된 사람에 대해 어떻게 생각하고 있는지를 물어보아야 한다.

단계 4 사람들을 만난다

사람들을 만나는 데는 몇 가지 방법이 있다. 가장 좋은 방법은 그에 대해 들었던 긍정적인 내용들을 전화로 먼저 말하고, 자신이 하고 있는 업무를 설명한 후, 왜 그의 업무에 대해 알기를 원하는지 그 이유를 설명하는 것이다. 다소 직접적인 방법은 아니지만 그래도 적절한 접근방법은 서비스를 필요로 하는 클라이언트와 함께 제공자들을 찾아보는 것이다. 이것은 클라이언트에게 앞으로의 만남을 활성화시켜 줄 수 있는 기초가 될 수도 있다.

단계 5 협동이 가능한 내용들을 탐색하고 확립한다

협조할 수 있는 분야를 결정하는 데 도움이 되도록 먼저 목적을 결정해야 한다.

다음으로 서로 줄 수 있는 것이 무엇인지를 조사해야 한다. 사례관리자가 제공자에게 줄 수 있는 것은 클라이언트를 정확하게 평가해서 알려주는 것과 클라이언트들이 제공자들의 서비스에 지속적으로 참여할 수 있도록 지지해 주는 것이다. 이것은 실질적으로 대단히 중요하다. 이 시기에 사례관리자는 다른 기관의 절차나 강제규정들을 파악할 수 있다. 그리고 원조제공자들이 호감을 갖고 있는 것이 무엇인지 파악할 수 있다.

단계 6 관계를 강화하고 유지한다

클라이언트와 함께 일을 할 때, 사례관리자는 클라이언트가 어떤 방법으로 참여하고 있는지, 그리고 요구되는 정보를 어떤 방법으로 제공하는지를 수시로 파악하여야 한다. 사례관리자는 클라이언트에 관해 정기적인 사례회의 외에 수시로 사례회의를 실시해야 한다. 제공자들의 기관을 방문하고 점심이나 차를 같이 하는 것은 믿음과 이해를 강화시켜 줄 수 있다.

2. 협 상

협상은 연결이 이루어진 후 클라이언트와 원조제공자의 요구가 서로 일치하도록 중재하는 것이다. 협상하는 데 있어서 원조자를 참여시킬 수 있는 방법이 무엇인지를 파악하고, 동시에 클라이언트의 독특한 욕구를 파악하는 것이 중요하다.

따라서 사례관리자는 클라이언트가 도움을 받을 준비가 되어 있지 않을 때, 수많은 잠재적 원조자들에게 부당한 대우를 받을 때, 그리고 원조자들의 요구와 클라이언트의 욕구가 일치하지 않을 때, 클라이언트와 함께 협상한다.

즉, 협상이란 필요한 서비스와 제공 가능한 서비스 사이에서 사례관리자와 자원제공자 사이의 의논과 타협과정을 의미한다. 이것은 사례관리자와 원조제공자의 충분한 신뢰를 바탕으로 이루어진다. 또한 클라이언트와 원조제공자의 의견을 조율해 주고 갈등을 감소시켜 준다. 결과적으로 클라이언트와 제공자가 효과적으로 함께 일할 수 있도록 해준다.

때때로 협상은 연결을 시도할 때 이루어지기도 하지만, 전형적으로 연결이 이루어진 후에 발생하는 서로 간의 의견을 조율하기 위해 사용된다.

협상이 사용될 수 있는 분야는 세 가지로 볼 수 있다. 첫째는 공식적인 원조기관에 도움을 요청하는 경우이다. 둘째는 클라이언트에게 서비스를 제공하기 위하여 기관 내의 다른 관련 전문가와 협상을 하는 경우, 그리고 사례관리자의 관심사와 기관이나 클라이언트의 관심사가 서로 차이가 있는 경우이다. 셋째는 비공식적 자원과의 관계이다.

모두 상이한 문제점들을 가지고 있지만 보편적으로 사용될 수 있는 일반적인 협상과정을 단계별로 소개하면 다음과 같다.

1) 양측의 관심사항 파악

사례관리자는 양측의 관심사항을 분명히 파악하고 있어야 한다. 관심사항이라는 것은 클라이언트가 가지고 있는 욕구나 관심을 의미하는 것으로, 사례관리 목표를 달성하기 위한 특별한 개입방법이나 수단을 의미하지는 않는다. 만약 특별한 해결방법이나 수단을 알고 있다면 협상을 할 필요가 없을 것이다.

클라이언트와 자원제공자의 관심사항이 무엇이고, 서로 일치하지 않는 내용이 무엇인지를 파악하는 것은 어려운 일이다. 예를 들어, 사례관리자와 클라이언트는 사례관리를 진행하면서 의견불일치가 있을 것이고, 불일치한 의견들은 협상을 통하여 극복해야 할 것이다.

2) 공통조건 파악

양측의 공통적인 관심사항을 파악할 수 있을 것이다. 예를 들면, 휠체어를 사용하는 장애인이 취업을 원하고 있다. 사장은 편의시설 등의 문제로 장애인 고용을 하려고 하지 않는다. 하지만 장애인은 회사가 필요로 하는 기술을 가지고 있으며 회사에 취업할 의향이 있고, 회사도 장애인의 기술을 필요로 하고 있다. 그리고 근로조건에 대해서도 서로의 의견이 일치하였다. 즉, 양측의 공통된 관심사항은 작업생산능력 및 기술(사장)과 근로조건(장애인)일 것이다. 이런 경우 편의시설 문제를 해결하여 주고 작업환경을 변화시켜 준다면 양자의 관심사를 충족시켜 줄 수 있을 것이다. 이러한 조치는 장애인이나 사장 모두에게 이익이 되는 것이다.

3) 대안 개발

양측의 관심사항이 팽팽히 맞서고 있다면 서로의 관심사항을 타협할 필요가 없으며, 새로운 해결점을 모색해야 할 것이다. 이러한 원인 중 하나는 대안 개발에서 클라이언트와 원조자 사이에 관계력이 형성되지 않아서이다. 즉, 서로를 적대시하거나 신뢰하지 못하는 경우이다. 이 경우는 새로운 원조자를 개발해야 한다.

또 다른 하나는 클라이언트가 자원을 활용하는 능력이 없는 경우 또는 원조자가 여러 가지 이유로 클라이언트에게 서비스를 제공할 수 없는 상황에 처해 있는 경우이다. 예를 들어, 폐업이나 퇴사, 기존 자원의 고갈 등과 같은 경우 역시 새로운 자원을 개발해야 한다.

협상의 목적은 갈등을 증폭시키는 데 있는 것이 아니라 양측의 욕구를 만족시켜 주는 데 있다.

4) 문제와 사람을 분리할 것

모든 협상에서 두 가지 문제는 항상 존재한다. 하나는 원조내용에 관한 불일치이고, 다른 하나는 대인관계이다. 사례관리자는 클라이언트와 제공자 사이의 관계를 다루지만 자신과 클라이언트, 그리고 원조자와의 관계에도 신경을 써야 한다. 협상단계에서 클라이언트가 제공자들을 어떻게 생각하고 있는지에 대한 감정을 솔직히 표현할 수 있도록 해줄 필요가 있다.

만약 꼭 필요한 원조를 제공하여 줄 수 있는 제공자와의 사이가 좋지 못하다면 그것을 해결할 수 있는 방법은 문제와 사람을 분리하는 것이다. 예를 들어, 시부모와의 관계가 좋지 못한 클라이언트가 자녀를 시부모에게 맡길 수 없고, 따라서 자신은 치료에 참여할 수 없다고 하자. 이때 자식의 문제와 시부모와 자신의 감정은 별개라는 것을 설명해 주어야 한다. 왜냐하면 시부모도 손자를 사랑하고 자신도 자녀를 사랑하기 때문에 시부모는 손자를 잘 보살펴줄 것이라는 점을 인식시켜 주어야 한다.

5) 문제를 세분화할 것

해결하기가 어렵거나 장기간의 시간이 필요한 문제를 일시에 해결한다는 것은 불가능한 일이다. 이러한 문제를 해결하려다가는 다른 문제까지도 해결하지 못하고 실패감만 주게 된다. 그러므로 해결할 수 있는 문제부터 우선적으로 해결해야 하며, 이를 위해서는 문제를 세부적으로 분류해야 한다. 또한 문제를 세분화하는 것은 클라이언트의 서비스에 대한 의욕을 강화시켜 주기 때문에 사례관리에서는 매우 중요하다.

3. 옹 호

옹호는 클라이언트의 욕구와 자원 사이에서 연결과 협상이 실패했을 때 이루어진다. 연결은 정확한 정보와 명백한 의사소통에 의존하고, 협상은 상호 간에 받아들일 수 있는 대안을 만들어 내는 것이다. 그리고 옹호는 클라이언트에게 필요한 권리, 자원, 서비스 등을 보장하기 위한 수단이다. 이것은 공적부조나 정부의 서비스에 대한 클라이언트의 권리와 같은 것으로 클라이언트가 시민으로서 그들의 권리를 거부당할 때 이루어진다.

옹호는 비공식적 체계보다 공식적인 체계에서 더 유용하다. 왜냐하면 강력한 세력이나 구조적인 권력은 공식적인 체계가 더욱 강하기 때문이다. 그리고 옹호는 사례관리 초기에는 일어나지 않으며, 일반적으로 협상이 실패한 후에 일어난다.

1) 옹호단계

여기에서는 공식적인 자원체계를 중심으로 옹호를 단계별로 살펴보고자 한다.

(1) 거부당한 자원제공자에게 직접적으로 호소하는 단계

옹호의 가장 단순한 형태는 직접적인 것이다. 사례관리자가 자원제공자에게 도움에 대한 협조를 요청할 때 가장 좋은 방법은 직접 도움을 부탁하는 것이다. 그리고 자원제공자가 도움의 필요성을 인식하도록 설득해야 한다. 즉, 먼저 도움의 필요성을 명백하게 밝히고 필요한 도움을 얻기 위한 클라이언트의 태도와 노력을 객관적으로 설명해 주어야 한다.

도움을 받는 데 장애가 되는 클라이언트의 상황적 장애요인들을 설명한 후 자원제공자들이 취해줄 내용에 관해 분명하게 말해야 한다. 그리고 사례관리자는 이 기관이 클라이언트의 요구에 부응해야만 하는 이유를 설명해야 한다.

예를 들어, 독거노인이 국민기초생활수급대상자 신청을 하였다. 수급자격기준을 적용할 경우 국민기초생활수급대상자로 책정되지는 않는다. 그 노인이 현실적으로는 도저히 살아가기가 어렵지만 담당공무원은 대상자 선정기준에서 벗어나기 때문에 책정해 줄 수가 없다고 하였다. 그러나 사례관리자는 특례조항으로 해결해 주기를 요청하면서 타당한 이유로 담당공무원을 설득하였다. 결국 담당공무원도 그 의견에 동의하였다.

이러한 접근방법의 열쇠는 비난하지 않고 직접적으로 도움의 필요성을 주장하고 담당공무원을 설득한 것이다. 이것은 원조제공자들이 위협이나 혼돈을 느끼지 않고 편안한 마음으로 도움을 제공해 줄 수 있도록 해준다.

만약 제공자들이 도움을 제공하는 것이 가능한데도 불구하고 도움을 제공하지 않는다면, 이는 사례관리자가 클라이언트의 욕구와 도움의 필요성에 대해 일관성 있게 설명하지 못했다는 것을 의미한다.

(2) 전문적 지식을 활용하는 단계

다른 기관의 정책이나 절차에 대한 지식을 활용함으로써 도움의 합리성과 타당성을 주장할 수 있다. 사례관리자는 자신이나 소속기관의 서비스 적격성에서 제외된 이유를 제시함으로써 다른 제공자들이 클라이언트의 요구를 파악하는 데 도움을 줄 수 있다.

예를 들어, 독거노인이 국민기초생활수급대상자 신청에서 거부당했을 때 특례조항이 있다는 사실을 몰랐다면 탈락되었을 것이다. 그러나 클라이언트의 절박한 사정을 얘기하고 대책으로 특례조항을 적용해 줄 것을 요청하였을 때 담당공무원은 특례조항을 검토하고 따라서 국민기초생활수급대상자로 책정할 것이다.

그러므로 사례관리자는 보다 바람직한 옹호를 위해서 공식적인 원조조직들의 정책이나 서비스절차를 잘 파악하고 있어야 한다.

(3) 보다 힘 있는 기관에 호소하는 단계

도와줄 수 있음에도 불구하고 계속적으로 도움의 제공을 거부할 경우 도움을 줄 수 있는 기관의 상위기관의 사람을 만나야 할 것이다. 이는 여러 가지 경우가 있다.

첫째는 도움을 요청한 기관의 원조제공자 상관에게 상황을 설명하는 것이다. 기관이 도움을 제공해야 하는 당위성에 초점을 두고 설명하고 선처를 부탁하는 수준에서 대화가 이루어져야 한다.

둘째는 원조제공자가 속한 기관을 관리하는 상급기관에 협조를 구하는 것이다. 원조제공자가 도움을 줄 수 없다고 제시한 이유에 대하여 설명하면서 그것이 합당한 이유인지를 확인하는 수준에서 대화가 오가야 한다. 그리고 상급기관의 중재를 부탁해야 한다.

첫째나 둘째 모두 거절을 당할 경우 거절하는 이유를 작성하여 확인받아 두는 것이 중요하다.

(4) 민원처리 과정을 활용하는 단계

셋째 단계에서 거절당했을 경우 할 수 있는 일은 민원서신을 보내는 것이다. 이를 위해서는 원조제공자가 속한 상위기관을 알아야 한다. 즉, 서비스 전달체계를 알아야 한다. 그 후 일련의 서비스 협상과정과 서비스를 받아야만 하는 이유와 근거를 제시하여야 하고, 원조제공자가 서비스를 줄 수 없다는 부당성에 대한 합리적 근거를 제시해야 한다.

예를 들어, 독거노인이 국민기초생활수급대상자로 책정되지 않을 때는 이에 대한 일련의 협상과정과 부당성을 지적한 내용의 글을 민원서식에 맞추어 작성한 후 해당 광역단위의 시도에 민원을 청구한다. 그래도 해결되지 않을 때는 보건복지부, 그리고 청와대 민원실 등으로 해결될 때까지 차례대로 민원을 보낸다.

이때 주의해야 할 것은, 특히 지속적으로 관계해야 하는 원조제공자나 기관이라면 민원제출을 신중하게 고려해야 한다는 것이다. 민원은 강한 비난을 의미할 수도 있으며, 앞으로의 관계에 문제를 초래할 수도 있기 때문이다.

(5) 법적 행동

현재 우리나라에서 서비스를 받기 위하여 법적 행동을 취하는 것은 정서상 어울리지 않는 것 같다. 그러나 앞으로는 서비스권리의 확대와 책임성이 점차 강조될 것이다. 그러므로 서비스권리를 확보하기 위한 법적 행동도 활발해져야 한다고 생각한다.

법적 행동은 대단한 어려움에 직면해 있거나 특정한 문제를 가진 클라이언트에게 서비스를 끊임없이 거부할 경우 어쩔 수 없이 시도하는 것이라 할 수 있다. 이는 비용이 많이 들고 시간이 많이 소요되지만 서비스권리의 확보 차원에서 최후의 수단으로 시도하는 것이다. 이때 기관장의 승낙이 반드시 있어야 한다. 또한 협상진행과정에 이루어졌던 내용들을 문서화해 두는 것이 중요하다.

2) 옹호활동의 유형

3-6 법적 행동을 취한다.

3-5 민원을 제출한다.

3-4 원조제공자의 상급기관을 활용한다.

3-3 원조제공자의 상관을 활용한다.

3-2 지식을 활용한다.

3-1 직접적인 요구를 한다.

2-4 요구조건을 변경한다.

2-3 상호 간의 욕구와 요구의 차이점을 협상한다.

2-2 모든 관심사항을(필요한 서비스) 명확히 한다.

2-1 서비스를 개별화한다.

1-6 서비스를 점검한다.

1-5 클라이언트와 함께 서비스제공자를 만난다.

1-4 클라이언트를 교육한다.

1-3 제공자를 만난다.

1-2 제공자에게 전화한다.

1-1 자원을 계획한다.

1-1에서 1-6까지 시도해도 서비스가 제공되지 않을 경우에는 다시 2-1에서 2-4까지 서비스에 대한 전반적인 검토를 해야 한다. 즉, 2-1에서 2-4까지는 강력한 대응을 위한 사전 준비이고 서비스를 합리화하고 타당성 있게 만드는 작업이다. 그 후 3-1에서 3-6까지는 서비스가 제공될 때까지 시도해 나가는 보다 강한 대응책이다.

4. 조 정

조정은 모든 서비스제공자들이 클라이언트에 대한 전반적인 계획을 수행해 나가는 데 있어서 책임져야 할 부분들을 결정하기 위해서 필요한 것이다. 조정은 서비스제공자(원조망)들 사이의 갈등을 해결해 주며, 중복서비스의 문제를 해결해 준다. 하지만 이러한 조정이 자주 활용되지 않는 이유는 다음 세 가지이다.

첫째, 시간이 많이 소요된다.

둘째, 수많은 전문가들은 조정이 자신들의 업무가 아니라고 생각한다.

셋째, 수많은 전문적 원조자들이 다른 원조자와 의사소통을 할 수 없고 클라이언트의 비밀을 유지해야 한다고 믿기 때문이다.

이러한 이유들이 협조적인 노력에 강한 저항감을 야기하게 된다.

'서비스망'이라는 용어는 클라이언트와 관련되어 있는 모든 사람들을 의미하는 것으로 사용하였다. 이는 '원조'와 '망'의 합성어로 각각 조정에 대한 의미를 가지고 있다. '망'이라는 단어는 두 사람 이상 구성되어 있으며 원조자 사이에 어떠한 연결이 있음을 의미한다. '서비스망'이라는 단어는 원조자 모두 클라이언트에게 도움을 제공하고 있기 때문에 함께 집단화되어 있다는 것을 의미한다. 서비스망은 자원망과 유사하게 사용된다. 하지만 서비스망은 클라이언트에게 현재 제공하고 있는 자원망을 의미하며, 자원망은 클라이언트에게 필요한 자원들의 망을 의미한다. 처음에 원조자들은 오직 클라이언트하고만 관계를 형성하고 있으며, 원조자들은 서로서로 어떠한 관계도 맺고 있지 않을 수 있다. 심지어 원조자는 다른 사람들이 무엇을 돕고 있는지 모르고, 또한 그러한 도움이 자신이 원조하고 있는 것과 관련되어 있다는 것을 인식하지 못할 수도 있다. 가장 효과적인 원조가 되려면, 원조자들이 함께 모여 클라이언트를 위한 공동의 목표를 설정하고 그에 따라 원조활동을 해야 한다. 그래서 조정은 서비스망 구성원들이 서로의 협조 속에 어떤 공동목표를 향해 일할 수 있도록 하는 것이다.

협조라는 말은 조정의 동의어로 종종 사용되며 조화롭게 편성한다는 의미를 내포한다. 사례관리자는 원조자들의 구성을 변화시키고자 할 때, 원조자가 담당하고 있는 각자의 책임을 바꾸고자 할 때, 또는 원조자의 노력을 증진시키거나 감소시키려고 할 때 여러 가지 상황을 고려하여 적절히 편성해야 한다.

사례관리자는 오케스트라의 지휘자와 같이 서비스망에 조직되어 있는 구성원으로 하여금 적절한 시기와 방법에 맞춰 그들의 역할을 수행할 수 있게 해야 한다. 좀 더 적절한 비유로 재즈악단을 그 예로 들 수 있다. 구성원들은 자신의 독특한 스타일로 연주를 하고, 자신들의 연주가 다른 음악가들의 연주를 어떻게 보완할 수 있는지를 알고 있다. 상호 간에 신뢰가 돈독하기 때문에 서로서로 조율하기 위한 모임에서조차 구성원들이 독립적으로 행동하는 것을 허용한다. 사례관리자도 이와 같이 지휘자 역할을 한다.

조정에 대한 마지막 정의는 서비스망에 있는 구성원들이 서로서로 도울 수 있도록 해주는 활동이라 할 수 있다. 구급차 운전기사와 치료를 위해 정기적으로 검진하는 의사는 서로 협력하여 클라이언트를 도와주어야 할 것이다. 고집이 센 아동을 상담하는 아동상담가와 가족의 의사소통을 다루는 가족치료사는 서로 도움이 될 수 있도록 노력해야 한다. 만약 원조자 사이에서나 원조자와 클라이언트 사이에 갈등이 야기되면 상호 간의 협력을 증진시킬 수 있는 방향으로 이를 조정해 주어야 한다. 결국 조정이란 상호 간의 활동을 보완하고 보충할 수 있도록 원조자들의 활동을 통합해 주는 것이다.

지금까지의 정의를 요약하자면 조정은 서비스제공자들 사이의 상호목표와 과업을 결정하고, 서비스망 구성원 각자의 활동이 목표달성을 위해서 이루어져야 하며, 마지막으로 서비스망 구성원들의 노력을 통합하고 갈등을 줄여주는 역할을 한다고 할 수 있다.

1) 원조활동 촉진

(1) 클라이언트 참여 촉진

조정에서 중요한 부분은 클라이언트가 사례관리과정에 얼마나 적극적으로 참여하도록 하느냐는 것이다. 클라이언트가 소극적으로 참여할 때 사례관리자는 적극적으로 참여할 수 있는 분위기를 조성해 주어야 한다. 클라이언트는 문제해결에 실패했을 때나 기대에 미치지 못했을 때 용기를 잃어버리는 경우가 있다. 이런 경우 사례관리자는 클라이언트가 계속적인 노력을 할 수 있도록 적극적으로 지지하고 격려해 주어야 한다. 사례관리자는 클라이언트가 자신의 문제를 발견할 수 있도록 도와주어야 한다. 클라이언트의 문제해결 능력을 향상시켜 주는 것이 사례관리의 초점이며, 직접적으로 문제를 해결해 주기보다는 문제를 해결하려는 클라이언트의 태도나 행동을 지지해 주는 것이 더욱 중요하다. 클라이언트가 실패하여 위축되어 있을 때 자신감도 함께 사라진다. 이런 경우 사례관리자는 클라이언트를 압박하고 있는 원조제공자들의 요구나 욕구를 직접 중재하고, 가능한 한 클라이언트가 직접 참여하는 가운데 서비스가 이루어지도록 조정해야 한다.

(2) 공식적 원조제공자의 활동 촉진

클라이언트만이 노력을 유지하는 데 어려움을 겪고 있는 것은 아니다. 공식적인 원조자도 도움이 필요하다. 조정에 대해 정의할 때 제시되는 이슈 중의 하나는 사례관리자가 요구하는 수준에서, 클라이언트에 대해 원조활동을 하려는 서비스 제공자들의 동기를 어떻게 유지하느냐는 것이다.

사례관리자는 다른 전문가에게 협조적인 노력을 하도록 명령할 수 있는 직접적인 힘을 가지고 있지 않다. 가지고 있다 하더라도, 조정하는 방법에 문제가 있다. 예를 들어, 계약대로 서비스가 이루어지지 않거나, 서비스를 불성실하게 제공한다고 클라이언트가 불평을 한다면, 사례관리자는 직접적으로 원조자의 활동에 중재를 해야 하는가? 아니면 원조자의 지도감독자에게 이 사실을 알려야 하는가? 이럴 경우에 대체로 공식적인 채널을 통하기 전에 원조자와 직접 문제를 논의하는 것이 바람직하다. 그리고 공식적인 채널을 이용하면 클라이언트의 활동을 위축시킬 가능성이 높다. 사례관리자가 원조자의 직접적인 지도감독자가 아니므로 활동방향을 지도해 줄 수는 없다. 서비스에 대한 계약을 할 때 어떤 상황에서 어떻게 한다는 것을 구체적으로 빠짐없이 기록해 두어야 한다.

대체로 공식적인 원조자에게 지속적인 협조 노력을 부탁하는 방법은 관료적인 방법이 아니다. 공식적인 합의를 거치지 않고 협조를 부탁할 수 있는 방법을 알고 있어야 한다. 그리고 지속적인 원조를 위한 제공자들의 의지와 능력을 증진시키는 방법에 대해 파악하고 있어야 한다. 제공자들의 의지와 능력을 증진시키기 위해 변화되어야 하는 내용을 결정할 수 있는 기회를 제공하고, 다른 제공자들과의 직접적인 만남, 필요한 자료를 수집하는 것과 같은 촉진적(facilitative) 활동, 갈등해결, 상호적인 자문활동 등의 방법을 통하여 공식적 원조제공자의 활동을 촉진시킬 수 있다.

(3) 비공식적 원조제공자의 활동 촉진

거의 모든 클라이언트는 비공식적인 서비스망을 가지고 있다. 이는 클라이언트를 원조할 수 있는 주요 자원이 될 수 있다. 반면에 비공식적 원조자들은 특별한 문제를 야기할 수 있다. 그러한 문제 중의 하나는 도움에 대한 대가이다. 비공식적 원조에 대한 정의에 의하면 그들은 금전을 요구하지는 않지만 그들의 도움에 대한 가치를 인정해 주지 않으면 분노와 불안을 표출한다. 만약 이런 일이 발생한다면 전문가는 중재해야 할 것인지, 중재한다면 어떻게 중재해야 할 것인지를 결정해야 한다.

비공식적 원조자들과 관련한 둘째 문제는 비공식적인 원조자가 클라이언트를 도와주는 방법에 대한 이해이다. 그들은 클라이언트를 도와주는 데 나름대로의 독특한 방법을 사용하고 있다. 이런 경우 사례관리자는 이러한 비공식적 원조자들의 독특한 태도들을 인지하고 있어야 한다.

2) 비밀보장

조정에 있어 비밀보장보다 더 중요한 이슈는 없을 것이다. 효과적인 사례관리를 위해서는 서비스망의 구성원들 사이에 클라이언트에 대한 자유로운 정보교환이 있어야 한다. 그러나 대부분의 전문가들은 클라이언트의 비밀보장에 대한 강력한 규범을 가지고 있다. 클라이언트에 의해 제공된 개인적인 정보는 어느 누구에게도 노출되어서는 안 된다. 그러나 전문가들 간에는 매우 제한된 범위 안에서 클라이언트에 대한 자료를 공유할 수 있다. 클라이언트가 서명한 동의서에는 정보를 교환할 사람들이 구체적으로 기재되어 있고 전문가의 판단에 의해 선별적으로 정보를 교환할 수 있다는 내용이 적혀 있다.

자연적인 혹은 비공식적인 원조자들을 포함하면 훨씬 더 복잡해진다. 대부분의 전문가들은 기관의 공식적인 보고나 다른 전문가들과 의견을 교환할 때를 제외하고 클라이언트의 개인적인 정보에 대한 비밀을 보장해야 한다는 것을 학교에서 배웠다.

한편 비공식적인 원조자들은 자신들의 보상을 훌륭한 일을 수행하였다는 심리적 만족에서 찾으려 한다. 그러므로 아주 자연스럽게 다른 사람들에게 자신의 원조상황과 제공하였던 내용에 대해 이야기하게 될 것이다. 인간의 본성은 일화(gossip)를 다른 사람과 공유하고자 하는 특성을 가지고 있다. 그렇다면 사례관리자는 클라이언트에 대한 개인적인 정보를 비공식적인 원조자들과 공유해야 하는가? 비공식적인 원조자들이 전문가들로 구성된 사례회의에 참석해야 하는가?

전문가들 사이에는 비밀을 활용해야 하는 여러 가지 이유가 있다. 비밀보장이 클라이언트의 권리를 위한 진실한 관심에서인지, 아니면 무능력을 감추기 위해서인지를 파악하는 것은 어려운 일이다. 비밀보장이 가볍게 다루어질 수 없다는 것은 자명하다. 그러나 문제해결을 위해서는 관련 있는 사람들과 환경을 변화시켜야만 한다. 때때로 이에 대한 합의는 사례관리자가 속한 기관과 공식적인 원조자가 속한 기관 사이의 행정적인 차원에서 이루어져야 한다. 자연적 원조자들 중 특정인은 비밀보장이 타당성 있다고 생각할 수도 있고, 다른 원조자들은 그렇지 않다고 생각할 수도 있다. 비밀보장을 효과적으로 활용하기 위해서 여기서 사용하는 한 가지 방법은 '비밀보장의 영역 확대'라는 개념이다. 이것은 사적인 정보를 공유할 수 있는 사람들을 사례관리자와 클라이언트가 함께 결정하는 방법이다.

비밀보장은 클라이언트에게 보장된 법적 권리이다. 특히 사례관리자는 클라이언트를 보호하기 위해서 법정에서도 둘 사이의 비밀정보를 공개하지 않아도 되는 권리가 있다. 하지만 ① 법원이 특정 정보를 제출하도록 명령을 했을 때, ② 사례관리자가 업무상의 문제로 인해 고소를 당했을 때, ③ 클라이언트가 소송이나 보상을 청구하기 위하여 자료를 요구할 때, ④ 살인 사실과 같은 명백한 법률을 위반했을 때 비밀보장을 지킬 필요가 없다(Nancy Summer, 2006).

또한 클라이언트와 타인들을 보호하기 위해서 비밀보장을 할 수 없는 경우가 있다. 예를 들면, ① 클라이언트가 자살 의도가 있다고 생각될 때, ② 미성년 아동이 성적 · 신체적 학대 또는 성적 착취와 같은 범죄의 희생자가 될 가능성이 크다고 판단될 때, ③ 클라이언트가 정신적 상태로 입원이 필요하다고 결정할 때, ④ 클라이언트가 범행이나 타인이나 자신에게 위해를 끼칠 의도를 말했을 때는 비밀보장을 지킬 수가 없다.

CHAPTER 11

개입과정 Ⅱ : 직접실천

1. 내부자원의 발견
2. 내부자원 활용과정
3. 과제개발
4. 사례관리자의 역할

CHAPTER 11

개입과정 Ⅱ : 직접실천

직접실천 기술 또는 직접개입 기술은 사례관리자가 클라이언트로 하여금 자신의 문제를 스스로 극복할 수 있도록 능력을 강화해 주는 기술을 의미한다. 직접실천은 일반적으로 상담, 치료, 교육, 훈련, 위기상황에서의 개입, 정보제공 등을 제공하여 클라이언트의 문제해결역량을 강화하는 것이다. 직접실천은 클라이언트의 정서적인 측면에 초점을 두기 때문에 사례관리자는 클라이언트의 생활력이나 현재의 정서 상태를 파악해서 클라이언트의 변화를 돕는 변화매개의 기능을 수행한다. 사례관리자는 클라이언트의 정서상의 문제에 초점을 두는 것이 아니라 클라이언트의 문제해결 의지를 강화시키는 데 초점을 둔다. 즉, 클라이언트의 약점을 발견하여 제거하는 것이 아니라 클라이언트의 장점을 극대화할 수 있도록 클라이언트의 의지를 강화시키는 것이 중요하다.

예를 들어, 아무리 좋은 자원이 있더라도 클라이언트가 활용할 능력이 없다면 그 자원은 소용이 없는 것이다. 그러므로 사례관리자는 문제를 해결하는 데 활용될 수 있는 클라이언트의 능력을 찾아내고 강화시켜 주어야 한다.

기존의 사회복지실천은 클라이언트의 장점에 초점을 두기보다는 클라이언트가 가지고 있는 단점을 제거하려는 데 초점을 두려는 경향이 있었다. 하지만 클라이언트의 문제해결의 출발점은 클라이언트가 가지고 있는 내부자원을 찾아내는 것에서부터 출발한다. 내부자원이란 클라이언트가 가지고 있는 문제해결에 도움이 되는 클라이언트의 태도 및 행동을 의미한다. 클라이언트가 가지고 있는 내부자원은 변화를 일으키는 중심이다. 사례관리는 숨어 있는 클라이언트의 내부자원을 발견하고 이에 기초하여 새로운 기술을 개발하도록 원조해 주는 실천방법이다.

대부분의 사람들은 자신의 문제, 약점, 결점들을 토론할 때 우울해지고 위축된다. 그러므로 변화에 대한 동기를 부여하기가 어렵다. 그러나 자신의 장점을 토론하는 것은 재미있고 활력을 갖게 해준다. 사례관리자는 과거에 클라이언트와 필요한 자원 사이에 연결이 이루어지지 않았던 이유를 밝히고, 이러한 문제점을 제거할 수 있는 클라이언트의 내부자원을 발견하여 이에 따른 계획을 개발해야 한다.

1. 내부자원의 발견

1) 사례관리자의 태도

사례관리는 클라이언트의 변화를 위해 끊임없이 노력하는(endeavor) 과정이다. 이것은 마치 깊은 숲속을 여행하는 것과 같다. 여기에는 많은 길이 있을 수 있는데, 그중에는 막혀 있는 길도, 가기는 가더라도 돌아오기 힘든 길도 있을 수 있다. 숲속의 길을 잃어버리기도 쉽고, 아는 길이 올바른 길인지 판단하기도 어려우며, 방향감각을 상실하기도 쉽다.

사례관리도 마찬가지이다. 사례관리자는 클라이언트와 미지의 숲속을 여행하는 것과 같다. 사례관리과정에서 클라이언트는 사례관리자에게 의존하고 있다. 클라이언트는 사례관리자와 함께 자신의 문제를 해결하기 위하여 온갖 힘을 다하고 있다. 클라이언트는 자신에게 올바른 방향을 찾을 수 있도록 도와주는 사례관리자에게 의지하고 있다. 사례관리과정에서 직접실천이 위치하고 있는 지점은 숲의 가장 깊은 곳이라고 할 수 있다. 현재의 위치는 해결해야 할 문제, 자원, 전략들로 둘러싸여 있다. 직접적으로 제공할 서비스에 관해 걱정하고 어떤 자원을 연결해야 할지를 결정하는 단계이다. 이 모든 것을 처리하면서, 사례관리자는 계획과정에서 수립하였던 목표를 잃어버리고 방황하기 쉽다.

하지만 가장 훌륭한 안내자는, 나무의 북쪽에는 늪이 있고 태양은 동쪽에서 뜬다는 것을 알고 있듯이, 자신 나름대로의 방향감각을 터득할 수 있는 요령을 가지고 있다. 마찬가지로 사례관리자는 사례관리과정에서 자신의 방향감각을 유지하고 있어야 한다.

2) 클라이언트의 태도

사례관리자의 일반적인 목적은 원조자원을 클라이언트에게 연결하는 것이지 모든 문제를 해결하는 것은 아니다. 사례관리자는 필요한 자원을 찾아내고, 클라이언트가 자원에 연결되지 않은 이유를 파악해야 한다. 많은 수의 클라이언트는 원조자와의 연결을 어렵게 하는 여러 가지 생활상의 요인들을 가지고 있다. 사례관리자는 이러한 요인들을 변화시키거나 제거해야 한다.

사례관리자는 클라이언트의 태도를 변화시키고, 생활습관이나 잘못된 생각에서 비롯되는 부정적인 행동들을 직접적으로 변화시켜야 한다. 태도나 행동을 변화시키기 위해 클라이언트에게 변화해야만 하는 이유를 직접 설명해 주어야 한다. 그리고 그들이 왜 변화하려 하지 않는지, 아니면 못 하는 것인지에 관해서도 직접 물어보아야 한다.

대부분의 사례관리자는 클라이언트의 태도나 행동을 변화시키는 것이 무척 어렵다는 것을 알고 있다. 실제로 이것은 대단히 어려운 일이고 사례관리자를 소진시키는 원인이 되기도 한다.

또 다른 이유는 클라이언트를 변화시키는 것을 두려워하기 때문이고, 변화를 두려워하는 이유는 변화의 결과를 예상하지 못하기 때문이다. 따라서 클라이언트를 변화시킨다는 것은 어느 정도 모험이 따른다. 클라이언트를 변화시키려는 행동이 더욱 나쁜 결과를 초래할 수도 있기 때문이다. 따라서 클라이언트를 변화시키기 위해서는 상당한 기술과 지식이 필요하며, 이에 대한 교육과 훈련을 지속적으로 받아야 한다.

한편 사례관리자는 현재 상황에 변화를 시도하기 위해 노력해야 할 만큼 그렇게 가치가 있다고 생각하지 않기 때문에 변화를 시도하지 않는 경우도 있다. 물론 클라이언트의 문제에 따라 클라이언트의 태도를 변화시킬 필요가 없는 것도 있지만 사례관리자의 이러한 행동은 자기합리화나 변명에 가까운 것이다.

특히 클라이언트들 중에는 상황변화에 대한 노력보다는 단지 괴로워만 하는 사람이 있다. 그 불평은 타인으로부터 연민적인 반응을 불러일으키고, 불평함으로써 이차적인 이득(secondary gain)을 포기하지 않고 이러한 문제 상황을 즐기면서 살아가려는 사람들이다.

즉, 이들은 자신의 상황에 대한 변명을 통하여 문제 상황에서 벗어나려는 노력을 하지 않아도 되고(일차적 이득, primary gain), 주위로부터 위로와 관심을 받게 되는(이차적인 이득) 상황을 즐기려 한다.

따라서 사례관리자는 클라이언트의 심리적 상황을 잘 파악한 상태에서 클라이언트의 부정적인 태도를 변화시킬 수 있는 노력을 해야 한다.

3) 동기화

사람을 동기화하는 한 가지 방법은 그들의 불만족에 초점을 두는 것이다. 대부분의 클라이언트들은 현실에 불만을 가지고 있다. 그러나 그 상황을 얘기한다는 자체가 고통스럽기 때문에 이야기를 하지 않으려는 경향이 있다. 또한 그들은 자신의 문제가 개선될 수 없을 정도로 심각한 것이기 때문에 그 어떠한 도움도 받을 수 없을 것이라고 생각할 수도 있다.

그러나 그 문제가 클라이언트에게 대단히 고통스러운 것일지라도 스스로 불행하다고 시인하고 표현하기 전에는 사례관리자가 그 문제를 해결해 줄 수 없다. 사례관리자는 클라이언트의 고통스러운 생활을 직접적으로 직면(confrontation)하게 하여 클라이언트가 자신이 가지고 있는 모순적인 행동이나 감정 등에 대하여 스스로 깨닫도록 도움을 주어야 한다. 직면은 문제해결에 대한 동기를 찾는 데 어려움을 가지고 있는 클라이언트에게 사용할 수 있는 상담기법이다.

하지만 직면은 클라이언트에게 고통스러운 상황이기 때문에 매우 주의 깊게 사용해야 한다. 사례관리자가 클라이언트에게 고통스럽고 두려운 상황을 이야기하도록 했다면 사례관리자는 이에 따른 책임을 져야 한다. 즉, 문제해결에 실질적인 도움이 되었다는 것을 클라이언트가 느끼도록 해야 한다.

"만약 생명을 구하려고 하는 자가 있으면 어떤 상황이라도 그들을 구해야 한다"

는 인디언의 속담까지는 아니더라도 사례관리자는 담당하고 있는 클라이언트의 문제해결에 어느 정도 책임을 가지고 있어야 한다.

사례관리자는 클라이언트의 동기화를 위해 문제해결에 대한 희망을 주는 것이 중요하다. 사례관리자의 책임성 중 하나는 클라이언트에게 희망을 심어주는 것이다. 이를 위해서 사례관리자는 클라이언트가 어떤 일이 개선될 수 있다고 믿을 수 있도록 도와주어야 한다. 클라이언트가 문제해결을 위한 동기를 갖지 못하고 있다면 문제는 해결될 수 없다.

사례관리자는 클라이언트 혼자 미지의 세계에 직면하지 않을 것임을 알려줌으로써 두려움을 감소시켜 주고, 보다 확실한 변화를 예측해 주며, 문제를 해결하는 동안 사례관리자가 함께한다는 사실을 인식시켜 주어야 한다. 사례관리자가 클라이언트에 관해 심사숙고하는 정도에 따라 변화에 대한 동기화의 정도가 결정된다.

4) 새로운 일반화 형성

미국의 유명한 교육학자인 John Dewey(1859~1952)는 "교육은 아동의 경험과정을 돕는 것이며 아동의 성장은 경험의 끊임없는 재구성이고 인간의 활동성과 환경과의 상호작용에서 나온다"라고 했다. Jean Piaget(1896~1980)는 "아이들은 성장하면서 끊임없이 자신의 환경과 상호작용하는 과정에서 지식을 재창조한다"라고 하였다. 이는 일반화의 형성과정과 중요성을 잘 설명해 준다.

일반화(generalization)란 과거에 학습된 행동이 그와 비슷한 조건에서도 일어나는 현상을 의미한다. 일반적으로 사람들은 외부세계와 상호작용을 할 때 과거에 형성된 가치나 믿음에 의해 행동하게 된다. 과거의 경험에 의해 형성된 가치나 믿음이 내부자원이 될 수도 있고 내부장애요인이 될 수도 있다. 클라이언트가 외부자원과 관계를 성공시키는 것은 내부자원이고 실패를 하도록 하는 것은 내부장애요인이다.

내부자원이란 클라이언트가 자원망으로부터 도움을 얻고 활용하는 클라이언트가 가지고 있는 믿음, 태도, 행동 등을 의미한다. 사례관리에서는 클라이언트가 가지고 있는 자원망과의 관계를 악화시키는 내부장애요인을 내부자원으로 변화시켜 주는 것이 중요하다.

내부장애요인은 사람들이 효율적으로 도움을 활용하는 것을 저해하는 태도, 믿음, 가치라고 설명하였다. 이러한 장애요인은 어린 시절의 생활경험을 기초로 형성된 일반화에서 비롯되는 것이다. 일반화는 논리적이고 유용한 것도 있고 역기능적인 것도 있다. 사실 문제해결에 장애요인이 되는 부정적인 일반화는 고통스러운 것이다. 그럼에도 불구하고 사람들이 부정적인 일반화를 사용하는 이유는 이를 대체할 수 있는 어떤 방법을 가지고 있지 못하기 때문이다.

내부장애요인과 관련된 일반적인 형태는 염세주의, 비평주의, 운명주의, 그리고 냉소주의이다. 이러한 형태는 논리적이고 고통스러운 면을 동시에 가지고 있는 일반화된 태도이다. 하지만 사례관리자는 이러한 일반화된 태도를 클라이언트가 스스로 변화하고자 하는 동기를 가지도록 도와주어야 한다.

변화는 기존의 일반화를 포기하는 것을 의미하는 것이 아니다. 단지 미래의 일반화를 위해 변화가 필요한 것이다. 사례관리의 목적은 보다 기능적이고 덜 고통스러운 새로운 일반화를 개발하는 것이다. 기존의 일반화는 현재의 문제를 해결하는 데 한계가 있다. 현재의 문제를 해결하기 위해 새로운 일반화를 형성하려면 과거에 형성되었던 상당한 양의 잘못된 믿음과 태도들이 폐기처분되어야 한다. 사례관리자의 임무는 클라이언트가 가지고 있는 일반화된 믿음이나 태도 중에 유용한 것은 회복하고, 새로운 정보를 제공하여 클라이언트가 문제 상황에 대처할 수 있는 새로운 일반화를 형성해 주는 것이다. 이러한 방법 중에 몇몇은 기존의 일반화에 바탕을 두기도 하고, 몇몇은 새로운 일반화를 형성하는 것이다. 즉, 그 어떠한 것도 버릴 것은 없으며, 다만 보완이 필요한 것이다.

클라이언트를 이런 방법으로 돕게 되면, 클라이언트가 알지 못했던 자신에 대한 과거 사실들, 과거에 무시했던 것들을 파악하게 될 것이다. 자신의 이러한 부분들을 내부자원이라 한다. 이 자원 중에는 존재해 있더라도 더욱 확대되어야 할 필요가 있는 것도 있고, 때로는 개발되어야 할 필요가 있는 것도 있다.

2. 내부자원 활용과정

1) 내부자원 파악방법

일반화는 의식적이 아니라 무의식적으로 작동되는 것을 의미한다. 습관적으로 당연하게 생각하고 행동하는 것이 일반화이다. 예를 들면, 모든 사람들이 초조할 때 손을 만지작거리는 것처럼 무의식적으로 사용하고 있는 제스처나 행동, 자기도 모르게 사용하는 말버릇, 고정된 생각이나 믿음 등을 의미한다.

만약 어떤 사람에게 자주 사용하는 일반화를 지적하면 처음에는 부인할 것이다. 하지만 그것에 대해 생각하게 될 것이고, 스스로 자신이 무의식적으로 하는 태도나 행동들을 인정하게 될 것이다. 계속 부인할 경우, 그런 행동을 할 때 즉시 지적한다면 인정할 것이다. 이러한 지적을 누군가 해주지 않는다면 무의식적으로 계속해서 그러한 행동을 하게 될 것이다.

클라이언트가 가지고 있는 일반화를 지적해야 하는 이유는 첫째, 클라이언트 자신의 태도에 대해 스스로 인식하고 있어야 하기 때문이고, 둘째, 불평이나 고통을 야기하는 태도들이 무엇인지 확실히 인식시켜 줄 필요가 있기 때문이며, 셋째, 클라이언트에게 도움이 되는 일반화가 있다는 사실을 깨닫도록 해야 할 필요가 있기 때문이다.

클라이언트가 가지는 일반화를 파악하는 방법은 다음과 같다.

① 클라이언트가 자주 사용하는 말이나 단어

② 클라이언트가 자주 취하는 태도

③ 클라이언트에게서 지배적으로 나타나는 정서 상태

이러한 일반화를 파악하면서 주의해야 할 점은 클라이언트가 이러한 언어나 태도와 정서 상태를 가질 수밖에 없었던 과거나 현재 상황에 대해 이해하는 태도를 클라이언트에게 보여주어야 한다는 것이다.

2) 내부자원 확인

내부자원이란 생활경험을 기초로 한 일반화 중에 긍정적인 감정이라고 할 수 있다. 긍정적인 감정은 열정, 기쁨, 자신감이 포함되며, 삶에 자극을 주고 에너지를 제공해 준다. 모든 사람들은 긍정적인 감정과 부정적인 감정을 동시에 가지고 있지만 생활상의 문제를 무난히 해결해 나가는 사람들은 대부분 긍정적인 감정을 많이 가지고 있다.

사례관리자는 클라이언트의 긍정적 감정을 사정하고 그것을 자원으로 활용할 수 있도록 해주는 사람이다. 사례관리자는 클라이언트가 잊어버렸거나 간과하였던 중요한 과거경험을 기억할 수 있도록 도와주는 업무를 수행하고, 긍정적인 감정에 근거하는 현재의 생활상황을 찾아내어 새로운 일반화를 형성하도록 해주어야 한다.

사례관리자는 클라이언트의 긍정적인 감정을 끄집어내는 것에 집중해야 하지만 그렇다고 실패감과 같은 부정적인 감정을 소홀히 해서는 안 된다. 일반적으로 내부장애요인을 초래하고 있는 부정적인 감정의 정반대가 되는 것이 긍정적인 감정이다. 사람들은 일반적으로 부정적 감정 이면에는 서로 상반되는 긍정적 감정을 가지고 있다. 따라서 내부자원을 확인하기 위해서는 클라이언트의 부정적인 감정을 소홀히 해서는 안 된다.

물론 감정의 쌍, 즉 서로 상반되는 부정적인 감정과 긍정적인 감정은 반드시 같은 장소, 같은 시간에서 존재하는 것은 아니지만 행복과 슬픔, 긴장과 긴장이완과 같은 것은 언제든지 쌍으로 나타나는 경향이 많다. 예를 들어보면 다음과 같다.

염세주의자들은 우울하면서도 희망을 가지고 있고, 비평주의자들은 실패감을 느끼면서도 자신이 능력이 있는 사람이라고 생각할 것이며, 운명주의자들은 불안하고 충동적이면서도 자제력을 가지고 있을 것이고, 냉소주의자들은 고독감 속에서도 타인에 대한 신뢰감을 보낼 수도 있을 것이다. 따라서 사례관리자는 클라이언트의 부정적인 내부장애요인 속에서도 내부자원을 파악할 수 있어야 한다.

〈표 11-1〉 내부장애요인과 내부자원

장애요인	감정상태	자 원
염세주의	우울, 무관심, 허무감	희망감, 자신감
비평주의	분노감, 실패감	능력, 자신감
운명주의	불안감, 충동감	긴장이완, 자제력
냉소주의	고독감	신뢰감

3) 내부자원 동원(Mobilization)

사례관리자들은 클라이언트가 가지고 있는 내부자원을 끄집어내기 위하여 두 가지 방법을 자주 사용한다. 하나는 클라이언트가 과거를 긍정적인 경험으로 기억할 수 있도록 해주는 것이고, 다른 하나는 현재의 생활상황에서 긍정적인 경험을 개발하는 것이다.

(1) 과거의 긍정적인 경험에 대한 기억을 활용한다

클라이언트들은 자신들이 가지고 있는 내부장애요인들은 너무나 오래되었고 자신들의 힘으로는 도저히 극복할 수 없다는 생각을 하고 있는 경우가 많다. 현재 가지고 있는 문제들이 너무나 고질적이고 이러한 문제들을 한 번도 스스로 해결해 본 적이 없다고 생각한다.

이러한 클라이언트들로부터 내부자원을 끄집어내기 위한 방법은 그들이 가지고 있는 과거의 긍정적인 경험을 회상해 보도록 하는 것이다. 과거의 긍정적인 경험을 회상하며 그때 느꼈던 감정을 함께 이야기함으로써 클라이언트 스스로 자신이 가지고 있는 내부자원을 인식할 것이다. 특히 긍정적인 경험의 활용은 클라이언트로 하여금 부정적인 감정을 극복할 수 있는 긍정적인 감정이 자신에게 있다는 것을 증명하기 위해 사용된다.

만약 클라이언트가 자신이 경험한 긍정적인 감정을 찾는 데 어려움을 가지고 있다면, 사례관리자는 클라이언트에게 자신의 경험을 예로 들어줄 수 있다. 모든 사람들은 유사한 경험을 가지고 있고 경험에 대한 반응도 유사하기 때문이다. 예를 들어, 입학식 날 느꼈던 감정이나 새로운 친구를 좋아했던 경험, 소풍갈 때 등에 대한 긍정적인 경험들을 대부분 기억하고 있다.

사례관리자는 클라이언트에게 위와 같은 유사한 경험이 있는지 물어볼 수 있다. 클라이언트가 자신도 이와 유사한 경험이 있다고 한다면 클라이언트에게 내재해 있는 긍정적인 감정들을 표현할 수 있도록 도와야 한다.

만약 클라이언트가 자신에게 긍정적인 감정을 가져다줄 수 있는 경험에 대해 끝내 말하지 못한다면 자전거를 탈 수 있느냐와 같은 일반적인 질문을 해야 한다. 왜냐하면 대부분의 사람들은 자전거를 탈 수 있기 때문이다. 클라이언트가 탈 수 있다고 하면 처음으로 혼자 자전거를 탔던 순간의 감정을 물어본다. 모든 사람들은 자전거를 처음 탈 때 스릴과 성취감을 느낀다. 자신이 성공적으로 일을 완수할 수 있다는 감정과 자신에게도 능력이 있다는 감정이 포함되어 있다. 대부분의 사람들은 그때의 감정을 표현할 때 자신의 능력에 대한 긍정적인 감정들을 갖는다.

사례관리자가 과거의 긍정적인 경험을 파악하였다면 그것을 매개로 다른 긍정적인 경험들을 파악할 수 있다. 그때 클라이언트가 지금 느끼고 있는 긍정적인 경험에 대한 상황을 상세히 설명해 볼 것을 권유한다. 그러나 클라이언트가 말을 하지 않는다면 사례관리자가 클라이언트에게 들었던 내용을 기초로 그때의 상황을 조금씩 끄집어내어 질문한다. '언제 그런 경험을 했습니까? 당신은 어디에 있었습니까? 당신은 그때 누구와 함께 있었습니까? 당신은 어떤 옷을 입고 있었습니까?' 또한 클라이언트의 감각적인 측면, 즉 어떻게 보였느냐, 무엇을 들었느냐, 냄새는 어떠했느냐, 맛은 어떠했느냐, 느낌은 어떠했느냐와 같은 세부적인 질문을 해야 한다. 이러한 질문은 클라이언트의 기억을 증진시켜 줄 것이고 클라이언트가 그때의 상황을 생동감 있게 경험할 수 있도록 해줄 것이다. 사례관리자는 클라이언트에게 자신의 긍정적인 과거경험을 회상할 수 있는 능력을 심어주어야 한다. 또한 이것을 기억해야 할 필요가 있다는 것을 설명해야 한다.

이 방법은 클라이언트가 가지고 있는 내부자원을 재확립하고 강화할 수 있다.

(2) 현재의 생활 속에서 긍정적인 경험을 개발한다

내부자원을 강화하기 위해서 현재의 긍정적인 경험을 발견하고 개발하는 것이 중요하다. 사람들은 무엇인가를 경험할 때 이를 해소하고 기분을 전환할 수 있는 자신만의 독특한 방법을 가지고 있다. 예를 들어, 우울할 때 영화를 보러 간다든지, 술을 한잔 한다든지 하는 태도들은 생활 속에서 일어나는 일상적인 문제에 대처하기 위한 방법들이다.

또한 사정단계에서 조사하였던 문제목록표를 활용하는 것도 좋은 방법이다. 예를 들어, 가정생활이나 요리, 자녀관리 등이 문제목록표에 있다면 이러한 일들을 클라이언트에게 직접 해보도록 함으로써 그들에게 자신감을 심어줄 수 있다. 물론 이 시기에는 사례관리자의 적극적인 지지가 필요하다.

3. 과제개발

사례관리자는 클라이언트의 내부자원에 기초해서 목표를 성취하기 위한 과제들을 개발해야 한다. 사례관리자라는 직업은 클라이언트가 목표를 달성하도록 격려하는 것이다. 사례관리자는 클라이언트가 목표를 일관성 있게 추진할 수 있도록 클라이언트의 노력을 끊임없이 지지해 주어야 한다. 사례관리자는 내부장애요인으로 인해 클라이언트가 받았던 고통을 스스로 극복하였다는 것을 느끼도록 해주고, 주어진 과제를 수행했을 때 느낀 감정들을 표현하도록 도와주어서 문제해결에 대한 자신감과 자신에 대한 믿음을 갖도록 해주어야 한다. 그리고 내부자원을 개발하려는 목표가 지금의 문제를 해결하는 것만이 아니라 앞으로의 행복한 삶을 위해서라는 점을 깨닫도록 해주어야 한다.

만약 클라이언트가 과제를 해결하는 데 어려움을 가지고 있다면 그 원인은 다음 두 가지 중 하나일 것이다. 하나는 과제를 해결하는 데 필요한 내부자원이 자신에게는 없으며, 개발할 능력도 없다고 생각하는 것이다. 다른 하나는 자신의 과제가 너무 복잡해서 자신의 힘으로 해결할 수 없다고 생각하는 것이다. 이것은 과제해결을 위해 자신의 경험을 활용할 능력이 없다는 것을 의미한다. 이러한 이유로 클라이언트는 과제해결에 소극적이 되기 쉽다. 하지만 클라이언트를 격려하기 위한 사례관리자의 계획과 노력은 클라이언트가 자신의 경험을 활용할 수 있는 수준까지 계속적으로 이루어져야 한다.

1) 과제범위 축소

경험이 없는 사례관리자들이 행하는 가장 빈번한 실수는 클라이언트에게 너무 높은 수준의 과제해결을 기대하는 것이다. 한꺼번에 너무 많은 것을 해결하려고 한 결과 클라이언트와 사례관리자는 과중한 과업으로 인해 실망을 하고 부담감을 느낀다. 이러한 실수를 피할 수 있는 방법은 달성 가능한 범위로 과제를 축소하는 것이다.

과제의 범위를 축소하기 위해서 두 가지 방법을 생각해 볼 수 있다.

(1) 과제 수행절차를 확립한다

먼저 각 단계에서 이루어야 할 과업들에 대해 시간을 미리 설정해 두는 방법이다. 그리고 각 과업들을 일련의 단계에 따라 순서를 정해 두는 것이다. 설정해 둔 과업들을 시간 내에 완수하지 못한다면 다음 단계로 진행해서는 안 된다. 만약 클라이언트가 직업을 원한다면 스스로 직업을 찾을 수 있다는 자신감을 가지도록 도와주어야 한다. 그러면 그는 광고나 직업안정소의 구인정보를 찾아볼 것이다. 그리고 관심 있는 직종에 대해 전화할 것이다. 그 후 입사신청서를 작성하고 면접을 본 후에 결과를 기다릴 것이다. 만약 취직이 되지 않는다면 이러한 과정을 계속적으로 혼자서 되풀이할 수 있을 것이다. 이러한 과정을 혼자서 해낸다면 비록 취직에 실패를 하더라도 클라이언트는 어느 정도의 자신감을 가지게 될 것이다. 이러한 과정을 통해 획득한 자신감은 일상생활에도 영향을 끼치기 때문에 클라이언트의 삶의 변화에 긍정적인 힘을 가져다준다.

(2) 과제를 세분화한다

다른 방법은 과제를 세분화하는 것이다. 우선 과제를 여러 부분으로 분류해야 한다. 분류된 각 과제들은 다른 과제와 연관시켜서 해결하는 것이 아니라 독립적으로 해결해야 하는 것이다. 예를 들면, 집안의 가사를 체계적으로 처리하기 위한 과제를 수행하면서 클라이언트가 가사에 대한 자신감을 가질 수 있도록 도와주어야 한다. 일주일 내내 집안의 모든 일들을 동시에 처리하기보다는 하루는 방, 하루는 부엌, 하루는 요리 등으로 분리하여 실시하는 것이 효과적이다. 물론 한 과제를 완전히 수행한 후 다음 과제를 수행해야 한다. 클라이언트가 방을 깨끗이 청소하는 과제를 수행하였다면 집안일에 대해 자신감을 갖게 될 것이다.

2) 클라이언트의 지식과 기술개발 방법

일련의 단계와 각 과제를 해결하기 위하여 새로운 일반화를 형성한다는 것은 대단히 중요한 것이다. 문제 영역에 대한 클라이언트의 지식과 기술을 개발하는 방법을 몇 가지 제시하고자 한다.

(1) 사례관리자 자신의 경험을 활용한다

클라이언트가 경험한 것 중 많은 것은 사례관리자도 이전에 경험했을 것이다. 사례관리자는 자신의 경험을 생각해 보라. 클라이언트의 경험과 동일하거나 유사한 경험이 자신에게 상당수 있을 것이다. 만약 없다면 자신이 클라이언트와 동일한 문제를 가지고 있을 때 새로운 경험을 어떻게 개발하는 것이 도움이 될지를 생각해 보아야 한다. 대학에 입학을 했을 때와 동물원에 처음 갔을 때를 생각해 보라. 그러면 일련의 단계들에 대해 체계적으로 생각할 수 있을 것이다. 이러한 일련의 행동들을 현재의 문제에 어떻게 적용시킬 수 있는지를 생각해 본다. 이런 식으로 자신의 경험을 활용하거나 개발하여 현재의 복잡한 문제를 체계적으로 수행할 수 있는 방법을 발견할 수 있다.

(2) 사례관리자 자신의 훈련경험을 활용한다

사례관리자는 클라이언트가 가지고 있는 문제를 모두 다 경험할 수는 없다. 클라이언트의 문제 중 임신, 입원, 아동양육 같은 것에 대해 사례관리자가 경험이 없다면 다른 경험을 바탕으로 클라이언트를 도와줄 수 있다. 즉, 전문가가 되기 위한 교육은 클라이언트들이 가지고 있는 문제를 다스리는 방법에 기초하여 이루어지므로 전문가가 되기 위해 받았던 교육이나 훈련경험을 활용하면 된다.

(3) 주위 사람들의 경험을 활용한다

슈퍼바이저나 동료가 문제를 해결하는 데 도움이 될 만한 경험을 가지고 있을 수도 있다. 그리고 예전의 지도교수나, 이전에 상담하였던 다른 클라이언트가 도움이 될 수도 있다. 도움을 구하기 위해 이전의 클라이언트를 다시 만나볼 필요는 없지만 그들이 과제를 훌륭하게 수행하던 방법을 회상해 봄으로써 활용 가능한 원조방법을 발견할 수 있을 것이다.

4. 사례관리자의 역할

사례관리자의 역할은 장애요인을 극복하고 클라이언트와 원조자원 사이의 연결을 확립해 주는 것이다. 따라서 사례관리자는 간접서비스와 직접서비스를 조화롭게 활용하는 것이 무엇보다 중요하다. 사례관리자가 어떤 사람에게 땅을 일구어 씨앗을 뿌리고 경작할 수 있는 방법을 세분화해서 직접적으로 가르친다면 이것은 직접서비스가 된다. 즉, 직접서비스는 식량을 획득할 수 있는 능력을 향상시켜 주기 위한 것이다.

내부장애요인을 극복하기 위한 활동은 주로 직접서비스이다. 사례관리자의 임무 중의 하나는 클라이언트가 효율적으로 원조자원을 활용할 수 있도록 그들이 가지고 있는 행동이나 태도를 변화시키는 것이다. 이때 종종 사례관리자는 직접적으로 문제를 거래한다는 느낌을 가질 수 있다. 그러나 이것은 사례관리자가 클라이언트에게 보다 효율적인 태도와 행동을 가르치기 위해 행하는 것이고, 따라서 클라이언트 스스로 서비스를 이용할 수 있는 능력을 심어주기 위한 것이다.

사례관리자로서의 역할은 제한적이기는 하지만 변화대행자로서 행동하는 것이다. 변화에 대한 사례관리자의 초점은 내부장애요인과 관련되어 있다. 변화대행자로서 자신에 관해 생각할 수 있는 가장 좋은 방법은 무엇인가? 이러한 역할을 보다 잘 이해할 수 있는 과거의 경험을 가지고 있는가? 잠시 이에 대해 생각해 보자. 자신의 생활과 다른 방식으로 생활을 하고 있는 사람에 대해 생각해 보자. 그 사람의 특성은 무엇인가? 수업시간에 학생들에게 "변화대행자의 역할은 무엇인가?"라고 물어보면, 대부분의 학생들은 다음과 같이 대답할 것이다.

- 클라이언트를 있는 그대로 받아들이며 클라이언트가 보다 향상된 능력을 배울 수 있도록 도와주는 것입니다.
- 클라이언트를 믿고 클라이언트 스스로 자신감을 가지도록 해주는 것입니다.
- 클라이언트가 대안을 탐색하는 데 도움을 주지만 절대로 그들에게 특정한 것을 선택하도록 강요하지 않는 것입니다.
- 클라이언트를 밀어주는 것이 아니라 앞에서 끌어주는 것입니다.

어떤 면에서 일상적인 이야기로 들릴지 모르지만 대부분의 사람들은 일생에 한두 번 정도는 이와 같은 변화대행자를 만날 수 있다. 변화대행자로서, 사례관리자는 클라이언트 각각에 대해 노력해야 한다. 사례관리자는 클라이언트가 스스로 자신을 믿을 수 있도록 도와주는 특별한 사람이 되어야 한다.

효율적인 변화대행자로서의 역할을 하는 데 가장 중심이 되는 것은 변화대행자와 클라이언트의 태도이다. 태도에 관한 이해를 돕기 위해 교사를 예로 들어보자. 변화대행자는 하나의 훌륭한 교사이다. 훌륭한 교사는 위에서 언급한 모든 것을 실천한다. 왜냐하면 가장 중요한 학습은 강요해서 되는 것이 아니라는 것을 알고 있기 때문이다. 학습은 학생 스스로 원해야 한다. 훌륭한 교사는 학생들이 배우고 싶어 하는 것을 가르쳐 주고 그것이 활용가치가 있는 지식이라는 것을 깨닫게 해준다. 클라이언트와 함께해야 하는 것은 바로 이러한 것이다. 사례관리자가 협박하고 구슬리고 간청하면 그들은 변화하지 않는다. 그들이 할 수 있다고 믿을 때만 변화가 이루어진다.

훌륭한 교사는 모든 지식이 가치 있다는 것을 알고 있다. 그렇기 때문에 학생들이 이미 알고 있는 것을 없애려고 애쓰지 않으며 단지 알고 있는 것에 무엇인가를 덧붙여 주기 위한 노력을 한다. 변화대행자로서, 사례관리자는 클라이언트의 생활경험을 넓히려고 노력해야 한다. 클라이언트는 자신의 조직에 의해 형성된 편협한 시각을 가지고 세상을 이해하려고 하므로, 사례관리자는 클라이언트의 경험에만 국한해서는 안 되고 클라이언트의 편협된 시각을 확대시켜야 한다. 그러나 클라이언트가 이미 가지고 있는 것을 축소시키거나 소멸시켜서는 안 되고 단지 첨가만 해야 한다. 이런 식으로 접근하면, 클라이언트는 결코 사례관리자와 다투지 않을 것이다. 사례관리자는 항상 무엇인가를 주어야 한다.

CHAPTER 12

점검과 평가

CHAPTER 12

점검과 평가

1. 점 검

점검은 서비스가 클라이언트에게 적시에, 적당하게, 적절하게, 그리고 연속적으로 제공하고 있는지를 추적하고 재사정을 실시하는 과정이다. 즉, 이것은 클라이언트가 필요한 서비스를 제대로 제공받고 있는지, 서비스 계획이 적절하게 실행되고 있는지, 그리고 클라이언트에게 제공되는 서비스가 적절한 것인지를 추적하는 과정이다(이근홍, 2008).

사례관리자는 진행되고 있는 서비스내용들에 대한 점검을 주기적으로 실시해야 하고, 서비스 진행상황을 상세히 파악하고 있어야 한다. 이것은 서비스가 실제적으로 얼마나 잘 제공되고 있으며, 클라이언트에게 얼마나 유용한 것인지를 파악하는 것이다. 따라서 효과적인 서비스를 제공하기 위해서는 서비스가 계획대로 진행되고 있는지를 항상 점검하고 살펴보아야 한다.

1) 계획과 점검

(1) 점검은 계획을 중심으로 이루어져야 한다

점검은 클라이언트와 사례관리자가 수립한 서비스 합의(계약)나 서비스 계획을 기초로 이루어진다. 사례관리자는 점검의 준거틀로 계획을 활용함으로써 서비스의 진행 정도를 파악할 수 있다. 점검이란 계획과 결과 사이의 불일치를 지적하는 것으로써, 더욱 심각한 문제들에 직면하는 것을 방지하고 서비스 방향성을 수정

결정하는 것이다. 예를 들어, 직업훈련 프로그램에 참석하겠다는 약속을 지키지 않는 클라이언트를 생각해 보자. 사례관리자는 토론을 통해 클라이언트와 원조자 사이의 의견 차이를 밝혀낼 수 있을 것이다. 또한 점검을 통해 목표달성 정도를 알 수 있고 서비스의 수정이 필요한 부분을 파악할 수 있다.

(2) 점검은 감독기능을 가지고 있다

점검은 감시한다는 의미라기보다는 항상 접촉하면서 지도하고 있다는 것을 의미한다. 그러나 점검은 서비스가 상호 협의한 것에 따라 이루어지는지를 감독하는 기능도 가지고 있다. 수립된 목표를 성취하는 과정에 대한 내용들을 항상 문서화해 둘 것을 계약에 명시해야 한다. 계약에는 계약을 위반할 때 어떻게 하겠다는 내용도 명시되어야 한다. 예를 들어, 원조자가 보고서를 제출하지 않거나 클라이언트가 서비스에 대해 불평을 한다면 사례관리자는 즉시 원조자에게 중재하거나, 원조자의 상관에게 보고할 수도 있다. 그러나 공식적인 방법으로 문제를 해결하기보다는 원조자와 직접 토의를 해보는 것이 바람직하다. 너무 공식적으로 문제를 처리하면 일이 지체되고 클라이언트에게 위축감을 가져다줄 수 있기 때문이다.

(3) 점검은 적절한 시기에 이루어져야 한다

사례관리자는 원조자의 직접적인 상관이 아니기 때문에 원조자에게 직접적인 지도를 하려고 해서는 안 된다. 이것은 기분을 상하게 할 뿐만 아니라 월권행위이다. 원조자와 긍정적인 관계를 형성하기 위해서 두 가지 조건이 선행되어야 한다. 그 조건은 계약내용에 적절한 과제 수행절차를 분명하게 기록해 두는 것과, 문제에 대해 소극적인 원조자와 규칙적이고 직접적으로 접촉하는 것이다.

서비스를 지속하기 위해서 점검을 해야 할 필요가 있을 경우 사례관리자는 어떤 방법으로, 얼마나 자주 점검을 해야 할 것인지를 결정해야 한다. 점검의 빈도는 클라이언트의 특성, 행동체계, 사례관리 절차의 단계에 따라 다르다. 계약이 성립된 초기나 계획에 주요한 변화가 있을 경우에는 일주일에 한 번 정도 점검하는 것이 적절하다. 클라이언트가 여러 원조자와 함께 서비스에 참여할 수 있는 능력이 있다면 한 달에 한 번 정도 점검해야 할 것이다. 그러나 점검을 너무 자주 하는 것은 바람직하지 못하며 대체로 한 달에 한 번 정도면 충분하다. 서비스제공자들과의 만남은 계약할 때 명시한 것에 따르고, 때에 따라서 필요한 경우에 만나면 된다.

(4) 점검은 정확한 정보에 의해서만 가능하다

사례관리에 있어서 문제를 해결하려는 대부분의 실질적 활동은 여러 사람들에 의해 행해진다. 이것은 사례관리자가 모든 일을 직접 진행하지 않는다는 것을 의미하고, 따라서 일을 진행한 사람들의 보고에 의존해서 일의 진척사항을 파악한다는 것을 의미한다. 클라이언트가 문제해결을 직접 시도할 때, 사례관리자는 일이 어떻게 진행되고 있는지를 파악하기 위하여 클라이언트를 원조하고 있는 사람들을 만날 수도 있고, 아니면 클라이언트를 신뢰하고 있다는 것을 나타내기 위해 클라이언트를 직접 만날 수도 있다.

원조자들 사이의 관계를 다룬다는 것은 쉬운 일이 아니다. 사례관리자는 원조자들의 지도감독자가 아니기 때문에 사례관리에 필요한 정보를 얻기 위해서는 그들과 협의해야 한다. 정보를 획득할 수 있는 가장 좋은 방법이 무엇인지, 문서상으로 요구해야 하는지, 아니면 보다 직접적이고 바람직한 관계를 위해서 비공식적인 의사소통을 유지해야 하는지, 각 기관들은 중요한 정보를 밝히지 않고 혼자만 파악하고 있는 경우가 있는데 이러한 것을 어떻게 알아낼 수 있는지에 대해 생각해야 한다.

따라서 사례관리자는 정확한 정보 없이는 어떠한 결정도 내리지 못한다는 사실을 주의해야 한다.

2) 점검방법

점검은 담당사례가 많고, 담당사례 중에 지속적인 개입을 해야 하는 사례가 많을 경우에는 어려움이 따른다. 현재 우리나라의 경우 사회복지 관련 종사자들 대부분은 100사례 이상을 담당하고 있어서 대부분의 사례관리자는 극히 일부분의 사례에 대해서만 정기적인 접촉을 유지할 수밖에 없다. 따라서 대부분의 사례관리자는 독특하고 복잡한 욕구와 문제를 가지고 있는 사례들에 대부분의 시간을 소비하고 있다. 대표적인 사례는 만성적이고 심각한 문제들을 가지고 지속적으로 사례관리자를 찾아오는 클라이언트들이다. 이러한 사례는 사례관리자의 힘을 소진시켜 다른 사례에 관심을 가질 수 없게 만들어 버린다.

제1차 세계대전 동안, 한 전쟁터에서는 부상병을 처리하기 위하여 환자를 세 집단으로 분류했다. 의료조치에 상관없이 곧 죽을 사람, 즉각적인 조치 없이도 살 수 있는 사람, 의료조치가 생사에 관건이 되는 사람이었다. 관심은 마지막 부류에 있었다. 인간 서비스에서는 이러한 극단적인 결정을 하기는 어렵다. 그러나 가장 성공할 수 있는 사례와 가장 성공하지 못할 사례에 대부분의 시간을 소모하기 때문에 사례관리자가 가장 큰 영향을 줄 수 있는 비교적 가벼운 욕구와 문제들을 가지고 있는 사례들은 항상 뒷전으로 밀려나고 있다. 사례관리자는 뒷전으로 밀려나 있는 사례들에 어떻게 하면 체계적인 관심을 기울일 수 있을 것인지에 대해 생각해야 한다.

(1) 월별 사례활동표

각각의 클라이언트에게 어떠한 서비스가 얼마만큼 주어졌는지를 정기적으로 파악할 필요가 있다. 이렇게 함으로써 맡고 있는 전체 사례 수가 적당한 것인지, 클라이언트에게 적절한 서비스가 제공되고 있는지를 확인할 수 있다. 이를 위해서는 점검을 위한 정기적인 시간을 확보해 두어야 한다.

사례관리자는 계획에 따라 사례관리가 제공되고 있는지를 확인한 후 다음 만남에서 무엇을 할 것인지, 그리고 언제 할 것인지를 신속하게 결정할 수 있다. 〈표 12-1〉은 이러한 결정을 도와줄 것이다. 규격화된 한 장의 종이 위에 네 가지 사례가 있기 때문에 모든 사례를 파일로 해서 쉽게 관리할 수 있다. 월별 보고서를 작성하면서 각각의 사례는 지난 달 어떤 활동이 이루어졌으며, 어떤 활동을 진행하고 있었는지를 기록하면서 평가할 수 있다. 대체로 사례관리자들은 각 사례들을 잘 알고 있기 때문에 사례 파일을 일일이 찾아볼 필요는 없을 것이다. 하지만 진행상황이 중단되었거나 계획에 따라 진행되지 않고 있는 사례들을 쉽게 파악할 수 있다.

〈표 12-1〉 **월별 사례활동표**

<table>
<tr><td>년 월 일</td><td>사례번호 :</td><td>이름 :</td><td colspan="2">사례담당자 :</td></tr>
<tr><td colspan="2">욕구 :</td><td colspan="3">목표 1 :</td></tr>
<tr><td colspan="2">제반 활동내역</td><td>원조자</td><td>시기</td><td>달성 여부</td></tr>
<tr><td colspan="2"></td><td></td><td></td><td></td></tr>
<tr><td colspan="2"></td><td></td><td></td><td></td></tr>
<tr><td colspan="2"></td><td></td><td></td><td></td></tr>
<tr><td colspan="2"></td><td></td><td></td><td></td></tr>
<tr><td colspan="2"></td><td></td><td></td><td></td></tr>
<tr><td>년 월 일</td><td>사례번호 :</td><td>이름 :</td><td colspan="2">사례담당자 :</td></tr>
<tr><td colspan="2">욕구 :</td><td colspan="3">목표 2 :</td></tr>
<tr><td colspan="2">제반 활동내역</td><td>원조자</td><td>시기</td><td>달성 여부</td></tr>
<tr><td colspan="2"></td><td></td><td></td><td></td></tr>
<tr><td colspan="2"></td><td></td><td></td><td></td></tr>
<tr><td colspan="2"></td><td></td><td></td><td></td></tr>
<tr><td colspan="2"></td><td></td><td></td><td></td></tr>
<tr><td colspan="2"></td><td></td><td></td><td></td></tr>
</table>

이러한 검토가 이루어지는 동안에 사례관리자는 진행 중이거나 다음 달에 계획되어 있는 활동들을 새로운 활동표에 기입한다. 이 기록들에는 활동뿐만 아니라 함께 일할 사람들(원조자), 날짜 등도 기재되어 있다. 어떠한 계획도 이루어지지 않고 있는 사례에 대해서는 별도의 점검계획을 고려해야 한다. 이 과정의 마지막 단계는 계획된 활동들을 사례관리자의 월별 계획표에 메모해 두는 것이다. 사례관리자들이 일주일 후에 무엇을 해야 할 것인지를 알아보기 위해서는 이 계획표를 찾아보면 된다.

즉, 목표 1의 활동내용과 목표 2의 활동내용을 분리하여 작성함으로써 사례관리의 전체 흐름을 점검할 수 있고 세부적인 사례관리 활동을 전개할 수 있다는 점에서 유용할 것이다.

(2) 사례관리체계

두 번째 형태인 〈표 12-2〉, 〈표 12-3〉은 미국에 있는 아동보호서비스기관의 사례관리자에 의하여 고안된 것이다. 이것은 4~6인치 카드를 사용하여 두 장으로 되어 있다. 〈표 12-2〉에는 클라이언트에 대한 일반적 사항, 문제, 목표, 과제 등을 기록한다. 〈표 12-3〉은 클라이언트와 주변 인물들과의 접촉을 파악하는 데 사용된다. 사례관리자는 월말에 이 카드를 점검한다. 이것은 사례관리자에게 사례의 현재 상태를 알게 해주고, 사례 파일에 기록해야 할 내용을 알게 해준다.

〈표 12-2〉 **사례관리카드**

<table>
<tr><td>사례번호 :</td><td>이름 :</td><td>사례담당자 :</td></tr>
<tr><td colspan="3">주소 :

연락처 :</td></tr>
<tr><td colspan="3">원조자와 자원 :
1.
2.
3.
4.</td></tr>
<tr><td colspan="3">제시된 문제 :
1.
2.
3.
4.</td></tr>
<tr><td colspan="3">목표 :
1.
2.
3.
4.</td></tr>
<tr><td colspan="3">과제 :
1.
2.
3.
4.</td></tr>
</table>

〈표 12-3〉 방문기록카드

가정방문	사무실방문	전화통화	주변 인물

2. 사례회의

사례회의는 클라이언트 서비스망의 구성원들과 서로 직접 만나서 진행하는 면대면 회의로서, 서비스망이 작다면 구성원 모두 참여할 수 있겠지만 서비스망의 구성원이 많다면 특별한 문제에 관련되는 사람들만 참여할 수 있다. 사례회의는 사례관리자가 서비스망과 함께 중요한 과제를 수행하는 데 매우 도움이 되는 수단이다.

면대면 회의의 장점은 서비스망 구성원들 간의 신뢰와 이해를 발달시켜 준다는 것이다. 다시 말하면, 집단이 공유하는 목표에 대한 상호 이해를 높여준다. 문제에 대한 서로의 의견을 말함으로써, 구성원들은 성원들 상호 간에 해야 할 행동들에 대한 결정을 내리는 데 도움이 된다. 또한 계획을 변화시킬 필요가 있을 때, 사례회의는 참가자들이 서로서로 서비스를 조정할 수 있도록 해준다.

사례회의는 다음과 같은 이점이 있다. 다른 원조자들과 면대면 회의를 가짐으로써, 문제가 발생할 때 서비스망 구성원들이 함께 만나서 토론하기가 쉽다. 그리고 과제수행에 어려움을 느낄 때 상호지지를 해줄 수도 있다. 사례관리자는 힘든 결정들을 이해관계자들(stakeholder)과 함께 토론하게 됨으로써 여러 가지 도움을 얻을 수 있다.

반면에 사례회의는 시간이 많이 소요된다는 단점이 있다. 그러므로 부득이 회의를 해야 할 경우에만 개최해야 한다. 그러므로 사례관리자는 클라이언트와 함께 사례회의를 개최해야 할 상황에 대해 명백한 기준을 마련해 두고 있어야 한다.

1) 사례회의를 위한 준비

모든 회의에서와 마찬가지로, 사례회의에서도 회의 전의 준비와 회의 후의 정리가 회의만큼이나 중요하다.

(1) 회의내용 결정

사례회의는 클라이언트에게 직접적인 영향을 미치기 때문에, 무엇에 대해 회의를 진행할 것인지를 클라이언트와 의논해 보는 것이 중요하다. 클라이언트는 자신과 원조자 사이에서 야기되고 있는 갈등적인 상호 간의 요구, 중복적인 서비스와 노력 등 여러 가지 이슈들에 대해서 말을 할 것이다. 클라이언트와 이러한 토의를 통해서 사례회의를 할 때 초기의 회의내용을 결정하고, 클라이언트의 회의 참석 여부를 결정한다. 만약 다루어야 할 내용을 클라이언트와 상의하지 않고 사례회의에 올린다면 두 가지 문제가 발생할 수 있다. 하나는 클라이언트의 프라이버시나 비밀보장과 관련된 문제이고, 다른 하나는 클라이언트의 노력에 대한 평가나 비우호적인 내용 등이다. 이러한 내용들은 클라이언트로 하여금 서비스에 대한 신뢰와 참여의지를 떨어뜨린다.

(2) 참석범위 결정

클라이언트의 사례회의 참석 여부에 대해서는 의견이 양분되어 있다. 어떤 사람들은 클라이언트가 참석해서는 안 된다고 하고, 어떤 사람들은 클라이언트가 항상 참석해야 한다고 주장한다. 그러나 클라이언트의 참석 여부는 회의 목적에 따라 결정해야 한다. 목적이 기관 간의 갈등을 협의하는 데 있다면 클라이언트의 참석은 필요 없을 것이고, 만약 서비스에 직접적으로 영향을 미칠 경우에는 클라이언트가 참석해야 할 것이다. 클라이언트가 참여할 경우 좋은 점은 클라이언트의 관심사와 반응을 집단 성원 전체가 공유할 수 있다는 것이다.

사례회의에 참여하는 사람들에 대해서도 의견이 다양하다. 어떤 사람들은 자연적 원조자들이 참석한다면 비밀보장이 어렵다고 생각한다. 사례관리자는 여기에 대해서 클라이언트의 의견을 물어보고 결정하는 것이 바람직하다. 그리고 사례관리자는 자연적 원조자들에게 회의내용에 대한 비밀을 지킬 것을 별도로 교육해야 한다. 만약 회의에서 토의할 내용과 직접적인 관련이 있는 사람이라면 회의에 참석하는 것을 허락해야 한다. 마지막으로 말썽을 일으킬 소지가 있는 사람이 회의에 참석하는 것을 가능한 한 배제해야 한다. 그러나 만약 이들이 회의를 고의적으로 방해할 수 있는 지위에 있는 사람이라면, 희망적인 내용이나 공적인 제의만을 하도록 해야 한다. 회의를 고의적으로 방해할 수 있는 사람들을 예로 들자면, 조직 내 상관, 재정을 지원하는 기관에서 파견되는 사람이나 관청, 의회 의원 등이 될 수도 있고, 클라이언트의 가족이나 보호책임자 등이 될 수도 있다.

이들 중 대표적인 사람은 사례회의를 하는 데 참여하는 조직의 장이나 상관들이다. 이들은 자신들의 의견과 주장, 그리고 훈계와 같은 교육, 회의와 관련 없는 내용 등으로 사례회의를 망칠 수도 있는 사람들이다.

(3) 회의 목적에 대한 이해

사례관리자가 참석해야 할 대상을 결정하면 참가자들이 해야 할 몇 가지 사항들이 분명하게 제시될 것이다. 모든 참가자들은 회의 목적에 대해 이해하고 있어야 한다. 목적은 부적절한 기대를 피하기 위해서 가능한 한 서면으로 제시되어야 한다. 회의 시간과 장소가 결정되면 가능한 한 빨리 모든 사람에게 알려주어야 한다. 장소는 쉽게 찾을 수 있는 사적인 공간이 좋다.

가능하다면 회의 안건, 목적, 시간(시작시간과 종료시간), 참가자들의 명단과 그들이 소속된 기관명 등을 포함하여 회의통지문을 발송해야 한다. 회의 안건은 원조자들을 만나면서부터 수집한 모든 항목들을 포함해야 한다. 사회복지행정에서 위원회와 이사회 소집과 같은 절차를 따르면 좋겠지만 그렇게 엄격할 필요는 없다.

이러한 노력들이 시간을 낭비하는 것처럼 보일 수도 있고, 사례관리자의 역할 범주에서 벗어나거나 번거롭고 복잡한 것으로 보일 수 있다. 하지만 이러한 노력들은 사례관리자에게 자신감을 심어주고, 성공적인 회의에 사용된 시간을 의미 있고 중요한 시간으로 만들어 준다.

2) 회의진행

회의 준비가 성공적으로 이루어지면 회의가 개최된다. 참가자들은 참석하는 이유에 대해 알고 있을 것이다. 사례관리자 역시 자신의 목적을 명확하게 가지고 회의에 임해야 한다. 사례관리자의 역할은 참가자들이 상호협조하에 공동의 목표를 달성하고자 노력하도록 회의를 진행하는 것이다. 또한 필요한 자원을 찾아내고, 역할 분배에 대한 합의를 이끌어내야 한다.

회의를 주재하는 데 필요한 몇 가지 사항들을 살펴보면 다음과 같다.

- 사례관리자는 자신을 소개하고 클라이언트에 대한 자신의 역할을 설명할 것
- 회의 안건을 제시하고 첨가해야 할 내용이나 변화가 필요한 내용이 무엇인지를 참가자들에게 물어볼 것
- 우선순위를 결정하고 원조자 각자가 목표달성에 필요한 시간을 결정할 것
- 결정한 내용과 책임자 결정에 대해 토의할 수 있는 시간을 가질 것
- 참석한 모든 사람들이 결정에 동의하고 내려진 결정에 따를 수 있는지 확인할 것
- 만약 어떤 참가자들 상호 간에 불일치를 가지고 있다면, 서로에 대해 이해시키고, 대안을 강구하는 데 집단 성원들 간에 토의를 할 것
- 회의가 끝날 때 〈표 12-4〉와 같이 사례회의보고서를 작성할 것
- 정해진 시간에 회의를 끝낼 것

〈표 12-4〉 **사례회의보고서 양식**

<table>
<tr><td colspan="2">이름 :</td><td colspan="2">사례관리담당자 :</td><td colspan="2">회의일시 :</td></tr>
<tr><td colspan="2">참여기관 및 부서</td><td colspan="2">원조자</td><td colspan="2">전화번호</td></tr>
<tr><td colspan="2">1.</td><td colspan="2"></td><td colspan="2"></td></tr>
<tr><td colspan="2">2.</td><td colspan="2"></td><td colspan="2"></td></tr>
<tr><td colspan="2">3.</td><td colspan="2"></td><td colspan="2"></td></tr>
<tr><td colspan="2">4.</td><td colspan="2"></td><td colspan="2"></td></tr>
<tr><td colspan="6">문제영역 :
1.
2.
3.
4.</td></tr>
<tr><td colspan="6">회의내용 :
1.
2.
3.</td></tr>
<tr><td colspan="6">회의결과</td></tr>
<tr><td colspan="4">계획된 서비스내용</td><td colspan="2">담당자/ 완수일자</td></tr>
<tr><td colspan="4"></td><td colspan="2"></td></tr>
<tr><td colspan="4"></td><td colspan="2"></td></tr>
<tr><td colspan="4"></td><td colspan="2"></td></tr>
<tr><td colspan="6">예상되는 문제점 :
1.
2.</td></tr>
<tr><td colspan="6">다음 회의일시 :</td></tr>
<tr><td colspan="3">발견해야 할 자원</td><td colspan="3">발견해야 할 원조자</td></tr>
<tr><td colspan="3"></td><td colspan="3"></td></tr>
</table>

사례회의보고서에는 합의된 사항과 담당자 등이 모두 포함되어 있어야 하고, 모든 참가자들에 의해 서명되어야 한다. 가능하다면 즉시 복사를 해서 참가자들에게 주어야 한다. 그러나 불가능하다면 회의 후에 그 내용을 우편이나 메일로 발송해 주어야 한다.

3) 회의종료 후의 활동

만약 클라이언트가 참석하지 않았다면, 사례관리자는 회의결과를 설명하고 사례회의보고서를 1부 주어야 한다. 클라이언트가 회의결정에 대해 어떤 생각을 가지고 있는지를 알아보는 것도 중요하다. 만약 클라이언트가 참석했다면 사례관리자는 내려진 결정에 대해 확인하고, 클라이언트가 상기 결정사항을 잘 수행할 수 있도록 지지해야 한다.

합의사항에 대한 보고서의 복사본은 빨리 참가자들에게 발송되어야 한다. 그리고 클라이언트에 대한 지지와 욕구가 계획대로 진행되었는지에 대한 점검은 지속적으로 이루어져야 하며, 특히 점검은 예상치 못한 상황이나 결과를 파악하기 위한 중요한 수단이기 때문에 신속하고 지속적으로 이루어져야 한다.

마지막으로, 다음 회의는 과제를 달성한 경우나 주요한 과제를 달성하는 데 있어서 문제가 야기될 경우에 개최해야 한다.

3. 평 가

1) 평가 범주

평가는 평가목적에 따라 크게 두 가지로 나누어 볼 수 있다. 하나는 기관의 업적을 평가하기 위한 것이고, 다른 하나는 클라이언트에게 제공된 서비스 질을 평가하기 위한 것이다. 그러나 그 어떠한 평가도 양자를 동시에 충족하기는 어렵다. 따라서 기관의 책임성에 대한 평가요구와 클라이언트에 대한 서비스 질을 사정하기 위한 평가 사이에 문제가 있다. 책임성은 항상 평가결과를 요구한다. 일정한 평가 기준틀을 갖추는 것은 기관이 살아남기 위해서 절대적으로 필요한 것이다. 따라서 평가 기준틀은 기관을 이용하는 모든 클라이언트에 대한 관련사항을 고려하는 통계적 양식으로 활용될 수 있도록 작성되어야 한다. 기관을 이용하는 대부분의 클라이언트들이 유사한 문제를 가지고 있다면 평가 기준틀을 양식화하기 쉽겠지만 그렇지 않을 경우에는 상당히 어렵다.

한편 클라이언트에 대한 서비스 질이나 서비스 목표달성 정도를 평가하는 것도 중요하다. 대부분의 사례관리자는 서비스 평가에 많은 관심을 가지고 있으며, 평가는 사례관리의 기본목적을 달성하기 위한 과정이라고 할 수 있다. 평가를 효과적으로 수행하기 위해서 사례관리자는 클라이언트가 가지고 있는 독특한 정보를 수집하고 분류하는 능력을 가지고 있어야 한다.

2) 평가대상과 범위

평가과정에 있어서 고려해야 할 사항은 평가대상과 평가범위에 관한 것이다. 분명히 서비스의 진행 정도는 평가되어야 한다. 그리고 여러 원조자들과 다른 기관의 직원들에 대한 활동상도 평가해야 한다. 그러나 여러 원조자와 다른 기관에 소속된 직원들의 활동상에 대한 평가는 단지 서비스를 제공하고 있는지 아닌지, 그리고 받아들이는지 그렇지 않은지에 대해서만 평가할 수밖에 없을 것이다.

따라서 원칙적으로는 유급으로 활동하고 있는 서비스제공자(직원)에 대해서만 평가가 이루어져야 한다. 왜냐하면 평가는 서비스활동에 대한 책임성을 규명하는 데 목적을 두고 있기 때문이다. 그러나 이러한 원칙을 강조하게 되면 클라이언트와 서비스제공자들의 노력이 어떠한 결과를 가져왔는지에 대한 파악이 불가능하기 때문에 서비스제공자들의 협조를 구하여 전반적인 서비스내용들을 평가하는 것이 바람직하다.

3) 평가척도

평가를 하는 데 있어서 가장 중요한 것 중의 하나는 어떠한 평가척도를 사용하느냐는 것이다. 사례관리자는 수립된 목표가 성공적이었느냐 그렇지 않느냐를 판단하기 위한 척도를 준비해 두어야 한다. 사례관리자가 평가를 직접 해야 할 것인지, 그렇지 않고 다른 전문가에게 평가를 맡길 것인지를 결정해야 한다. 만약 사례관리자가 이러한 평가를 직접 한다면, 평가할 내용을 중심으로 평가척도를 작성해야 한다. 그러나 사례관리자가 목표와 평가방법을 직접 결정한 것이라면 평가가 필요에 따라 조작될 가능성이 높기 때문에 이에 대한 주의가 필요하다.

4) 평가시기와 기능

평가는 사정활동의 일부라고 할 수 있다. 기대했던 것들이 얼마나 잘 이루어지고 있는지를 파악하기 위하여 현재 이루어지고 있는 활동내용들을 면밀히 조사해야 한다. 평가를 통하여 계획과정에서 동의했던 각 과업들을 실천한 사람은 누구이고, 실천하지 않은 사람은 누구인지를 살펴보아야 한다. 다음에 실천해야 할 서비스내용을 결정하기 위해서라도 평가는 항상 이루어져야 한다.

(1) 평가시기

평가는 클라이언트를 처음 만나는 순간부터 이루어진다. 초기면접과정 동안에 주를 이루고 있는 평가 내용은 기관에서 제공될 사례관리 서비스가 클라이언트에게 적절한 것인지를 판단하는 것이 중심이 된다. 즉, 기관의 서비스 적절성 여부를 판단하는 데 초점을 두고 있다. 그리고 사정과정 초기에는 필요로 하는 여러 가지 유형의 원조망을 이용할 수 있는 클라이언트의 능력에 관한 평가가 중심이 된다. 사정과정 기간 동안 파악한 자원들에 대해서는, 그러한 자원들이 사회적 요구와 클라이언트의 욕구에 부합되는지를 파악하기 위하여 평가가 이루어진다. 사정과정 초기에 중요한 부분은 나중에 클라이언트의 변화된 상태를 파악하는 데 활용될 수 있는 일련의 기본 정보(baseline information)를 파악하는 것이다. 평가는 실질적으로 개선된 상황이나 악화된 상태를 파악할 수 있게 이루어져야 한다.

(2) 평가기능

평가의 가장 중요한 기능은 사례관리의 지속 여부를 결정하는 데 필요한 정보를 제공하는 것이다. 일이 진행되는 상황을 본 후에, 무엇을 할 것인지를 결정한다. 개입이 어느 정도 효과가 있었다고 판단되면, 계획에 따라 다음 단계의 과제를 수행한다. 가장 중요한 기능은 어떤 일을 할 것인지, 어떤 일을 하지 않을 것인지를 결정하는 것이다.

한편, 일은 계획에 따라서만 진행될 수는 없다. 그러므로 성공적인 기회를 증진하기 위해서 전략을 수정하는 것이 필요할 경우도 있다. 노력의 결과에 대한 평가는 현재의 노력이나 기타 어떤 사항들을 수행하기 위해서 필요한 새로운 결정을 내리도록 한다.

5) 평가유형

평가는 평가기준에 따라 노력성, 결과성, 적절성 평가로 구분된다. 결과평가는 서비스의 목표를 달성했는지의 여부를 파악하는 데 이용된다. 그리고 사례관리자는 때때로 어느 한 단계로 돌아가서 클라이언트와 함께 계획했던 전략들이 수행되었는지, 그렇지 않은지를 조사한다. 이러한 평가는 노력평가라고 불린다.

초기단계에서 노력성에 대한 평가는 매우 중요하다. 냉소적이고 저항적인 클라이언트의 태도를 변화시키고, 원조활동에 적극적으로 참여시키기 위해서 노력성에 대한 평가를 한다. 공식적 원조자들에게 있어서 노력평가는 결과평가보다 다소 압박감이 적은 평가방법이다.

노력성에 대한 평가는 결과성에 대한 평가보다 다소 덜 중요하고, 적절성에 대한 평가보다는 훨씬 덜 중요하다고 할 수 있다. 적절성에 대한 평가는 성취된 결과가 근본적인 문제를 해결하였는지, 또는 어느 정도 해결하였는지를 결정하는 수단이다.

여기서 평가를 세 가지 유형으로 나누어 살펴보았지만 사례관리자는 어느 한 가지만을 사용해서는 안 된다. 예를 들어, 사례관리자가 클라이언트의 독특한 욕구를 충족시켜 주기 위하여 프로그램을 고안하였고, 클라이언트가 고안된 프로그램을 수행하였다고 하자. 프로그램을 실시하기로 하였을 때, 사례관리자와 클라이언트는 구체적인 결과들을 기대했을 것이다. 이런 경우, 활동이 구체적인 결과를 가져왔는지를 물어볼 수 있을 것이다. 그리고 구체적인 결과들을 가져왔다면, 프로그램은 효과적이었다고 할 수 있다. 그러나 프로그램을 위해 소요된 시간이나 경비, 인력 등이 예상하였던 것보다 너무 많이 초과하였다면 비용효과성은 매우 낮아질 것이다.

6) 평가와 목표

목표가 평가에 활용되는 방법에 대해 앞에서 간략히 언급하였다. 여기서는 평가에 대한 목표의 중요성을 설명하고, 목표를 평가할 때 주로 활용되는 두 가지 도구를 소개하고자 한다.

(1) 생태도

사정도구로서 생태도에 대해 앞에서 설명하였다. 만약 생태도가 한 번만 활용된다면, 그것은 사정도구에 불과한 것이다. 그러나 여러 번 활용된다면, 그리고 그 결과들을 비교하여 본다면, 하나의 평가도구가 된다. 생태도는 시간에 따라 장면이 달라지는 스냅사진과 같은 것이다. 이것은 매일매일 보면 매우 느리게 변화되는 것처럼 보이지만, 몇 달 후에 보면 완전히 달라져 있다는 것을 알게 된다. 변화되어 가고 있는 생태도를 클라이언트가 보면 매우 긍정적인 강화를 받게 될 것이다.

(2) 목표달성척도

다른 도구는 목표달성척도이다. 앞에서 계획과 평가도구로서 목표달성척도를 설명하였다. 목표달성척도가 효과적인 것은 단지 한 가지 평가기준에 얽매여 있지 않고, 생태도와 마찬가지로 광범위한 측면에서 달성 정도를 파악할 수 있으며, 또한 클라이언트를 강화하여 주는 수단이 되기 때문이다. 목표달성척도는 가장 효과적인 결과에서부터 최악의 결과까지 기대결과를 예측할 수 있도록 해준다.

앞에서 설명한 바와 같이 목표달성척도는 서비스 결과가 기대에 다소 미치지 못하더라도 클라이언트에게 신뢰감을 심어줄 수 있다. 기준을 클라이언트가 결정하였기 때문에 결과에 대한 평가도 사례관리자보다는 클라이언트에 치중되어 있다.

만약 목표달성척도가 사례관리자에 의하여 지속적으로 활용된다면, 기관에 광범위한 평가 자료를 제공해 줄 것이고 사례관리자에게 유익한 피드백(feedback)을 제공할 것이다.

이러한 자료로 기관은 클라이언트의 목표달성 수준을 평가하는 통계적 방법들을 개발할 수 있도록 하며, 기관이 다음과 같은 자료를 제공할 수 있도록 한다.

"클라이언트들의 결과는 1(최악의 상태)에서부터 5(최선의 상태)까지의 척도를 중심으로 파악한 결과 평균 3.5였다. 이것은 기대했던 결과보다 다소 높은 것이다."

사례관리자에게 있어서 점수는 클라이언트들이 현실적인 기대를 할 수 있도록 도움을 주었는지, 그렇지 않았는지를 파악할 수 있도록 해준다. 만약 1에서 5까지의 척도를 사용하였는데 결과가 계속 1이나 2에서 머무르고 있다면, 분명 사례관리자는 다소 비현실적 기대를 격려하고 허용하여 왔다는 것을 의미하는 것이다. 반면에 계속 4에서 5 사이에 머무르고 있다면, 이것은 분명 클라이언트에게는 긍정적인 강화가 되겠지만, 한편으로는 너무나 달성하기 쉬운 목표를 제시하였다는 것을 의미하는 것이다.

CHAPTER 13

종 결

1. 종결 원인
2. 종결 준비
3. 종결 완료

CHAPTER 13

종 결

일반적으로 휴먼서비스 분야에서 사례를 종결할 때 많은 어려움을 가지게 된다. 사례관리자란 여행안내원이라기보다는 여행의 동반자와 비슷하다. 여행의 동반자는 여행하다가 동반자가 혼자 갈 수 있다는 생각이 들어 "나는 지금 너와 함께 여행할 수 없다. 이제 혼자서 여행해"라고 말하기 어려운 것과 같은 이치이다. 사례관리자는 오랫동안 어렵게 클라이언트와 관계를 형성해 왔고, 클라이언트의 생활에 중요한 사람으로서 자리를 잡았다. 사례관리자는 문제가 해결되기 시작할 때까지 이러한 관계를 유지하기 위하여 오랫동안 노력을 해왔다. 사례관리자는 수없이 클라이언트에게 직접적인 도움을 줄 수 없으면 모든 문제는 스스로 해결하여야 한다는 메시지를 전달하였다. 자신이 할 수 있는 일은 정보를 제공하고 클라이언트를 지지하고 격려하는 일이라는 것을 설명도 해주었다. 하지만 클라이언트가 자신의 문제를 해결하고 종결할 시기가 되었을 때쯤이면 사례관리자는 그의 인생에 있어서 대단히 중요한 부분을 차지하고 있다는 것을 느끼게 된다. 그가 새로운 생활에 적응하는 데 사례관리자가 없으면 상당히 어려울 것이라는 두려움을 가지게 된다. 그러므로 사례관리자는 종결을 할 때 클라이언트의 이러한 감정을 잘 파악하고 있어야 한다.

사례관리란 효과적인 원조관계를 확립하는 데 어려움을 가지고 있는 사람들(클라이언트)과 함께한다는 것에 그 특징이 있다. 처음에는 그들이 사례관리자의 도움을 받아들이도록 하려는 데 초점을 두었고, 후에는 다른 원조자들의 도움을 받아들이도록 하는 데 초점을 두었다. 서비스를 제공하는 과정에서 사례관리자는 클라이언트에게 자신에게 도움을 부탁해도 좋다는 것을 의미하는 여러 가지 약속을 하였다. 사례관리자의 활동은 클라이언트에게 자신이 어려움에 처할 때 의지할 수 있고 원조할 수 있는 사람이 세상에 있다는 것을 느끼게 하였다. 종료시기가 점점 다가오면, 사례관리자는 자신을 이용할 수 있는 범위가 제한되어 있다는 사실을 클라이언트가 깨닫도록 노력해야 한다. 사례관리자의 도움 없이 자신의 생활을 유지해야 한다는 사실을 깨닫게 된 클라이언트들 중 몇몇은 대단한 두려움을 가지고 있다.

클라이언트가 이러한 유형의 불안에 반응하는 몇 가지 방법이 있다. 어떤 클라이언트는 마치 사례관리자가 자신을 배반한 것처럼 화를 낸다. 어떤 클라이언트는 서비스를 받기 전으로 철회하고 우울한 반응을 보인다. 어떤 클라이언트는 사례관리자를 만나는 것을 거부함으로써 분노를 터뜨리고, 어떤 클라이언트는 이제껏 당신에게는 어떠한 도움도 받지 못했다는 것을 말하는 것으로 자신의 분노를 표현한다. 어떤 클라이언트는 사례관리자와의 만남을 지속하기 위하여 또 다른 심각한 문제들을 이야기한다.

서비스 종료 결정은 클라이언트가 자신의 문제를 해결하기 위하여 자원을 활용할 수 있는 능력이 있느냐 없느냐에 따라 서비스를 지속할 것인가 아닌가를 결정한다. 또한 도움을 필요로 하고 있음에도 불구하고 현재 서비스를 받지 못하고 있는 대기자들도 고려해야 한다. 물론 대기자들보다는 기존의 서비스를 받고 있는 클라이언트에게 중심을 두어야 한다.

사례관리자 역시 종결하는 데 있어서 몇 가지 문제점을 가지고 있다. 보살핌은 훌륭한 사례관리자가 가져야 할 필수적인 요소이다. 자신이 보살펴온 클라이언트와 관계를 중단한다는 것은 쉬운 일이 아니다. 종결하기가 특히 힘든 클라이언트가 있다. 우리 모두는 나름대로의 독특한 자신의 스타일이 있다. 이러한 특성들이 클라이언트를 대할 때 영향을 미치게 된다. 어떤 사례관리자는 클라이언트를 독특한 개성을 가지고 있는 특이한 사람으로 본다. 그리고 어떤 사례관리자는 클라이언트를 다소 의존적이지만 별 저항도 없으며 조그만 도움에도 대단히 고마움을 느끼는 사람으로 보며, 어떤 사례관리자는 클라이언트를 끊임없이 투쟁하지만 대단히 약한 사람으로 지속적인 보호가 필요한 사람이라고 생각한다. 사실 이러한 관점이 모두 옳다고 할 수 있다. 그러나 클라이언트는 가족이 아니다. 끝없는 관계를 유지할 수는 없다. 사례관리는 사례관리자의 도움 없이도 클라이언트가 혼자 살아갈 수 있도록 능력을 개발하는 것이 목표이다.

클라이언트가 사례관리자의 도움 없이 혼자서 생활할 수 있게 되는 시점이 명확하게 나타나는 것은 아니다. 이러한 시점을 파악한다는 것은 대단히 어려운 일이다. 이제 이러한 시점을 파악하는 방법에 대해서 설명하기로 한다. 아울러 사례관리자로부터 독립할 준비가 되어 있다는 징후들에 대해서 설명하겠다. 그러면 과연 모든 클라이언트가 그들 스스로 도움받을 준비를 할 수 있을까? 클라이언트 중 상당 부분이 그들의 생활을 유지하기 위하여 사례관리나 제도적 서비스가 계속적으로 필요하다는 것을 생각해 보면 그렇지 않다고 하는 것이 옳을 것이다. 사후보호를 받고 있는 많은 클라이언트들을 살펴보면, 지역사회에서 생활하기 위해서는 어떤 사람들의 지속적인 원조가 필요하다는 것을 알 수 있다.

그러나 완전히 독립적으로는 생활할 수 없을지라도 대부분의 상황을 혼자서 해결할 수 있을 정도로 자조(self-help)능력이 향상되는 경우가 대부분이다. 그러면 상당수의 클라이언트들은 필요로 하는 원조를 증진된 자신의 능력을 활용하여 얻어낼 수 있다. 또한 어떤 클라이언트는 특별한 관계에 있는 '중요한 타인(significant others)'의 도움으로 자신의 어려운 상황을 처리하여 갈 수 있다. 중요한 타인이란 한 사람의 인생의 방향이나 삶의 가치에 지대한 영향을 미친 사람들 모두를 말하며, 부모, 친구, 교사, 상담가 등을 의미한다. 그리고 어떤 사람들은 생활상의 위기에 처하게 될 때 자유롭게 이용할 수 있는 개방된 서비스기관을 필요로 하고 있다. 기관정책과 목표도 종결에 관한 사례관리자의 결정과 대안에 큰 영향을 끼친다.

사례관리에 관한 많은 문헌에서 클라이언트와 함께하는 마지막 단계를 의미하는 용어로서 마지막(termination)이라는 단어를 사용하고 있다. 이 단어는 클라이언트를 제거한다는 의미를 암시하고 있다. 그리고 어떤 문헌에서는 종결(closure)이나 이별(separation)이라는 단어를 사용하기도 한다. 이러한 모든 단어들은 갑작스러운 중단을 의미하는 것으로서 사례관리에서 사용하기 적절한 것은 아니라고 생각된다. 또한 해약(disengagement)이라는 단어를 사용하는 경우도 있다.

본 책에서는 종결이라는 단어를 사용하고는 있지만 종결 과정 역시 클라이언트와 의미 있는 만남이 이루어지고 있다는 것을 명심해야 한다.

종결은 클라이언트와 각 서비스망들이 사례관리자 없이도 문제를 스스로 해결할 수 있는 충분한 능력을 갖게 되었을 때 이루어지는 것이다. 사례관리자에 의해 서비스망을 독립적으로 유지할 수 있는 클라이언트의 능력이 조금씩 검증되어야 한다.

종결에 대한 결정은 사례관리자 혼자서 하는 것이 아니다. 목표는 사례관리자와 클라이언트에 의하여 구현되어 왔지만, 사례관리자가 속한 기관이나 기타 사회단위들도 목표를 구현하는 데에 어느 정도 기여를 하고 있다. 해약하고자 할 경우 이 모든 사람들에게 종결에 대한 동의를 구해야 한다.

1. 종결 원인

종결은 사례관리자가 항상 주도하는 것이 아니다. 환경이나 여러 가지 상황들에 의해 종결이 이루어질 수도 있다. 그리고 클라이언트가 외부환경이나 기관이 중단을 요구하기 전에 먼저 중단하기를 희망할 경우도 있다. 여기서는 종결을 결정할 수 있는 주체를 클라이언트, 사례관리자, 환경이나 기관으로 분류하고, 이에 대해 설명하고자 한다.

1) 클라이언트가 주도하는 종결

어떤 클라이언트들은 서비스를 받는 것에 대한 양가감정으로 관계를 중단하고자 한다. 이러한 클라이언트들은 자신의 삶에 대한 후회가 많은 사람들이며, 서비스를 받는 것이 수치스럽다고 생각하는 사람들이다.

그리고 어떤 클라이언트들은 참여할 의지가 별로 없는 사람들이다. 이것은 집행유예를 선고받는 범법자나 보호관찰 대상자들에 비유할 수 있다. 이들은 대체로 사례관리자를 만나고 싶어 하지 않는다. 이들은 주로 전문기관이나 전문가에 의해 의뢰되어 오는 클라이언트들이다. 의뢰되어 오는 주요 문제는 본드 흡입이나 학교폭력, 가정폭력과 같이 자기 스스로 잘못을 알면서도 범법행동을 하는 사람들이다. 이러한 클라이언트들은 그들이 사례관리에 참여해야 하는 이유를 명확히 모르고 있다. 그러므로 그들은 자신의 행동, 예를 들면 약속을 지키지 않는 것에 대해 여러 가지 변명을 많이 한다. 만약 사례관리자가 일방적으로 약속을 지키도록 강요하면 그들은 서비스 장면에 나타나지 않거나, 집을 방문할 시간쯤이면 외출해 버린다. 이러한 행동에 대해서, 그들은 잊어버렸다거나 어떤 중요한 일이 생겼기 때문이라는 변명을 한다.

대체로 그 수는 얼마 되지 않지만, 직접적으로 종결할 것을 요구하는 클라이언트들도 있다. 그들은 사례관리자를 더 이상 만나기를 원하지 않는다고 말을 한다. 이런 경우 사례관리자는 그들이 다른 사례관리자를 만날 의지가 있는지에 대해 물어볼 수도 있다. 왜냐하면 사례관리자와 신뢰관계를 유지하기에 어려움을 가지고 있기 때문일 수도 있으며, 또한 그들이 자신에게 보다 유익한 도움을 제공해 줄 것이라고 느끼는 원조제공자가 있을 수도 있기 때문이다. 직접적인 종결을 원하는 사람 중에는 어떤 도움에 대해 필요성을 느끼든 느끼지 않든 간에 상관없이, 단지 홀로 남아 있기를 원하는 경우가 있다. 그들의 참여에 대한 법적인 강제력이 없다면, 사례관리자는 어쩔 수 없이 종결할 수밖에 없을 것이다.

어떤 클라이언트들은 갑자기 사라져 버린다. 그들은 퇴거하거나 이사를 간다. 만약 이사 간 곳을 읍 · 면 · 동사무소에 연락하여 알게 되었다면, 사례관리자는 이사한 지역에 있는 적당한 기관을 지정하여 그들로 하여금 서비스를 받도록 할 수 있다.

이러한 사례의 대부분은 목표를 달성할 확률이 희박하다. 그러나 어떤 경우에는 클라이언트 자신이 참여를 원하지 않고 스스로 자신의 문제를 처리하겠다고 주장하는 사람도 있다. 이런 경우 사례관리자는 종결을 위한 공식적인 절차를 시작할 수 있다.

2) 사례관리자가 주도하는 종결

클라이언트와 종결하는 대부분의 경우는 수립한 목표를 달성하였기 때문이다. 종결의 결정은 클라이언트와 서비스망이 욕구와 요구 사이에 균형을 유지하고 있느냐에 대한 판단에 기초한다. 종결의 징후에 대해서 살펴보기로 하자.

때때로 사례관리자는 비록 목표가 성취되지 않았을지라도 이 시점에서 사례를 종결해야겠다는 생각을 할 때가 있다. 이런 경우 클라이언트가 가지는 좌절의 정도는 대단히 심각하다. 사례관리자는 클라이언트를 원조하기 위해 가능한 한 모든 일을 하였으나 아무것도 이루어진 것이 없다는 것을 느낀다. 그래서 그는 내키지는 않지만 클라이언트를 계속 원조하는 것은 시간낭비만 가져온다는 판단하에 종결을 결정한다.

그러나 이것은 적절한 반응이 아니다. 전형적으로 그러한 상황을 야기하는 원인은 목표를 너무 높게 설정하였기 때문이다. 목표가 비현실적으로 너무 높으면, 그것은 달성될 수가 없다. 이러한 문제가 발생하면, 결과적으로 두 가지 상황이 발생한다. 대부분의 경우 클라이언트를 비난한다. '그는 비협조적이고 별 희망이 없다. 누구도 이러한 클라이언트를 도울 수 없을 것이다. 그러므로 사례는 종결되어야 한다'는 것이다. 또 다른 결론은 사례관리자가 사례와 맞지 않았다는 것이다. 이것은 공공연히 발표되는 것은 아니지만 사례관리를 실패하는 원인 중의 하나이다. 이러한 경우, 만약 사례관리자가 똑똑하고 훈련을 잘 받았다면, 의뢰(refer)나 전이(transfer)를 통해서 보다 효과적으로 클라이언트를 도와줄 수 있었을 것이다.

위에서 설명한 두 가지 모두 바람직한 것은 아니다. 이는 목표를 너무 높이 설정한 것이 원인이다. 그러므로 기대에 대한 달성 정도를 계속적으로 검토함으로써 이러한 문제를 완화할 수 있다. 클라이언트와 사례관리자 모두 함께 일하는 것이 훨씬 좋다는 느낌을 갖도록 하는 것이 사례관리에 있어서 중요하다.

만약 이러한 일이 발생하면 사례관리자는 자문을 구해야 한다. 혼자서 이러한 문제를 처리한다는 것은 쉬운 일이 아니다. 사례관리자의 좌절감이 깊어질수록 문제는 더욱 심각한 상태가 된다. 사례관리자는 목표에 대해 다른 전문가와 적절한 토론을 하기 전에 성공하지 못한 사례를 독단적으로 종결해서는 안 된다.

이러한 문제를 상의하는 데 가장 적합한 사람은 바로 기관의 슈퍼바이저다. 사례관리자는 목표를 다시 구성하고 보다 성공할 가능성이 높은 새로운 접근방법을 모색해야 한다. 만약 이러한 조치에도 불구하고 일의 진행이 잘 되지 않으면, 신선한 아이디어를 가지고 있는 동료와도 상의해 보아야 한다. 또한 직원들의 모임에서 사례를 제시할 수도 있다. 사례관리자는 이 상황에 대해 조언을 받고 싶다는 뜻을 솔직히 말해야 한다. 사실 사례관리자는 이러한 상황에 처하면 공격받을 것이 두려워 방어적인 태도를 취하는 경우가 많다. 그러나 자신이 직접 그들로부터 조언을 진실로 듣고 싶다는 의사를 분명히 밝히면, 그들로부터 무언가 진실한 도움을 얻을 수 있을 것이다. 그리고 자문을 구하는 데 있어서 최후의 단계는 전문가를 찾는 것이다. 만약 기관에 전문가가 없으면 외부에 있는 전문가에게 자문을 구해야 한다.

자문을 얻으려는 노력이 힘들기는 하지만 그것보다 더욱 힘든 경우가 있다. 그것은 사례관리자가 아무리 노력하더라도 해결할 수 없는 사례가 언제나 존재한다는 것이다. 이것은 클라이언트의 내부적 장애요인과 관련된 것으로써, 사례관리자가 아무리 노력하여도 클라이언트의 태도나 행동이 조금도 변화되지 않는 경우이다. 예를 들면, 비난적인 성격을 갖고 있는 클라이언트는 사례관리자의 어떠한 노력에도 강한 거부감을 가지고 있기 때문에, 사례관리자는 그들에게 어떠한 서비스도 제시할 수 없다. 사례관리자와 지도감독자는 그에게 투자하는 돈과 시간으로 더욱더 많은 사람들에게 서비스를 제공하여 줄 수 있다.

이러한 사례를 다룰 때 효과적인 방법은 지도감독자와 함께 종결시간을 예상해서 설정하고 계획대로 실천한 후, 예상된 시간까지 어떠한 변화가 일어나지 않으면 종결하는 것이다. 그리고 예정된 시간과 구체적으로 설정된 일련의 목표들을 클라이언트에게 미리 말해준 후에 서비스를 진행해야 한다. 목표들은 단기적으로 성취할 수 있는 목표여야 하며, 이러한 목표가 조금이라도 변화되는 징후가 보이면 예정시간을 연장해 나가는 것도 하나의 효과적인 방법이다.

사례를 종결하는 또 다른 이유는 클라이언트와 사례관리자가 서로 적합하지 않은 경우이다. 이러한 경우는 서로 함께 일을 해서는 안 된다. 이것은 사례관리자가 실패했다는 것을 의미하는 것이 아니다. 단지 사례관리자에게 클라이언트가 적합하지 않다는 것을 의미하는 것이다. 그러므로 지도감독자와 상의해서 클라이언트를 보다 효과적으로 도와줄 수 있는 사례관리자에게 의뢰해야 한다. 성숙한 사람이라면 모든 사람을 도와줄 수 없다는 것을 알아야 하고, 어디엔가 효과적으로 도와줄 수 있는 사람이 있다는 것을 알아야 한다. 말은 쉽지만 이것은 상당히 힘든 일이다. 지도감독자가 직원들의 강점들을 상세히 파악하고 있는 훌륭한 사람이라면 상당한 도움이 될 것이다.

3) 해약을 주도하는 기타 상황

때때로 사례관리자나 클라이언트의 의지와는 상관없이 종결되는 경우가 있다. 법원에서 내려진 결정 때문일 수도 있고 기관의 정책 때문일 수도 있다. 만약 클라이언트에 대해 어떤 결정이 내려지면 클라이언트와 서비스망은 법원이나 기관이 내린 결정을 따라야 하고, 따라서 종결하게 된다. 클라이언트는 자원을 활용할 능력이 충분히 형성되기 전에 대부분 다른 기관으로 옮겨가게(의뢰) 된다. 그리고 옮겨진 서비스망에 있는 사람에게 사례관리자의 과제를 넘겨야 한다.

2. 종결 준비

앞에서도 설명한 바와 같이 종결의 주된 이유는 목표를 달성하고, 클라이언트가 스스로 서비스망을 효과적으로 활용할 수 있는 능력을 갖게 되었기 때문이다. 그리고 앞에서 목표달성 정도를 파악할 수 있는 평가과정에 대해 설명하였다. 여기서는 클라이언트가 자신의 욕구를 충족시킬 수 있는 능력과 자원의 효과적인 사용능력을 파악할 수 있는 징후들에 대해서 살펴보겠다.

1) 욕구충족능력에 대한 징후

- 자신에 관해 중요한 결정을 내린다.
- 자신에 관한 긍정적인 경험들을 얘기한다.
- 사례관리자 없이 사소한 문제들을 혼자서 직접 해결한다.
- 사례관리자의 도움 없이 자신이 직접 문제해결을 시도한 후 사례관리자에게 도움을 구한다.

- 자신감을 가지고 행동을 하며 절제 있는 행동을 한다.
- 사례관리자의 격려 없이도 끊임없이 자발적으로 미래에 대한 계획을 세운다.

2) 독립능력에 대한 징후

- 사례관리자와 정기적인 만남보다 전화로 사례관리자와 접촉하는 것을 좋아한다.
- 일이 잘 진행되고 있으면 약속을 지키지 않는다.
- 사례관리자에게 하던 전화의 빈도가 줄어든다.
- 사례관리자와의 만남 없이 몇 주 동안 혼자서 자신의 생활을 유지해 간다.
- 사례관리자보다 중요한 자원을 제공하여 주는 원조자와 더욱더 밀접한 관계를 유지한다.

3) 서비스망의 효과적 활용능력에 대한 징후

- 필요할 때 친구나 친척으로부터 도움을 구한다.
- 사례관리자의 도움 없이 필요한 자원과 접촉한다.
- 자신과 관계되는 자원과 연결을 유지한다.
- 활용 가능한 자원의 범위를 확대한다.

이것이 전부는 아니지만, 클라이언트의 징후를 파악하는 구체적인 방법임에는 틀림없다.

3. 종결 완료

지금까지 종결을 결정하는 것에 대해 설명하였다. 그러나 종결을 결정하기 위해서 아직도 해야 할 일이 있다. 이에 대해 세 가지 측면으로 살펴보겠다. 즉, 과정을 조정하고, 클라이언트와 종결에 대해 토론하고, 사후지도를 유지하는 것에 대해서이다.

1) 과정조정

종결은 클라이언트에게 끼치는 영향을 최소화하기 위하여 오랜 시간에 걸쳐 이루어진다. 클라이언트가 문제를 다루는 능력을 가지고 있다는 것을 증명해 주기 위해 점차 만남의 횟수를 줄여나가야 한다. 만약 주 1회 만나왔다면, 사례관리자는 이제는 그렇게 자주 만날 필요가 없다는 것을 설명해 주고, 2주에 한 번 만나는 것이 어떻겠냐고 물어봐야 한다. 이런 식으로 3주에 한 번, 4주에 한 번으로 점차 줄여나가야 한다. 이 방법은 정기적인 만남이 끝날 때까지 계속되어야 한다.

한편 필요할 때마다 만날 것을 제시할 수도 있다. 이것은 클라이언트에게 문제를 스스로 충분히 해결할 수 있다는 것을 인정해 줌으로써 자신감을 갖도록 해주고, 또한 어려움에 닥칠 때나 힘든 결정을 해야 할 때 도움을 구할 수 있는 사람이 여전히 자기 곁에 있다는 것을 느끼게 해준다.

2) 종결에 대한 토론

종결을 결정하기 위해서는 몇 주 동안 클라이언트와 이에 대한 토론을 해야 한다. 이것은 클라이언트에게 자신에 대하여 생각할 여유를 주어야 하기 때문이다. 그들은 사례관리자에게 더 이상 의존할 수 없을 때를 생각해 볼 필요가 있다. 사례관리자를 떠나서, 의존할 수 있는 그 밖의 사람에 대해 생각해 보아야 할 것이고 그들이 문제를 해결할 수 있다는 사실을 스스로 증명해 볼 시간이 필요할 것이다.

종결에 대한 말을 끄집어내는 멋있는 방법 중의 하나는 지금까지 함께 수행해서 달성했던 결과들을 서로 검토해 보는 것이다. 사례관리자는 초기에 가지고 있었던 문제 하나를 상기시켜 주고, 사례관리자와 함께 초기에 겪었던 어려웠던 점들을 얘기해 준다. 그리고 달성한 내용과 달성 과정 중에 어려웠던 점들을 검토하면서 그들이 발견한 장점들을 강조해 주어야 한다. 이렇게 설명한 후에 그들의 느낌을 물어보고 사례관리가 더 지속되어야 할 것인지를 물어본다. 그리고 사례관리자는 계속적으로 도와줄 의지가 있지만 그것은 클라이언트의 독립심을 저해하는 원인이 되기 때문에 궁극적으로는 바람직한 것이 아니라는 것을 설명해야 한다.

만약 클라이언트가 어떤 문제를 해결하기 위하여 사례관리자의 지속적인 도움을 필요로 한다고 말을 하면, 이에 대해 고려해 보고, 단지 그 문제를 사례관리자만이 도와줄 수 있는 것인지 판단해야 한다. 만약 클라이언트나 다른 사람에 의해서 원조가 가능한 것이라면 이에 대해 설명해야 한다. 그들의 불안이 너무나 심하다면, 한동안 만남은 계속 지속될 것이라고 말을 하면서 안심시켜야 한다. 그리고 몇 주의 시간이 지난 후에 다시 이 문제를 거론해야 하며, 너무 성급히 종결을 거론해서는 안 된다.

재차 종결에 대한 이슈를 제기할 때는 클라이언트의 강점과 달성했던 결과를 중심으로 다루어야 한다. 이것은 클라이언트에게 문제를 다루는 능력을 검토하게 하고, 사례관리가 지속되어야 할 필요가 없음을 깨닫게 할 수 있는 효과적인 방법이다. 동시에 그들이 해결할 능력이 있다는 것을 재차 강조해 주는 것이다. 이러한 과정이 성공적으로 끝난 후 종결 시기를 함께 설정할 수 있을 것이다.

클라이언트가 문제를 다룰 수 있는 능력이 있다는 것을 확신한다면, 새로운 문제가 제기되더라도 예상된 시기에 종결하여야 한다. 모든 사람은 항상 새로운 문제에 봉착하게 된다. 그런 까닭에 과제가 완전히 성취되지 않았을지라도 클라이언트가 스스로 자원을 활용할 능력을 갖게 되고 그들의 문제를 효과적으로 다룰 수 있는 능력이 형성되어 있다면 종결해야 한다.

3) 종결 후의 사후지도

종결 후에 사례관리자가 클라이언트를 위해 해야 할 일이 있다. 그것은 클라이언트에 대한 책임성이다. 종결 후에 해야 할 일은 사례관리자가 혼자서 결정할 수 있는 것은 아니며, 기관의 정책에 의해 그 범위가 주로 결정된다. 어떤 기관은 종결한 클라이언트를 직접적으로 도우는 것을 금지할 수 있다. 기관은 클라이언트와 계약을 할 때, 종결 후의 사후지도에 대한 문제는 사례관리자가 결정하는 것이 아니고 지도감독자가 결정하는 것이라는 것을 명문화해 둔다.

가장 좋은 방법은 클라이언트가 도움을 원하고 있는 문제를 가장 잘 해결할 수 있는 사람을 그때그때 선정하는 것이다. 단지 담당했던 사례관리자는 전화로 연락하는 정도에서 접촉이 이루어져야 하고, 만약 도움이 된다면 한 번 정도 직접 만나보는 것이다. 그 이유는 의존성의 문제 등 여러 측면이 있지만 본 책에서는 다루지 않겠다.

참고문헌

강흥구(2016). 사례관리. 경기 : 정민사.

권진숙 · 박지영(2010). 사례관리론의 이론과 실제. 서울 : 학지사.

보건복지부(2017). 읍면동 맞춤형 복지 업무 매뉴얼.

설진화(2011). 사례관리론. 경기 : 양서원.

이근홍(2001). 케이스 매니지먼트. 서울 : 대학출판사.

이근홍(2006). 사회복지실천 개별관리. 경기 : 공동체.

이근홍(2021). 사례관리론. 경기 : 지식공동체.

이기연 · 유서구(2012). 사례관리의 이해와 적용. 경기 : 공동체.

이준우 · 최희철(2014). 사례관리론. 서울 : 신정.

이채식 외(2021). 사회복지 사례관리. 경기 : 어가.

장인협(1995). 지역사회복지실천방법론. 케어/케이스관리. 서울 : 서울대학교출판부.

전재일 · 이준상(1997). 사례관리의 기초. 대구 : 사회복지개발연구원.

전재일 · 이준상(2008). 사례관리실천론. 대구 : 사회복지개발연구원.

최소연(2022). 사례관리론. 경기 : 양성원.

한국사례관리학회편(2012). 사례관리론. 서울 : 학지사.

한국사례관리학회편(2020). 사례관리론. 서울 : 학지사.

행정자치부(2006). 주민생활지원서비스 업무운영매뉴얼.

Applebaum, P. S., & Roth, L. H.(1982). Competency to Consent to Research. *Archives of Psychiatry, 50*.

Austin, D. M.(1983). The Flexner myth and the history ofsocial work. *Social Service Review, 57*(3).

Austin, C. B.(1992). When the whole is more than the sum of its parts : Case management issues from a systems perspective. Paper presented at the First International Long-Term Care Case Management Conference, Seattle, WA.

Ballew, J. R., & Mink, G.(1986). *Case Management in the Human Services*. Springfield. Illinois : Charles C Thomas Publisher.

Brindis, C., Barth, R. P., & Loomis, A. B.(1987). Continuous Counseling : Case Management with Teenage Parents. Family in Society. *The J. of Contemporary Social Service, 68*(3).

Capitman, J. A., Haskins, B., & Bernstein, J.(1986). Case Management Approaches in Coordinated Community Oriented Long-Term Care Demonstrations. *The Gerontologist, 26*(4).

Caragonne, P.(1983). A Comparison of Case Management Work Activity and Current Models. Austein : Texas Department of Mental Health and Mental Retardation.

Chamberlain, R., & Rapp, C. A.(1991). A decade of case management : A methodological review of outcome research. *Community Mental Health Journal, 27*(3).

DeGennaro, M. R.(1987). Developing Case Management as a Practice Model. *Social Casework, 68*(6).

Departement of Health Social Services Inspectorate(1991). Care Management and Assessment : Managers' Guide.

Downing, R.(1985). The Elderly & their Families. In M. Weil & J. M. Karls(Eds.), *Case Management in Human Service Practice*. San Francisco : Jossey-Bass.

Falik, M., Lipson, D., Lewis-Idema, D., Ulmer, C., Kaplan, K., Robinson, G., Hickey, E., & Veiga, R.(1993). Case management for special populations. Moving beyond categorical distinctions. *Journal of Case Management, 2*(2)

Geron, S. M,, & Chassler, D.(1994). The quest for uniform guidelines for long-term care case management. *Journal of Case Management, 3*(3).

Gilson, S. F., & Casebolt, G. J.(1997) Personal assistance services and case management. *J. Case Manag. 6*(1).

Gordon, M.(1991). Manual of nursing diagnosis. st. Louis : Mosby Year Book.

Halley, A. A., Kopp, J., & Austin, M. J.(1992). *Delivering Human Services*. New York : Longman.

Harris, M., & Bergman, H.(1987). Case management with the chronically mentally ill: A clinical perspective. *American Journal of Orthopsychiatry, 57*(2).

Intagliata, J.(1982). Improving the Quality of Community Care for the Chronically Mentally Disabled : The Role of Case Management. *Schizophrenia Bulletin, 8*(4).

Kane R. A.(1988). Case management : Ethical pitfalls on the road to high quality managed care. *Quality Review Bulletin, 14*(5).

Karls(Ed.). Case Management in Human Service Practice. San Francisco : Jossey-Bass.

Knollmueller, R. N.(1989). Case Management. What's in a name?. *Nursing Management, 20*(10).

Lehman, A. F.(1987). Capitation Payment and mental health care : A review of the opportunities and risks. *Hospital & Community Psychiatry, 38*(1).

Levine, I., & Fleming, M.(1984). *Human Resource Development : Issues in Case Management*. Washington D. C. : National Institute of Mental Health.

Mahoney, K.(1992). Case Management Lessons from a Public/Private Partnership to Finance Long-Term Care. *Journal of Case Management, 1*(1).

Mechanic, D., & Aiken, L.(1987). Improving the care of patients with chronic mental illness. *New England Journal of Medicine, 317*(26).

Merrill, J. C.(1985). Defining case management. *Business and Health, 2*(8).

Moore, S. T.(1990) A Social Work Practice Model of Case Management : The Case Management Grid. *Social Work, 35*(5).

Moore. S.(1992). Case Management and the Integration of Services : How Service Delivery Systems Shape Case Management. *Social Work, 37*(5).

Moxley, D. P.(1988). *The Practice of Case Management*. Newbury Park London : Sage Publications. Inc.

National Association of Social Workers(1984). *NASW Standards and Guidelines for Practice*. Washington, D.C.

National Council on the Aging(1988). *Case Management Standers : Guidelines for Practice*. Washington, D.C.

Netting, F. E.(1992). Case Management : Service or Symptom?. *Social Work, 37*(2).

O'Connor, G. G.(1988). Case Management : System and Practice. *Social Casework. 69*(2).

Quinn, J.(1993). *Successful Case Management in long-term care*. New York : Spring publishing company, Inc.

Raiff, N. R., & Shore, B. K.(1993). *Advanced case management : New strategies for the nineties*. C. A. : Sage Publications, Inc.

Rapp, C., & Poertner, J.(1982). Public welfare in the 1980's : The role of case management. In K. Dea(Ed.), *Perspectives for the future : Social work practice in the 80's*(pp. 70-81). Washington, DC : National Association of Social Workers.

Ridgely, M. S.(1994). Practical issues in the application of case management to substance abuse treatment. *Journal of Case Management, 3*(4).

Roberts-DeGennaro, M.(1986). The case management model in employee assistance programs. *Employee Assistance Quarterly, 1*(3).

Rose, S. M.(1979). Deciphering deinstitutionalization : Complexities in policy and program analysis. *The Milbank Quarterly, 57*(4).

Rose, S. M.(Ed.)(1992). *Case management and social work practice*. New York : Longman.

Rothman, J.(1991). A model of case management : Toward empirically based practice. *Social*

Work, 36(6).

Rubin, A.(1987), Case Management, National Association of Social Workers. *Encyclopedia of Social Work, 1.*

Rubin, A.(1992), Case Management. In Rose Stephen M.(Ed.), *Case Management and Social Work Practice.* N.Y. : Longman Publishing Group.

Schraeder, C., & Britt, T.(2001). Case Management Issues in Rural Long-Term Care Models. *J. of Applied Gerontology, 20*(4).

Seltzer, M. M., Lvry, U., & Litchfield, L. C.(1987). Family members as case management : Partnership between the formal and informal support networks. *The Gerontologist, 27.*

Sonsel, G. E.(1989), Case management in a community based AIDS agency. *Quality Review Bulletin, 15*(1).

Sullivan, L. W.(1988). Medicare Hospital Mortality Information. U.S. Department of health and Human Services.

Sullivan, W. P., & Fisher, B. J.(1994). Intervening for Success Strengths-Based Case Management and Successful Aging. *Journal of Gerontological Social Work, 22*(1).

Summers, N.(2001). *Fundamentals of Case Management Practice : Exercises and Readings.* CA : Brooks/Cole, Thomson Learning.

Summers, N.(2016). *Fundamentals of Case Management Practice : Skills for the Human Services*(4th ed). Belmont, CA : Brooks/Cole, Cengage Learning.

Stein, T. J., Gambrill, E. D., & Wiltse, K. T.(1977). *Dividing case management in foster family cases.* Child Welfare.

Stumpf, J.(1981). Case Management with the Frail Elderly : A Training Manual. *Case Management Model, 1 and 2.*

Sullivan. L. W.(1988). Medicare Hospital Mortality Information, U.S. Department of health and Human Services.

Test, M.(1979). Continuity of Care in Community Treatment. In L. Stein(Ed.), *Community Support systems for the Long-Term Patient.* San Francisco : Jossey-Bass.

Weil, M., Karls, J. M., et al.(1985). *Case management in human service practice.* San Francisco : Jossey-Bass.

Weick, A.(1981). Reframing the Person-in-Environment Perspective. *Social Work, 26*(2).

Weissert, W. G.(1988). The nationl channeling demonstration : What we knew, know now, and still need to know. *Health Service Research, 23*(1).

White, M.(1986). Case Management. In G. L. Maddox(Ed.), *The Encyclopedia of Aging*. New York : Springer.

Whittaker, J. K., & Tracy, E. M.(1989). *Social treatment : an introduction to interpersonal helping in social work practice*. N.J. : Transaction Publishers.

Wood, J. B., & Estes, C. L.(1988). "Medicalization" of Community Service for the Elderly. *Health & Social Work, 13*(1).

찾아보기

저/자/약/력

■ **이준상**

대구대학교 사회복지학과 졸업
대구대학교 대학원 사회복지학과(석사)
대구대학교 대학원 사회복지학과(박사)
전) 경북사회복지사협회장
현) 대구대학교 사회복지학과 교수

〈저서 · 논문〉
사회복지역사(공저, 학지사, 2021)
사회복지실천론(공저, 공동체, 2016)
사례관리실천론(공저, 사회복지개발연구원 출판부, 2008)
사회복지개론(공저, 형설출판사, 2005)
장애인복지론(공저, 홍익제, 2001)
재가지체장애인의 사례관리실천모형개발에 관한 연구 외 다수

■ **박애선**

대구대학교 사회복지학과 졸업
대구대학교 대학원 사회복지학과(석사)
대구대학교 대학원 사회복지학과(박사)
전) 경북행복재단 연구원
현) 영남이공대학교 사회복지 · 보육과 부교수

〈저서 · 논문〉
사회복지역사(공저, 학지사, 2021)
자폐성 장애아동 어머니의 심리적 안녕감에 관한 연구 : Double ABCX모델의 적용 외 다수

【제2판】

사례관리론

|공저자| 이준상 · 박애선

|1판 1쇄| 발행 2024년 1월 5일
|2판 1쇄| 발행 2025년 6월 30일

|발행인| 김동훈
|발행처| 공 동 체

|주소| 경기도 고양시 일산동구 호수로 358-39, 동문타워 I 905호(백석동)
|전화| 031) 814-3000(대표)
|팩스| 031) 814-3100
|홈페이지| www.compub.co.kr
|전자우편| compub@naver.com
|출판등록| 2005년 10월 6일
|등록번호| 제396-2005-36호

|ISBN| 979-11-6725-956-1
정가 18,000원